La cuarta persona del plural

Segunda edición: enero, 2018

© de la selección, estudio
y presentaciones críticas: Vicente Luis Mora, 2016
© de los poemas: sus autores, 2016

© Vaso Roto Ediciones, 2018
ESPAÑA
C/ Alcalá 85, 7º izda.
28009 Madrid
MÉXICO
Humberto Lobo 512 L 301
Col. Del Valle
San Pedro Garza García, N. L., 66220

vasoroto@vasoroto.com
www.vasoroto.com

Grabado de cubierta: Víctor Ramírez

Queda rigurosamente prohibida, sin la
autorización de los titulares del *copyright*,
bajo las sanciones establecidas por las leyes,
la reproducción total o parcial de esta obra
por cualquier medio o procedimiento.

Printed in UK - Impreso en el Reino Unido
Imprenta: Lightning Source

ISBN: 978-84-947401-9-0
BIC: DCQ

Vicente Luis Mora (ed.)
La cuarta persona del plural
Antología de poesía española
contemporánea (1978-2015)

Vaso Roto / Ediciones

Rikardo Arregi (1958)
José Ángel Cilleruelo (1960)
Jesús Aguado (1961)
Esperanza López Parada (1962)
Eduardo Moga (1962)
Jorge Riechmann (1962)
Vicente Valero (1963)
Diego Doncel (1964)
Ada Salas (1965)
Álvaro García (1965)
Eduardo García (1965)
Jordi Doce (1967)
Antonio Méndez Rubio (1967)
Agustín Fernández Mallo (1967)
Melcion Mateu (1971)
Mariano Peyrou (1971)
Julieta Valero (1971)
Pablo García Casado (1972)
José Luis Rey (1973)
María do Cebreiro (1976)
Sandra Santana (1978)
Juan Andrés García Román (1979)

Introducción

La persona es singular y está llamada a actuar según esa singularidad, pero es necesario que esta le resulte grata. Por lo que he visto, tanto en la escuela como en la casa todo va encaminado a disipar dicha singularidad.
Franz Kafka, *Escritos póstumos*

Singular y plural, arduo y distinto.
Jorge Luis Borges, *La rosa profunda*

El plural acoge a muchos, pero solos.
Olvido García Valdés, «Escribir, I»

1. Presentación y criterios editoriales

La cuarta persona del plural

> Pero si lo pensás en plural todo cambia... es un espejo diferente
> que te muestra algo que no conocías.
> Julio Cortázar, *Deshoras*

> Cuatro conciencias
> simultáneas en mi vida
> César Vallejo, *Poemas humanos*

El idioma navajo admite una cuarta persona verbal, que incluye a quienes están presentes a la distancia suficiente para escuchar sin necesidad de citar sus nombres, algo que se considera poco educado en esa cultura india. En la lengua ojibwe de los algonquinos canadienses, la cuarta persona «obviativa» sirve para identificar y diferenciar a las personas, animales o cosas aludidas por una frase. En el aymara peruano, la cuarta persona es la única forma de incluir a la vez al emisor y al receptor. En su libro *La lógica del sentido*, en algún diálogo con Claire Parnet y en un ensayo contenido en *La isla desierta*, hace Gilles Deleuze referencia a la necesidad de superar la necesidad de la primera persona del singular y las formas conocidas de individualidad, subsumiéndolas en una cuarta persona del singular, recordando que el origen del término está en los versos del poema de Lawrence Ferlinghetti «Él», dedicado a Ginsberg: «es la voz de la cuarta persona singular / en la que nadie habla / y que sin embargo existe». En esta tradición de alteridad, de la que participa incluso algún poeta reciente (García Cerdán 2002), podríamos preguntarnos cuándo se intenta dirigir la voz desde el plural y no desde el singular; esto es, cómo plantear una comunicación de muchos, los antologados en este libro, a otros, los lectores, ese colectivo de personas que están *a la suficiente distancia para escuchar*, aunque no podamos pronunciar sus nombres. Pero también podríamos entender ese plural como la superación de las habituales dicotomías o tríadas de la teoría de la enunciación poética[1], para entrar en una configuración *global* del sujeto poético como capaz de incluir los flujos internos (conscientes o inconscientes) del *yo*, el diálogo con el *otro* o *tú*, la impersonalidad eliotiana de la tercera persona y la nueva conciencia global de la escritura en un mundo donde la comunicación es universal e interactiva, a través de los nuevos medios que la tecnología procura (un texto en la red *apela* a tres mil millones de lectores improbables pero potenciales). Las nuevas formas de difusión y creación del poeta no sólo admiten su lectura por todos los plausibles lectores, sino también su inmediato comentario, glosa, apunte, corrección, apropiación o *antipoema*, que queda incluido, como apostilla, al poema primigenio. Este nuevo horizonte requiere una concepción más amplia y ambiciosa de lo poético mismo. Y para ello sería necesario escenificar la aparición de una cuarta persona del plural, que incluya sin apartar, al modo del «plural inclusivo» que se utiliza en la lengua quechua.

La poesía en abstracto, como hemos visto con Ferlinghetti, es la cuarta persona del singular. Intentaremos demostrar de qué

---

[1] «Ningún acto enunciativo diferente al de la poesía lírica permite el intercambio de roles por el cual el Yo incluye en sí mismo, al *otro*, no sólo en la esfera del desdoblamiento del propio yo, como se ha leído la famosa sentencia de Rimbaud '*je est un autre*', sino en la posibilidad de incluir al tú como imagen proyectada del yo, experiencia que acontece a cualquier lector de poemas que no siente el yo del poeta, ni lo dicho en el poema sobre ese yo, como ajeno a sí mismo». (Pozuelo 1998:42)

modo una práctica poética en concreto, la poesía publicada en España durante estos últimos treinta años, puede ser la cuarta persona del plural.

Antecedentes

Como expresaba Derrida, la pluralidad tiene que ser sostenida en los discursos por *alguien*, produciéndose la paradoja de que «*nosotros* es siempre el dicho de uno solo» (1997:67). En otras palabras, exponer por escrito la pluralidad necesita de una escritura –de un *escribir antológico*, o antologador– defendida por una o varias personas. Así hemos procedido, pues quizá no exista otra manera de proceder; algo más adelante expondremos el criterio estético, de *complejidad excelente*, que justifica la presencia de los poetas en esta antología, planteando un criterio que tendrá sus detractores, por supuesto y por suerte. Definir el criterio crítico es nuclear, pero también deben aclararse los criterios editoriales, para lo cual deberíamos dar alguna explicación de *por qué* se hace esta antología.

Esta antología tiene su origen en un antiguo encargo editorial que no llegó a buen término. Todo florilegio tiene su larga y anecdótica prehistoria, y *La cuarta persona del plural* no es una excepción. Ahorraremos los detalles no relevantes: hace bastantes años un editor me enfrentó a la posibilidad de elaborar una antología de la poesía española actual. Acepté por responsabilidad crítica: no se puede estar toda la vida fiscalizando las antologías de los demás y escurrir el bulto cuando te llega el turno de justificar tus preferencias. Por otro lado, y después de haber pensado durante años en el «hecho antológico», creo que un crítico puede –y quizá incluso deba– antologar a los autores que considera de mayor interés, sea o no bajo la forma de una antología; esa selección de intereses puede hacerse también de otras maneras, como el estudio sistemático de unos pocos nombres (lo que hicimos en *Singularidades* o en *La luz nueva*) o la constante repetición de sus obras como marco crítico de referencia. De modo que acepté el encargo por responsabilidad y fui congraciándome con él, agradeciéndolo con el paso del tiempo. Aquel primer proyecto editorial, que buscaba una antología amplia, con mayor número de poetas que la presente, no llegó a cuajar por motivos que no vienen al caso, y luego han devenido varios sucesos y ha pasado el tiempo –que es un suceso en sí mismo–, todo lo cual ha tenido gran importancia a la hora de destilar intereses y eliminar inercias. Vivir siete años fuera de España, por ejemplo, contribuyó positivamente a detectar injerencias no literarias y a eliminarlas.

Toda esta prehistoria permitió afilar el juicio, lo que tuvo como consecuencia una reducción de los nombres previstos en un principio, en lugar de su aumento. Visto de otra forma, tan paradójica como obvia: cuanta más poesía española se publica y más poesía española leo o releo, con más intensidad resplandecen ciertos nombres. La distancia física ayuda a entender hasta qué punto es preciso ese doloroso proceso reductor, convirtiéndose el criterio estético personal en un lecho de Procusto que ajusta los cuerpos, mediante drásticas mutilaciones de miembros, al espacio entendido como *necesario*, si es que algo es necesario. Debo aclarar que quien más sufre con esas extirpaciones no es el mutilado, sino el agresor. El expulsado siente el dolor en el momento justo en que la expulsión es conocida; el antólogo, por el contrario, sufre en silencio cada baja durante años, mientras se prepara la selección. Y luego será castigado toda la vida por las ausencias. Quien lo probó lo sabe.

Algunas ideas sí permanecen de aquel antiguo proyecto: veía y veo coherente seleccionar poetas nacidos después de 1960 (por razones que se verán ahora), con mayoría de edad adquirida no antes del año de aprobación de la Constitución; creía y creo esencial la presencia de poesía escrita en todas las lenguas oficiales del Estado con asentada tradición literaria; y sigo creyendo en el tratamiento en igualdad de condiciones de nacidos en España y de hispanoamericanos publicados en nuestro país y residentes en él desde la infancia o temprana juventud (también Gorría 2012:257). Así que pasamos a examinar, primero, las razones para hacer la antología sólo de poetas nacidos con posterioridad a 1960 (*Solus*), para luego ahondar en cuestiones idiomáticas y territoriales (*Locus*).

Solus

Si tuviéramos que buscar una sola nota característica de lo que ha sido el colectivo de poetas y prosistas nacidos en España entre principios de los años sesenta y principios de los ochenta, ese elemento definidor sería, sin duda, la orfandad, su soledad metafísica a la hora de lanzarse al territorio poético. Si utilizamos (disculpen) las categorías freudianas, diríamos que la desgracia de este vasto numeral de autores ha sido no tener un padre al que matar literariamente; si usamos los términos de Harold Bloom, diremos que este grupo generacional no ha sentido en ningún momento respecto a sus antecedentes próximos la *ansiedad de la influencia*. Habría influencias particulares, sí, pero Juan Ramón y García Lorca quedaban muy lejanos y no existía una figura tan grande como castradora (pensemos en los casos de Paz en México o de Borges en Argentina, para ejemplificar rápidamente) respecto a la que fuera necesario posicionarse, ya fuese a favor o en contra.

Inmersos en un conglomerado disperso de referentes, estos poetas buscaron por sí solos su camino, perdidos en la maraña de clásicos y la desintegración o apertura de las tendencias poéticas vigentes entre los años setenta y noventa, por no hablar de la incorporación de una larga serie de influencias no librescas, sobre todo cine, pero no sólo: rock, cómic, videoclips, arte contemporáneo y medios de masas, entre otros. La sensación de angustia ante un panorama intelectual que no sólo no servía de apoyo, como antaño, sino que con su propia revolución interna (bañada de una superficial posmodernidad) sólo confundía las cosas, acrecentando su entropía el caos del sistema, era completamente opuesta a la de poetas mayores, crecidos a la sombra de unos puntales sólidos que, como Petronios, iban determinando la estética del momento (Sartre, Benjamin, Althusser, Sontag, Eco, etc.). La nómina de prosistas y poetas nacida con posterioridad a 1960 no encontró referentes indiscutibles afines y no quiso asir los anteriores, encontrando un horizonte de infinitas posibilidades donde la jerarquización era inviable[2] y, por tanto, tenían la impresión de que cualquier dirección era buena. El relativismo de la condición posmoderna también llegó al campo de las influencias y todas parecían tener desde la perspectiva de los autores la misma validez a la hora de conformar un sistema de escritura.

El principio de juventud desencaminó asimismo a los miembros de este grupo generacional, ya que las críticas o consejos dados desde los escritores seniors no eran tenidas en cuenta por pertenecer a una era distinta (la anterior a la democracia), afectada directamente por la Guerra Civil o la posguerra y considerada hija de un tiempo lejano y ajeno, habiendo ellos nacido o adquirido conciencia en una etapa posterior a la aprobación de

---

2 «la visualización del espacio cultural en aquellos años resulta confusa (...) porque la proyección retrospectiva de miradas sobre los autores que hoy reconocemos como los representativos o mejores del período produce un desfase sobre la percepción de su época y sobre la realidad del archivo. Este desfase naturaliza el canon lector de nuestro presente como el emanado directamente de aquel momento: los mejores de hoy son los mejores de entonces porque entonces eran los mejores» (LABRADOR 2009:148-49).

la Constitución Española de 1978. Mirar hacia atrás, hacia ese período histórico pasado, era (y lo fue quizá hasta la llegada de nombres por entonces jóvenes como Jenaro Talens, Javier Cercas, Juan Miguel López Merino o Jordi Gracia, por citar visiones retrospectivas muy diferentes u opuestas) un atraso, algo carente de sentido, cuando lo que importaba era mirar hacia los países con una larga tradición democrática (Estados Unidos, Inglaterra y, en menor medida, Francia, por razones que luego explicaremos), para encontrar ahí un cosmos cultural más parecido a la España democrática que la propia España de la Dictadura. Latía algo de razón (y algo de pose) en todo esto, por supuesto, pero parece obvio que se deseaba remarcar el *distanciamiento* hacia la situación cultural y política española de tan sólo hacía unos años. La Transición fue una época de olvido en muchos sentidos, y para los más jóvenes vino a constituir el pretexto para una obliteración, mediante la fijación de un término *a quo* (1978) en el que nacía la España a la que querían pertenecer. Era su derecho, claro, pero la decisión ignoraba –voluntariamente– que no hay ninguna situación actual que no se entienda desde la Historia misma; esto explica que la lógica de la creación se construyese sobre unas bases intelectuales con lagunas, lo cual provocó un daño enorme en las obras resultado del proceso, como iremos viendo. Sólo la pericia intuitiva de algunos escritores, o la conciencia de que un sistema de referencias es *mucho más* que un conjunto de lecturas y que incluye, entre otras cosas, una preocupación por el origen de las circunstancias sociopolíticas y culturales que rodean a la propia persona, enderezó la obra de parte de estos jóvenes autores.

Las razones del criterio de edad de esta antología hay que buscarlas en parte en mi ensayo sobre narrativa, *La luz nueva* (2007), donde expuse la hipótesis de la *barrera digital* que separa la *Weltanschauung* de los poetas nacidos con anterioridad a 1960 de los que crecieron con un *formateo* audiovisual y tecnológico que ha operado cambios sobre su percepción[3], amén de otros psicológicos, culturales, biológicos y neuronales[4]. Junto a este factor, hay otro cultural que tiene un peso evidente, de confrontación ante las influencias. Veámoslo con un ejemplo. Eloy Fernández Porta ha recordado cómo el crítico Larry McCaffery creó una etiqueta, el *avant-pop*, para intentar dar nombre a un fenómeno que separaba dos grupos generacionales:

> Para McCaffery la definición de una nueva generación literaria entronca con el problema de situar la literatura de ciertos autores que, si bien habían crecido leyendo a los clásicos del posmodernismo, no podían ya ser leídos en atención a los mismos presupuestos. Dos de estos principios de recepción debían ser alterados. En primer lugar, la concepción del realismo como enemigo debía ser sustituida por una reformulación de la idea de *realidad* en atención a las nuevas constantes del capitalismo tardío. En segundo lugar, la idea del capitalismo como corruptor debía ser revisada bajo las consideraciones de que el capital: a) no sabe lo que vende, b) es portador inconsciente de contenidos subversivos, c) mola. (2007:229)

---

3 El filósofo ALEJANDRO LLANO sintetizó pronto las claves del formateo o *mutación perceptiva*: a su juicio, el continuo información-publicidad y la mezcla del directo con las imágenes grabadas «va provocando una mutación perceptiva que borra las fronteras entre realidad y ficción, fomentando el gusto por la recepción pasiva de imágenes en continua variación. El tiempo televisivo (...) emulsiona lo cultural y lo tecnológico, el mundo vital y el sistema, a base de nivelarlo todo por el mismo rasero (...). El *computer* casero, y más aún el *video-game*, fija la atención en lo formalizable y combinable, de manera que la *imagen* del mundo –especialmente la infantil– tiende a asemejarse a un gigantesco y complejísimo cubo de Rubik, hecho de módulos e intercambiables» (1984:112). Perfecto; yo no podría haberlo escrito mejor, aunque quizá le hubiera ahorrado al lector la sensación de que eso tiene que ser *pernicioso*. ALESSANDRO BARICCO (2008:90) ha expuesto un interesante camino intermedio.

4 Véase VÁZQUEZ (2014:264), BARBOLLA y VÁZQUEZ (2010) y PRENSKY (2001); de un modo intuitivo, escribe PAZ SOLDÁN: «viendo a su sobrina con su Game Boy, vio el futuro: esos chiquillos comenzaban a tener otro tipo de relación con la imagen fotográfica, en la que ésta ya no era el punto de llegada sino, apenas, el de partida» (2000:181-82).

Con las obvias salvedades, lo cierto es que muchos de los autores aquí antologados no pueden ya ser leídos de acuerdo a la tradición anterior, sino a la luz de un complejo de influencias que han reformulado la idea de *realidad*, huyendo del realismo ingenuo que ha caracterizado la «poesía de la normalidad» que describí en *Singularidades* (2006). En no pocos casos tienen estos autores una clara conciencia ideológica, y sus resultados distan mucho de la conciencia del *happy ending* económico y del capital «molón» que caracterizaba a los jóvenes narradores norteamericanos estudiados por McCaffery, planteándose (en Riechmann y Méndez Rubio sobre todo, pero no sólo) como una directa oposición a los mismos. En otros casos, su ausencia de preocupación ideológica es una forma oblicua de conciencia ideológica, por supuesto, pero esa es otra historia. La que aquí nos interesa es que, a mi juicio y por muchos motivos, las personas que alcanzaron la mayoría de edad cuando España alcanzó la libertad democrática tienen una cosmovisión muy diferente de las nacidas con anterioridad (amén de una formación educativa diferente, como luego veremos), y que esa cosmovisión tiene una presencia sociológica claramente detectable en sus poemas, en su forma de construir sus poemas, en su forma de *mirar* y percibir el mundo y en su modo de (d)escribirlo.

Locus

> A los lectores de Hispanoamérica, el comercio editorial en el área antológica, en la mayoría de los casos, nos ha mostrado una poesía española escrita en castellano. ¿Qué de los catalanes, gallegos y vascos?
>
> Martín Almádez (2000:11)

Cuando se redactaron los primeros borradores de la Constitución Española, no pasó desapercibido a sus creadores que uno de los principales problemas que debían solucionar, antes de lanzarse a la redacción del contenido, era lograr un acuerdo de mínimos sobre el secular problema territorial que siempre ha azotado a nuestro país, cuestión que cuando reviso este texto antes de imprenta sigue vigente y reforzada. Los legisladores constituyentes tenían claro que sólo partiendo de una idea clara del territorio regulable podrían conformarse las necesidades legislables. Este criterio (si tiene algo bueno el Derecho es su asociación metafísica al sentido común; por desgracia, en sus aplicaciones concretas no siempre se respeta ese espíritu) me parece extrapolable a multitud de procesos de acotamiento, y una antología es un proceso acotador por naturaleza. De modo que la primera y terrible pregunta que debería hacerse un antólogo de «poesía *española*» es: ¿qué es España?, algo que nunca ha estado demasiado claro y sigue sin estarlo.

A los efectos que nos ocupan (la redacción de una selección de poetas), el presupuesto de un objetivo literario nos ligaba claramente a un entorno cultural de respuesta; me refiero a que debíamos entender por poesía española aquella que se desarrolla en el «contexto cultural español». De forma tan curiosa como preocupante, vimos más fácil esclarecer un concepto de *cultura española* que de *España*, porque desaparecían una larga serie de prejuicios que cualquier definición de «cultura» en sus cabales debería combatir. Apartando esos prejuicios, que siguen a(cri)solando la vida cotidiana de nuestro país, el panorama era más claro y sólo restaban dos formas de abordarlo: una «estrecha» (poesía en castellano, publicada por nacidos en España en editoriales españolas) o una amplia. Este es el punto, lo reconozco, más débil de toda antología, y de ésta también, ya que la perspectiva personal del antólogo sobre su idea de cultura nacional afecta de modo extraordinario al espectro lírico escogido. Siempre he tendido por naturaleza, incluso antes de residir fuera del país, a un entendimiento lo más ancho posible de lo cultural, de forma que produzca las mínimas exclusiones posibles (que siempre se producen). Por ese motivo, encontrará el lector en esta antología argentinos residentes en Madrid, catalanoparlantes que viven en Brasil, españoles que vivieron casi una década en el extranjero y cualquier tipo de combinación territorial o extraterritorial, desde la migración a la insularidad. La razón es clara: para nosotros todas estas variantes y lenguas pertenecen a nuestro *entorno cultural próximo*, a lo que llaman los antropólogos «cultura nacional» (Kottak 2002:50); aquella que permite la endoculturación entre unas generaciones (sociológicas, no literarias) y las siguientes (Harris 2003:167). En resumidas cuentas: aquello que *nos afecta* literariamente más, por ser considerado como *nuestro*. Ya no estamos ante realidades culturales apartadas e inconexas, como las del siglo XIX; estamos ante una realidad *pangeica* (Mora 2006), estructuralmente interconectada, donde las influencias culturales se expanden con una facilidad asombrosa. Gracias a Internet tenemos más contacto con algunos escritores argentinos o bolivianos que con algunos poetas cordobeses. Y a ello hay que unir otro hecho: «todo poeta pertenece tanto a comunidades heredadas como a comunidades escogidas, y éstas no siempre coinciden. La libertad es tan importante como la herencia. Todo poeta pertenece a varias redes de comunidades. El lector de poesía, idealmente, también» (López Beltrán y Serrano 2000:IV). Ésa es la clave: de la misma forma que la sociedad

(Castells 2001:20ss), los poetas también trabajan *en red*. Su trabajo (por los mecanismos de asimilación de influencias o de lucha contra las mismas, por intereses grupales, por operaciones editoriales, institucionales o antológicas, por relaciones personales y lecturas mutuas) está interconec-tado y enredado con factores que acrecientan las posibilidades de influencia: la residencia en el mismo Estado, la utilización de una lengua común a todos (el español), sea principal o instrumentalmente, la edición bilingüe, la aparición frecuente en las mismas revistas, publicaciones periódicas, antologías o actas de congresos, la asistencia conjunta a estos, la conversación en redes sociales y un larguísimo etcétera que da pie a una relación constante, casi siempre respetuosa, materializada en un diálogo poético donde unos influyen en otros, o todos se influyen de forma mutua. En tal sentido, al menos para quien esto escribe, Rikardo Arregi, María do Cebreiro o Melcion Mateu forman parte de un *nosotros*, entendido como poetas peninsulares con contacto más o menos frecuente; del mismo modo, el hecho de que Pere Gimferrer haya escrito en tres lenguas no significa que haya tres Gimferrer. En consecuencia, creo que una antología de poesía *española* no puede prescindir de las lenguas españolas, esto es: de todas las lenguas peninsulares o insulares (con la excepción del portugués, por un menor –y no poco lamentable, por cierto– contacto cultural). En las regiones donde se habla gallego, catalán y vasco, e incluso no sólo en ellas, estas lenguas son tan españolas y oficiales como el castellano, y no hay motivo ninguno para prescindir de ellas ni de su expresión poética, en muchos casos a la altura y puntualmente superiores a la más difundida. Podemos hablar en boca de muchos si decimos que poetas como Manoel Antonio, J. V. Foix, Rosalía, Espriu, Aresti, Carles Riba, Gimferrer, Ferrater y un largo etcétera han contribuido a la educación sensitiva de nuestra *lengua poética*.

Las relaciones mutuas entre estas líricas y la castellana no han sido fáciles. Entre los reproches más repetidos, se han ido acusando unas a otras de impermeabilidad y desconocimiento (cf. Helena González 2001:9), de cerrazón folclorista a las periféricas y de nacionalismo centralista a la lírica española, entre otras lindezas. Diríase que a veces los poetas en otras lenguas oficiales hacían de su encastillamiento un acto de orgullo y de su desprecio de cuanto ignoraban un contradictorio acto de *castellanismo*; podría decirse que los poetas en castellano han cometido una absurda tropelía hacia líricas que, como la catalana o la gallega (en menor medida, por menor campo literario durante mucho tiempo, la vasca), estaban sacudiéndose inercias y materializando avances técnicos y semánticos que la lengua común era, salvo casos aislados, incapaz de proponerse. Aquí sí podemos hablar, sin sonrojo, de *déficit democrático*, porque, como ha expresado bien Jaime Siles, «este hecho (el de la consciencia y aceptación de una pluralidad lingüística libremente expresada, y el diálogo que las distintas literaturas que en ellas se expresan mantienen entre sí) es tal vez el punto más positivo de la cultura de la democracia, porque ha permitido establecer un nuevo concepto de lo que se entiende por literatura nacional o propia, y que ya no es la escrita en una sola sino en todas las lenguas reconocidas en la Constitución» (2005). Por supuesto, esta no es la primera antología que sigue este criterio plural, también lo han hecho otras como *Después de la modernidad. Poesía española en sus distintas lenguas literarias* (1987), de Julia Barella, o *Milenio* (1999), de Rodríguez Cañada, entre otras; por desgracia, este criterio no es el más frecuente, algo que me parece reductor y restrictivo. Por último, aclaro que no he intentado hacer una selección de «la mejor poesía en lenguas oficiales», algo fuera de mi alcance; me he limitado a incluir algunos nombres de mi entorno cultural que me parecen valiosos; como ha expresado la poeta antologada María do Cebreiro, si se hace una antología de poesía occidental y se introduce un solo poema de los *Cantares gallegos* (1863) de Rosalía, ese poema «está representando tropológicamente no sólo la totalidad de *Cantares*, sino la totalidad de la obra rosaliana y, en un tercer y decisivo nivel, a la totalidad de la lírica gallega del XIX» (2004:54). Soy consciente de la reducción a la que ha obligado incluir un solo poeta por lengua cooficial, pero lo importante no es lo que se ha perdido con las exclusiones, sino lo que ganamos con los magníficos poemas en euskera, gallego y catalán que han sido incluidos.

Respecto al segundo criterio, y como he expuesto en otro lugar, mi consideración de la cultura castellana es panhispánica, o simplemente hispánica, de modo que los latinoamericanos que publiquen en la península también forman parte de nuestro acervo cultural (del mismo modo que Gerardo Deniz era considerado para los mexicanos parte de su poesía *nacional* o que consideramos pintor español a Doménikos Theotokópoulos); están involucrados en ese acervo, tanto más cuanto coincide en ellos la calidad de residentes en nuestro país, varios de ellos nacionalizados o con doble nacionalidad. A modo de ejemplo, en el prólogo a su antología de relatos *Pequeñas resistencias* (2002), Andrés Neuman reconocía que tanto él mismo como otros escritores latinoamericanos residentes en España, como el venezolano Méndez Guédez, pertenecen sin resquicio de duda a la vida cultural española.

Como consecuencia, en el subtítulo de este libro hemos utilizado la rúbrica «poesía española», teniendo en cuenta que tal sintagma debe entenderse en un sentido plural, leve, casi administrativo, abarcador y consciente de las diferencias idiomáticas y culturales existentes tanto entre los poetas antologados como entre las nacionalidades y regiones que componen este país de todos los demonios, y siempre dentro de mi postura teórica de pensarnos dentro de un sistema literario *glocal* (Mora 2014), en el seno de una red en lento camino hacia la literatura *posnacional* (Castany 2007).

Los criterios estéticos

> *Of course we are firm that Elizabeth Costello is the best.*
> *We just have to be clear in our minds what a statement*
> *like that means, in the context of our times.*
>
> J.M. Coetzee (2004:8)

La cuarta persona del plural no es una antología de corrientes literarias, ni intenta ser una antología «de consenso», por dos motivos: primero, porque todo consenso implica más de una voluntad pactante, y podemos imaginar un acuerdo entre críticos literarios, pero no entre críticos y *campo* literario; segundo, porque el consenso puede acabar teniendo malos resultados culturales, si estos se ciñen a las reglas del *establishment* y no a las del talento creativo.

Como luego diremos al abordar el tema del canon, quedará claro que por poca vocación clarificadora que desee tener una antología, deberá construirse sobre el único criterio rector de la excelencia poética, esto es: de lo que el antólogo *piense* que es la excelencia poética. Mi criterio, que se expondrá más adelante, intenta ajustarse, sin más, al propio del paso del tiempo: creo que los grandes autores, los que consideramos «clásicos», cumplen las condiciones que apuntaré. Por supuesto, esto no quiere decir que los poetas ausentes en esta antología sean malos o menores. En absoluto: del mismo modo que Agostino Gobbi al preparar su antología *Scelta di Sonetti e Canzoni de' più eccellenti Rimatori d'ogni Secolo*, publicada en Venecia en 1744, nuestra opción no es distinguir lo bueno de lo malo, sino entre *lo buono e l'ottimo*, entre lo bueno y lo óptimo. Quiere decirse que los poetas que *sí* están recogidos se adecuan –según el antólogo– a la *poética* de este libro, lo que de ningún modo implica que los no incluidos sean malos poetas. De hecho he reseñado positiva o muy positivamente a *decenas* de poetas no incluidos en esta antología, y lo seguiré haciendo, porque las reseñas van libro a libro, y las antologías trayectoria a trayectoria. Por descontado puedo equivocarme, y aunque tengo pocas dudas respecto a los incluidos, debo reconocer que hay alguna exclusión, o mejor dicho *varias* exclusiones, que me han causado graves quebraderos de cabeza. Porque el lindero entre lo bueno y lo óptimo es muy delgado y, sobre todo, fluctuante: basta que uno de los excluidos publique un nuevo poemario de altísima calidad para que su ausencia en *La cuarta persona del plural* se vea a los pocos años como un *fallo*, aunque al cerrarse ésta ese libro de poemas sea inédito. Basta que uno de los antologados saque a la luz un poemario flojo para arrojar sombra sobre lo hecho con anterioridad. Es un riesgo que corren las antologías de presente, sobre todo cuando recogen autores en plenitud de facultades o en pleno desarrollo de las mismas. Pero ser crítico literario supone, entiendo, ser capaz de correr ciertos riesgos: si no ejercemos la prescripción allí donde es más precisa, en la zona de sombras, ¿de qué servimos los críticos?

Respecto a los poemas elegidos, si el trabajo estuviese bien hecho, la selección de poemas de cada autor debería constituir una pequeña *plaquette* que antologara los poemas de su obra en los que se toca el *thema decidendi* de la misma; es decir, el asunto central de la poética de su autor. Algo más sencillo de hacer en poetas de obra más homogénea que en aquellos que se reinventan en cada libro. Queda a juicio del lector –y de los propios poetas– ver si se ha logrado el objetivo o no. Con el mismo propósito de destacar lo que la antología tiene de *libro*, el criterio cronológico de fecha de nacimiento convive con la intención de ordenar los nombres sin choques bruscos de estéticas, empeño facilitado por el hecho de que varios poetas nacieron en las mismas añadas. Es decir, se ha perseguido en lo posible ordenar la antología como si fuera un poemario perteneciente a un solo autor, o un libro de relatos, que requieren siempre de discretos órdenes internos. Los poemas de cada autor han sido situados por el antólogo con el mismo espíritu.

A continuación se elaboran unas líneas teóricas que intentan ubicar el porqué de un esfuerzo antologador en nuestros días y el porqué de la selección de los autores concretos recogidos. Ni que decir tiene que el lector puede leerla o saltársela sin más y pasar directamente a los poemas, que es lo más valioso siempre en cualquier florilegio, para regresar después (si es que lo desea) a estos párrafos que explican la selección de textos y el propio hecho de la selección.

II. Conformación de la «poética» de la antología y relación de la forma antológica con el concepto de canon

> No hace falta un oído demasiado suspicaz para detenerse ante una fórmula como «volver a la normalidad», hoy cada día más repetida (...) y oír en ella la expresión más profundamente representativa de nuestra sociedad burguesa, liberal y acomodada.
>
> R. Sánchez Ferlosio (2009:33)

Una breve historia alternativa de la poesía española reciente

Creo que la pluralidad se demuestra, como todo lo demás, andando, y un pequeño recorrido por la última poesía española es preciso por tres motivos: primero, para descostrar esa historia de la capa de inexactitudes con las que, desde hace casi treinta años y desde muy diversas instancias, se la viene cubriendo; segundo, para plantear no tanto una historia verdadera (lo que intentaba Brea en 1991 para el arte español) cuanto una historia *plausible* y alternativa a la «oficializada»; tercero, para que el lector de esta antología llegue al *lugar* desde el cual se juzga la obra de los poetas antologados. Pero si es imposible resumir la compleja historia de la poesía española en ochenta páginas, como apuntaba Jon Kortázar tiempo atrás, imagínense hacerlo en las cuatro o cinco que vienen a continuación (a las que habría que sumar lo dicho en *Singularidades* diez años atrás, por desgracia aún vigente); apenas podrán esbozarse unas líneas de fuga, pero acaso sea conveniente esa síntesis para que el lector no especialista tenga un norte de orientación y no se pierda en los intrincados ramales y vericuetos del territorio cartografiado.

Como la historia del grupo de poetas conocido como *novísimos*, a raíz de la célebre antología de José María Castellet, es sobradamente sabida y ya ha sido muy tratada desde variados puntos de vista, quizá debiéramos comenzar nuestro paseo en una época posterior, digamos muy a finales de los años 70 y principios de los 80, justo donde comenzamos nuestra selección, y donde se produjo un hecho que, en teoría, habría de cambiarlo *todo*. Ese hecho es, obviamente, la libertad. En principio, los autores recogidos en esta antología han publicado todos sus libros en un sistema político conformado como un Estado Social y Democrático de Derecho, según determina el artículo 1 de la Constitución Española, votada el 6 de diciembre de 1978. Aunque en *Singularidades* (2006) ya hemos hecho una lectura de lo que ese período significó para nuestra literatura, quizá convendría atar algún cabo más, particularizando el examen en el entorno más próximo a la lírica.

Francisco Rico, en un artículo que no será recordado entre lo mejor de su excelente cosecha, titulado «De hoy para mañana: la literatura de la libertad», publicado en 1991 y luego recogido en su *Historia y crítica de la literatura española*, abominaba de la vanguardia de forma algo lábil y condescendiente, enfrascándose en un discurso de pensamiento débil sobre su relación con la «liquidación» de las ideologías en nuestro país, tras el advenimiento constitucional (1992:82ss). Que hubo en España un parcial *impasse* creativo y una correlativa desorientación teórica tras la llegada de la lábil libertad consensuada es algo obvio, y hasta lógico, me atrevo a añadir, dadas las circunstancias políticas del momento. Pero la lectura de Rico, importante por ser quien es y porque ese texto suyo conforma una de las muchas inexactitudes que han ido construyendo esa mentira parcial que es la Historia Oficial de la poesía española, es interesada, ya que intenta asociar la nueva situación de la España democrática al crepúsculo agonizante de lo experimental. En realidad, como bien señala Julián Jiménez Heffernan,

> Con la llegada de la democracia, el relevo ideológico del poder, consumado con el socialismo de los ochenta, se traduce, paradóji-

camente, en una amortiguación edénica del arte. La autenticidad progresista se busca en máscaras exóticas y horizontes elegantemente realistas, pero siempre bajo el signo de un blando y amable neohumanismo (...). Afortunadamente, vetas más o menos subterráneas de resistencia experimental, neovanguardista y crítica, han mantenido en forma a la literatura española. (2004:426)

Y también Antonio Méndez Rubio ha escrito textos inexcusables, de auténtico entendimiento sociopolítico de la transición, que contextualizan mucho mejor lo ocurrido (vgr., Méndez Rubio 2004; también López Merino 2008 y Canteli 2014) y explican el espectro poético a la luz de esas conclusiones. Que hubo una depauperación generalizada de la cultura en España, como consecuencia de una confusión parcial de la libertad cultural con el libertinaje «subpop» (*pop* de perfil bajo), es también cierto; lo que es falso es hacer sinécdoque histórica y confundir deliberadamente la parte con el todo. Tras la descentralización «instantánea» que produjo la transición, según Philip W. Silver, «la vida cultural en Madrid [se vuelve] frenética. Descentrada, se ha inventado una especie de posmodernismo kitsch, subvencionado por el gobierno, para atraer de nuevo la atención» (1988:76). Pero eso no es (sólo) lo que dice el artículo de Rico, ocupado interesadamente en achacar a la vanguardia y sus «excesos» experimentalistas la máxima responsabilidad del proceso. Además se encubre el progresivo nacimiento de una nueva Norma, oponiendo el sistema de «nueva libertad» nada menos que al «prescriptivismo» o imperio normativo de las vanguardias. Obsérvese:

> Frente al prescriptivismo de las vanguardias, la ausencia de normas estéticas dominantes entroniza ahora el patrón individual como única medida en la creación y en la recepción (...). Frente al compromiso social, la parte del león se la lleva el ámbito de la intimidad; frente a los relumbrones del experimentalismo,

se renuncia a la ostentación de la forma y de la literariedad. El general repliegue de la sociedad hacia la vida privada concuerda con esos planteamientos, y el mercado los apoya y los aprovecha. (Rico 1992:90)

En realidad, la nueva Norma que llegó resultó ser infinitamente más prescriptiva, rigurosa, implacable y coercitiva que cualquier dudosa reglamentación que pudiera venir de las vanguardias, que si algo eran, precisamente, eran *muchas y diversas*, por no decir contradictorias, frente a la unicidad dictatorial del mercado poético que vendría. Y a esta nueva gran Norma cultural y social fue amoldándose, a la perfección y sin el mínimo aspaviento, la más pequeña y triunfante Norma de la «poesía de la normalidad», desglosada en *Singularidades*. Por extraños mecanismos, que algún día estaría bien sintetizar, alguno de sus representantes consiguió reproducir, a escala individual, aquello que es más característico del Estado represivo moderno: constituirse a la vez (como algún poeta me señaló con agudeza) como *el poder y la oposición al poder*; establecerse como miembro, padre o asesor de numerosas instituciones culturales y académicas, y sostener al mismo tiempo «alternativas críticas» al poder establecido. Hemos asistido a la inédita aparición del *funcionario antisistema*. Es importante por ello entrar en el tema del campo literario y hacer algo de sociología poética, porque en la llegada al *poder* hegemónico de la *poesía de la normalidad* hay que buscar algunos elementos causales en terrenos ajenos a la literatura.

A principios de los 80 el impacto *novísimo* era tal que muchos poetas, sobre todo los por entonces más jóvenes, comenzaron a moverse con rapidez. Se produjeron dos alineaciones. Una se mostraba algo escéptica ante la estética novísima, pero se *dejaba querer*, quizá con la voluntad de ser incluida como epígona de ese exitoso movimiento. Esta línea incluía poetas como Luis Alberto de Cuenca, Luis Antonio de Villena (ambos conformarían lo que denomina Miguel A. Gómez Segade el «*kitsch* del *kitsch*», 1984:12) o Jenaro Talens; algunos de estos autores entraron en la antología de Rosa María Pereda y Concepción G. Moral *Joven poesía española* (1979)[5] y otros quedaron fuera, pero considerados dentro de la órbita de los novísimos. La segunda línea era la de contestación abierta, de enfrentamiento total, por distintas razones, a lo que los novísimos y su aventura de renovación de lenguaje significaban. Esta línea era, desde luego, mayoritaria y muy diversa, conteniendo en su interior otras líneas estéticas diferentes o incluso contrapuestas, cuyo único elemento de contacto era esa oposición frontal. Una de esas líneas incluía a autores de mayor edad que los novísimos, sumergidos aún en la poesía social; una segunda alineaba a poetas de las mismas edades que los antologados por Castellet pero de estéticas clasicistas o realistas (siendo algún novísimo realista también); y un tercer grupo de poetas «ponía el acento bien en una intensificación de la escrutación filosófica, bien en el acervo superreal del imaginario simbólico» (Prieto de Paula 2014:2), formando una pléyade de nuevas voces que se sentían diferentes por distintos motivos. Estas voces, que son las que más nos interesan, buscaban un espacio propio: así, entre finales de los setenta y durante los ochenta aparecen los primeros libros de poetas como Olvido García Valdés, J. A. Masoliver Ródenas, Juana Castro, Miguel Casado, Miguel Suárez, Manuel Rico, Eduardo Haro Ibars, Sergio Gaspar, Juan Carlos Mestre, Juan Carlos Suñén, Concha García, Carlos Clementson, Francisco Ruiz Noguera, Francisco Gálvez, Andrés Sánchez Robayna, Chantal Maillard, Carlos Piera, Ignacio Prat, Eduardo Scala, Aliocha Coll o Pedro Casariego Córdoba, por poner algunos ejemplos, que por su singularidad se quedaron en tierra de nadie, donde antes se habían clavado nombres como

---

5 La antología fue saludada con un artículo de José Manuel Rozas de significativo título: «Los novísimos a la cátedra», *El País*, 25 de noviembre de 1979, suplemento *Libros*.

Julia Uceda, Jesús Hilario Tundidor, José-Miguel Ullán, Diego Jesús Jiménez, Francisca Aguirre, Luis Feria, José Luis Hidalgo, Rafael Guillén, J. M. Fonollosa, Rafael Pérez Estrada, Carlos Sahagún, Elena Martín Vivaldi, Tomás Segovia, Manuel Mantero, Carlos Edmundo de Ory o María Victoria Atencia, formando entre todos un pabellón de perplejos que guardaba en su seno poesía de alta calidad. Fuese por estar concentrados en escribir, o por vivir en provincias (véase Rodríguez de la Flor 2014) o trasterrados, se olvidaron de hacer política literaria o la hicieron demasiado tarde, cuando las zonas claves del campo literario estaban repartidas.

En cambio, menos talentosos pero más astutos, un par de grupos de poetas con intereses comunes y alguna proximidad comenzaron a *movilizarse*, antologías mediante. Uno de ellos se aglutinó primero en *1917 versos* (Ediciones Vanguardia Obrera, 1987), el otro ocupó parte de *Después de la modernidad* (1989), de Julia Barella, y con el tiempo resultó de ambos un colectivo común, poco numeroso al principio, que partió de la «nueva sentimentalidad granadina» para llegar a la nutrida «poesía de la experiencia», constituyéndose luego, como auténtico gentío facedor de versos, en lo que he denominado en *Singularidades* «poesía de la normalidad», cuya *poética robot* he dibujado en el mismo sitio, razón por la que ahora sintetizaré todavía más. Pues bien, esta poética, que aglutinaba poetas que practicaban una estética muy accesible y de escasa intensidad, es la que en pocos años acabaría por convertirse en dominante, en todas las acepciones que el diccionario admite para la palabra, y adoptaron la Norma, consistente en hacer equivalentes democracia y arte de bajo nivel, y asociar racionalismo a antivanguardismo[6]. Martínez Sarrión

---

6 «Por expresarlo con unas cuantas pinceladas impresionistas, diré que es verdad –o me parece que se parece a la verdad– que durante los años 80 y 90 se ha extendido entre muchos jóvenes poetas que se incorporaban a la poesía, lo mismo que entre muchos críticos que firmaban en los principales suplementos españoles, un discurso poético antivanguardista, antiexperimental, o, al menos, que mostraba una profunda desconfianza ante las posibilidades de esas actitudes» (GASPAR 2005).

ha recordado que «la poesía española, a partir de 1980 y en las promociones que se fueron sucediendo, instaló su discurrir en el más cuco y acomodaticio universo de la facilidad, la obviedad, la rutina y lo polvoriento. Se decretó maldita a la vanguardia, a todo riesgo estético, se intentó vetar como anacrónica toda intervención política» (2002:9). Como todas las formas culturales de perfil bajo, los poetas normalizados encontraron rápidamente un éxito con el que no contaban, al que ayudó su condición, agudamente señalada por Agustín Fernández Mallo, de «televisor de canal único» (2009:118). Se encontraron con valedores inesperados; amén de algunos antinovísimos confusos y de lectores que hasta entonces jamás habían abierto un libro de poemas (hecho harto significativo), hallaron rápidamente apoyo en ciertos catedráticos, quizá por el hecho de ser profesores universitarios varios de los poetas normalizados; como tenían buenos contactos políticos, fueron consagradas a su entronización colecciones enteras de poesía, alguna de ellas pagada con dinero público, como la de la Diputación de Granada; a las editoriales que amparaban esta corriente llegaron, y siguen llegando a pesar de la crisis, incesantes subvenciones públicas, ya fuese mediante ejemplares comprados para bibliotecas –cuando tal cosa aún se hacía, antes de la recesión–, ya fuese a través de premios convocados por entidades locales, cuyos fallos solían ser bastante predecibles. A su difusión contribuyeron numerosas revistas, varias de ellas dirigidas o asesoradas por sus practicantes, pagadas también con dinero público; a su sostenimiento se dedicaron numerosos críticos e incluso Asociaciones de Críticos (algunos de cuyos componentes fueron recompensados por los poetas a los que habían ensalzado, a través de generosas presentaciones de los libros y poemarios escritos por los fieles críticos de guardia, o mediante invitaciones a encuentros); a su *decantación* se apuntaron feraces antólogos; sus autores entraron en los libros de texto apoyados por la defensa que desde las alturas filológicas de nuestro país les deparaban los

Grandes Catedráticos; coparon invitaciones, jurados, comisariados y publicaciones, e hicieron del campo literario un auténtico campo de batalla en unos casos y un patio de Monipodio en otros.

La cuestión es que la continua retroalimentación del espacio literario en estos estrechos márgenes, condenando al frío de las afueras a las propuestas más interesantes, produjo lo que Arnold Gehlen llamó en sus *Studien zur Anthropologie und Soziologie* (1963:311ss) la *cristalización cultural*, consistente en el agotamiento absoluto de un modelo cultural estrecho que, en poco tiempo, ha desarrollado todas sus escasas posibilidades. El problema es que ese tipo de graves deficiencias suele pasar desapercibido en España: los responsables culturales se preocupan de otros asuntos cuando llegan al poder, y el sector encargado de transmitir la cultura –los profesores de enseñanzas secundaria y universitaria– sigue emitiendo el NODO sin el menor aspaviento, pensando que si así están las cosas es porque así deben ser, sin preguntarse más allá ni mostrar demasiados asomo de actitud crítica, haciendo muecas ante el modelo cultural cristalizado como si fuera un espejo (o quizá lo sea: el del esperpento de Valle-Inclán). Luego intentaremos responder, si tenemos fuerzas, a esta jugosa pregunta: ¿por qué la poesía de la normalidad es del gusto de los profesores de Secundaria de este país? Sólo faltan unas pocas páginas, no se angustien por la respuesta.

El problema es el enorme daño que un modo como este de entender la actividad artística puede hacer al conjunto general. La producción poética sustentada en una especie de Norma, más o menos escrita pero extremadamente precisa, no responde a un ejercicio de libertad, sino al seguimiento de una pauta, de una norma reglada, de un deber: «el deber aplana las diferencias entre los sujetos y los iguala entre sí; asimilados por la objetividad de la cosa misma, los *normaliza*», apunta el filósofo Javier Gomá (2007:97). No hay, pues, creación, sino sólo ejecución de lo ya dispuesto, reorganización de elementos dados. «Los rasgos salientes o extravagantes de la persona», sigue diciendo Gomá, y entre los rasgos salientes estarían los *sobresalientes*, «quedan en la eticidad sofocados por este imperativo de normalidad. Todos los ciudadanos de la polis son esencialmente el mismo porque quien realiza una obra (...) sólo hace *lo que todo el mundo hace y como todo el mundo lo hace*» (Gomá, *ibídem*, subrayado nuestro). La poesía pasa a hacerse *como la hacen los demás*. El modo de operar es *manu militari*, al modo en que los ejércitos lo hacen, apelando al deber sustentado en la jerarquía como lógica instrumental suprema: «¡sin novedad! (...) el oficial que pasa revista a su tropa en formación espera oír de boca de su subordinado esas palabras formularias, ya que la ausencia de incidencias reseñables corrobora el buen funcionamiento de la normalidad colectiva de la que es responsable»[7]. En estas estrategias militarizadas ha permanecido un gran sector de la poesía española contemporánea, y en parte sigue todavía. A pesar de la rápida decadencia de la poesía de la normalidad como estética, de lo que hablaremos ahora, sus diná-micas perviven como eficaz *superestructura* de campo literario.

Para terminar este veloz relato alternativo habría que hacer mención a los tres fenómenos que han dinamitado el panorama poético patrio. El primero y, a mi juicio, más importante, es la entronización definitiva de la poesía femenina, que ha abandonado el lugar secundario a que injustamente fue relegada para colocarse en su lugar natural y propio. Desde principios de los 80 del pasado siglo se atisba un cambio de percepción y recepción de la poesía

---

[7] GOMÁ 2007:97-98. En el mismo sentido, y enfocado además sobre la poesía española contemporánea, se pronuncia JUAN JOSÉ LANZ: «un sistema normativo, como proceso abstractivo, supone la eliminación de la especificidad individual, y, por lo tanto, el empobrecimiento, en aras de una mayor capacidad comprehensiva. Por el contrario, un sistema fundado en la tolerancia, en la aceptación de la periferia y los márgenes, admite todas las especificidades individuales, incorporando al propio sistema las diferencias» (2007:23).

hecha por mujeres; utilizo «percepción» porque implica la subjetividad (y parcialidad) de la mirada crítica, que hasta el año 1980 había casi ninguneado la presencia no masculina en las antologías y estudios (cf. Silver 1988:79-80). Ese año, la irrupción de Blanca Andreu ganando el Adonais con *De una niña provincias que se vino a vivir en un Chagall*, y de Ana Rossetti, Premio Gules con *Los devaneos de Erato*, hace imposible ya seguir manteniendo un estado de cosas que limitaba a Carmen Conde o Ángela Figuera (nacidas antes de 1910, como recuerda Silver) y a Francisca Aguirre la representación femenina en la poesía española. La aparición de antologías como *Las diosas blancas* (1985), editada por Ramón Buenaventura, comenzó la visibilidad editorial de esta línea, que encontraría pronto, como apunta García Martín (1992:96), a través de estudios como los de Wilcox y Ugalde (ambos de 1991), continuación académica y una difusión acorde a su evidente importancia. La sucesiva aparición de antologías femeninas, la apertura del Premio Nacional de Poesía a mujeres (con un retraso inexplicable), el gradual reconocimiento crítico y la iniciativa editorial son factores que han ido creando por fin unas condiciones más favorables, aunque siempre queda mucho por hacer. Pero lo ya hecho es cardinal, precisamente porque –salvo las consiguientes excepciones, no muchas– la normalidad tampoco se ha caracterizado por su apertura al género femenino, de modo que podría decirse que en el sector normalizado lo femenino ha constituido una tendencia muy residual: García Posada antologó en *La nueva poesía* a 20 hombres y 3 mujeres; Villena a 18 varones por 2 mujeres en *La lógica de Orfeo*, y podríamos poner más ejemplos de cómo ese modo tan *moderno y adecuado a los tiempos* de leer era, en el fondo, muy antiguo. Pese a esa resistencia de los expendedores de carnet, la perseverancia de las escritoras nos ha permitido hoy disfrutar de un ingente caudal de poesía hecha por mujeres: Olvido García Valdés, Chantal Maillard, Concha García, Amalia Iglesias Serna, Esperanza Ortega, Sandra Santana, Julia

Uceda, Julieta Valero, Aurora Luque, Dionisia García, María Victoria Atencia, Olga Novo, Miriam Reyes, Esther Ramón, Julia Piera, Lola Velasco, Chus Pato, Rebeca Yanke, Ana Merino, María Ángeles Pérez López, Berta García Faet, Sofía Castañón, Teresa Soto, Laura Casielles, Yaiza Martínez, Luz Pichel, Ioana Gruía, Marta Agudo, Olga Bernard, Erika Martínez, Virginia Aguilar Bautista, Mercedes Cebrián, Mercedes Díaz Villarías, Luisa Miñana, Ada Salas, Sofía Rhei, Ana Conejo, Yolanda Castaño, María Salvador, Luisa Castro, Ariadna García, María Eloy García, Mercedes Escolano, Ana Gorría, M. C. Montagut, Bibiana Collado, Elena Medel, Pilar Adón, Jimena Alba, Ana Llurba, Luna Miguel, Verónica Aranda, Isabel Bono, Pureza Canelo, Ana Pérez Cañamares, Clara Janés, Alicia Silvestre, Esther Giménez, Isabel Pérez Montalbán y un inmenso y sólido etcétera.

El segundo factor de apertura ha sido la proliferación y convivencia de poéticas dispares en los últimos años, opinión en la que han coincidido varias miradas (Valero 2006; Morales 2006; Peyrou 2006; Mora 2006; en detalle Santamaría 2008b), apertura descrita tempranamente por Manuel Rico como «ceremonia de la diversidad» (2000), facilitada por la progresiva quiebra del modelo normalizado, lo cual ha contribuido a la difusión y al claro desarrollo de estéticas diversas –limitados por la aparición de un factor extraliterario: la desaparición o suspensión de actividad de numerosas editoriales que habían intentado promover y patrocinar esa pluralidad, como DVD Ediciones, La poesía señor hidalgo, Icaria, Igitur, El toro de barro, etcétera–.

El tercer factor, que nos va a ir introduciendo ya en el meollo de nuestra propia selección de nombres, es la multiplicación de antologías que desde los años setenta no se ha detenido hasta hoy. Antonio Méndez Rubio ha señalado que esa abundancia, así como el abuso del término «ruptura» (citado, como recuerda el propio autor, hasta once veces ya en el prólogo de Castellet a su antología), condujeron

> a una especie de huida semántica hacia delante, a un agotamiento que daba pie al resurgir de un tradicionalismo que, como contrapunto dialéctico, se había ido desarrollando paralelamente a partir de la publicación de *Espejo del amor y de la muerte* (...) de Antonio Prieto, y que acabaría imponiéndose como canon dominante en los 80. (...) Por otra parte, el avance de la «ruptura poética» se solapó en pocos años con el contexto ideológico más amplio de una «ruptura política»: el final de la dictadura ayudaría a sobrecargar de presuposiciones críticas el debate estético, a hacerlo funcional al clima de la transición, y a experimentar con esta transición –a la que quedaría socialmente vinculado– la caída en el desencanto y la retirada de los proyectos utópicos más radicales. (2004:25)

No hay que desdeñar en ningún momento el papel de las antologías: autores como Juan José Lanz han explicado bien cómo algunas selecciones han *modelado* el panorama no sólo crítico, sino también estético (1997:17 y 2007:181ss), sobre todo aquellas que se hacían dentro del campo dominante de la normalidad, y Gorría apunta que «han venido a reemplazar el papel de presentación de la revista literaria» (2012:258). Por la importancia del tema, creo que merece la pena que comencemos, dentro de poco, el viaje al fondo de la noche antológica, para justificar nuestra aportación. Pero antes hay que hacer la última parada en el campo literario.

Los poetas-profesores y la velocidad de escape frente al panorama cultural plano

> ¿Quién de nosotros sabría admirar a los grandes genios, si en la escuela no se le hubiese puesto bien en la cabeza que son grandes genios?
>
> Witold Gombrowicz (2001:67)

> No creo que existan escritores sin teoría: en todo caso la ingenuidad, la espontaneidad, el antiintelectualismo son una teoría, bastante compleja y sofisticada, por lo demás, que ha servido para arruinar a muchos escritores.
>
> Ricardo Piglia (2001:10)

> Te afecta pero no lo entiendes.
>
> Julieta Valero (2015:66)

El *campo* de la poesía española actual tiene algunos aspectos sociológicos que creo conveniente poner blanco sobre negro; hice parte del trabajo en *Singularidades*, pero creo que hay una cuestión que todavía no se ha clarificado lo suficiente, y que estimo pertinente para aclarar la singular situación de los poetas recogidos en esta antología *frente* a los modelos normalizados de *poeta de mediana edad* sacralizados por la crítica más mediática, los entornos universitarios más conservadores y ese importante sector de lectura (y en algunos casos, enseñanza precoz) de poesía que son los profesores de Enseñanza Secundaria en España.

El grupo del 27 fue conocido, como saben, como el grupo de los «poetas-profesores», ya que varios de ellos eran catedráticos de lengua y literatura. Hoy en día hemos vuelto a este fenómeno, aunque variando de catedráticos de universidad a profesores de Secundaria. La Asociació d'Escriptors en Llengua Catalana publicó en enero de 2008 una encuesta sobre el grado de profesionalización de los escritores catalanes (Monsó 2008:25), que señalaba el profesorado como medio habitual de ganarse la vida de esos autores, igual que en el resto del país. Un profesorado adscrito, abrumadoramente, al ámbito de la enseñanza de Literatura Española y que, por tanto, viene de estudiar la carrera de Filología Hispánica. Y creo que este hecho sociológico tiene o está teniendo unas profundas consecuencias en nuestra poesía actual: se ha creado una *intelligentsia* «no sólo de *poetas-profesores* sino de *poetas-funcionarios* de la poesía» (Ruiz Casanova 2006:15), que crean un circuito discursivo modelado sobre esquemas estéticos de baja intensidad: lectura sobre los cimientos del «comentario de texto»; formación literaria bajo los auspicios del formalismo crítico, la Estilística (tras la que se alarga la larga sombra de Dámaso Alonso) y algunas gotas de *New Criticism*; concepción tradicionalista de la poesía, entendida como un recorrido circular y limitado por los mismos *topos* y tropos; escasa formación en poesía reciente debido a la alergia de la Universidad a mostrar las últimas producciones, sobre las que no hay enseñanza, sino *ensañanza* (salvo que el practicante sea, ay, un compañero catedrático...), y todo ello dentro de los márgenes generales de teórica filológica de la Universidad patria, donde, salvo relevantes y no numerosas excepciones, mentar los nombres de Jameson, Moretti, Derrida, Barthes, Paul de Man o Foucault supone ser invitado a salir por la ventana del salmantino patio de Anaya.

La formación de los poetas nacidos en torno a 1960 sufre un cambio importante frente a sus antecesores, como bien ha visto Andrés Ibáñez: «yo diría incluso que hay un corte muy claro entre los nacidos en 1960 y los nacidos a partir de 1961: la implantación del mismo plan de estudios (EGB-BUP) que quitaba la 'reválida' de cuarto, introducía la música en el aula (...) y cambiaba el estudio del francés por el del inglés» (Ibáñez 2006:21). En efecto, quienes venimos *del inglés* tenemos, desde luego, una formación letrada distinta a los francófilos, aunque el progresivo deterioro de las Humanidades en los planes de estudio de nuestro país (con independencia, lamentablemente, del partido de turno en el Gobierno) ha provocado que quienes nacimos sobre 1970 seamos posiblemente más lerdos, a menos que hayamos puesto los medios para no serlo, que los nacidos en la década anterior. Tampoco nos consuela adivinar lo lerdas que van a ser las siguientes *añadas* de estudiantes: la propuesta presentada por el Ministerio de Educación a las autonomías a finales de 2006 reducía otras 25 horas la enseñanza de Lengua y Literatura en Primaria (sobre este tema escribe Saldaña 2009:241), y el último Gobierno (2011-2015) ha hecho tantas barbaridades y recortes en cultura y educación que sería difícil saber por dónde comenzar[8]. La literatura y la filosofía, como han expuesto algunas denuncias informadas (Riera 2015; Puigverd 2015), corren el riesgo de desaparecer en pocos años de Secundaria. La educación tiene mucha importancia en la creación de la cultura literaria de un país, y por supuesto influye mucho en los creadores. Por eso tiene tanta trascendencia un factor que rara vez se examina al hablar de la poesía de nuestro tiempo, cual es el de las lecturas obligatorias y los libros de texto que los alumnos han tenido que aprenderse en sus años mozos. En mi caso, durante algunos años, mis libros de texto estaban escritos por Lázaro Carreter, Tusón y otros *damasoalonsianos*, que siempre recomendaban el *Cómo se comenta un texto literario* (1989), firmado por Dámaso Alonso y Evaristo Correa, que lleva, según el ISBN, 28 ediciones publicadas hasta el día de hoy (no sé si incluyendo reimpresiones). Esto supone centenares de miles de alumnos modelados, desde tierna edad, en el método

---

[8] «A partir de septiembre, la LOMCE se generaliza en primaria, comienza a aplicarse en los cursos impares de secundaria y en 1º de bachillerato. El currículo general de estos dos últimos ciclos, aprobado por el Ministerio de Educación en enero, refuerza lengua, matemáticas y ciencias, deja de lado tecnología y enseñanzas artísticas y aboga por formar el pensamiento empresarial más que el filosófico» (ÁLVAREZ 2015); véase también el editorial del número 99 de *Paideía. Revista de Filosofía y Didáctica Filosófica*, enero-abril 2014.

estilístico, que no podrán abandonar en la Facultad de Filología por ser prácticamente el único aplicado, aunque en Teoría de la Literatura (supongo) les enseñan por encima otros, *los bárbaros*. Este restringido modelo de comprensión del hecho literario viene completado además por las lecturas obligatorias, las *fuentes* a que se obliga a mirar a los alumnos:

> Estos casos nos muestran la importancia de considerar en el proceso de consolidación de un determinado canon literario el peso de las obras fuente en las que se institucionaliza. Se puede decir que son muy pocas las obras que realmente marcan la pauta en comparación con las que la difunden. El aprecio de sus autores en el panorama sociocultural de la época, su adecuación a los planes de estudio vigentes, tantas veces interesada, y las adaptaciones que se hacen de las mismas por carencias didácticas reales o por intereses económicos o profesionales, son aspectos que no se pueden separar de este proceso, y que incluso nos permitirán entender, fuera de motivaciones estrictamente literarias, la presencia constante de determinados autores y las inexplicables ausencias de otros (Aradra 2000:172)

Pero tan importante como las listas de lecturas son las perspectivas críticas impuestas sobre las mismas. Es inútil hacer hincapié en autores valiosos, incluso aunque se citen textos *fuertes*, si luego sus avances van a ser analizados con la ceguera de un *close reading* sin matizar, a través del «comentario de texto» con el que se nos obligaba, de niños, a examinar cualquier tipo de poema o prosa. Se nos hacía pasar así el material literario por una *pieza lógica*, cuyo análisis era *mecánico*, con unos apuntes contextualizadores que daban risa o pena, según casos, y que diseccionaban el poema como un conjunto de tropos: «podría pensarse que aún nos hallamos en la época de Gottsched, cuando se pretendía medir el arte por el cumplimiento de determinadas 'reglas' fijas», decía Hamm (1971:8), pero su broma, hecha en Alemania cuarenta años atrás, sigue siendo en España –para nuestra vergüenza– un tema muy serio (*primero como farsa, después como tragedia*, por invertir el aserto de Marx). Recuerdo una lejana tarde en que mi hermano pequeño me dijo que tenía que analizar para su asignatura de Literatura Española un poema de Lorca, y que al final del día me pasaría su trabajo para que lo viera. Llegó a mi mesa y me dijo: «he contado estos tropos, mira si se me ha escapado alguno». Era el celebérrimo poema dedicado a la guitarra, donde se rompen las copas de la madrugada. «¿Esto es lo que te han pedido, que te limites a contar las figuras?», espeté. «Claro. ¿Hay otro tipo de comentario?», me respondió. Pues eso: sin comentarios. Sacamos unas prosopopeyas más y le pusieron sobresaliente. Como ha explicado a la perfección Félix Rodríguez Rodríguez,

> Esta labor de fijación y conservación de una tradición literaria debe considerarse parte (...) de su cometido de enseñar a leer e interpretar textos literarios. Su modelo de interpretación, el *close reading*, con sus pautas claras acerca de qué buscar y valorar en el texto, ha facilitado la tarea de la gran mayoría de los profesores y alumnos en las clases de literatura. (...) la metodología ideada y desarrollada por la Nueva Crítica aún mantiene buena parte de su influencia en lo que toca a las convenciones lectoras, a nuestras expectativas y nuestras estrategias para esclarecer el texto literario, en particular, el poema lírico. Continúa en uso, con frecuencia, la visión del poema como un drama en que una persona poética, un hablante, con actitudes contradictorias, intenta entender y resolver el problema que le preocupa (...).

El problema de no progresar es que todo comienza a sonar a antiguo. Rosa María Aradra documenta cómo la adaptación para las escuelas que hiciese Gómez Ranera en 1856 de la *Colección de trozos escojidos de los mejores hablistas castellanos* de Alberto Lista, al figurar «en la lista de libros de texto durante la etapa Moyano, a mediados del xix (...) nos hace pensar en la trascendencia de su selección en la consolidación de determinados modelos» (Aradra 2000; también Begoña López Bueno y Pozuelo Yvancos han investigado sobre los procesos de canonización a finales del xix). En la filología hispánica actual, como ha visto Juan Miguel López Merino (2008), la colección *Historia y Crítica de la Literatura Española*, dirigida por Francisco Rico y supuesto culmen de las excelencias filológicas patrias, encomendó en *Los nuevos nombres: 1975-1990* (1992) la lectura de la poesía contemporánea a quien había sido parte interesada de la misma, José Luis García Martín, antólogo, teórico y defensor de una «poesía figurativa» que, obviamente, salía muy bien parada en su resumen –siendo el autor también, para colmo, poeta practicante de la misma línea–. El problema no es ese, pues García Martín tiene perfecto derecho a defender aquello en lo que cree y ser coherente con sus criterios; el error es *dejar en sus solas manos* un panorama general, sin alternativas, sin otras voces, sin otras miradas críticas que completen su espectro lector.

No acaban, con los citados, los problemas educativos y académicos de nuestro país que pueden afectar al modo de entendimiento del hecho literario y, en consecuencia, al modo de (d)escribirlo. En España y en este momento los profesores de literatura tienen agudas quejas sobre la situación que ha generado la unión de las asignaturas de Literatura y Lengua como una sola, como si fueran la misma cosa. Como recuerda Pozuelo:

> La competencia literaria se viene definiendo entonces en adyacencia calificativa de una idea de cultura y de literatura que subyace a la propia selección y al sistema pedagógico que pretende sustentarla. Camina en dirección convergente con el concepto

de «identidad» (...) Una de las perniciosas consecuencias de esta imbricación de lo que es «competencia literaria» y competencia lingüística fue, (...) con el mismo potencial carácter deformativo de lo que es la literatura, el sintagma «Lengua... (española, catalana, gallega) y su literatura...», que la LOGSE española ha consagrado para el estudio de la Literatura en sus diferentes niveles: ésta queda subsidiada a una idea de competencia lingüística instrumental (...) también soporte de una identidad política. (2000:71-72)

El resultado de una educación tradicionalista es, por lo general, una tendencia insobornable hacia la mala literatura, al gusto por lo conservador, hipercorrecto y muerto, amén de una estudiada ceguera para percibir correctamente la aportación de las literaturas vasca, gallega y catalana. Como reflexionaba Borges en su ensayo «El escritor argentino y la tradición», con quien concuerda Ricardo Piglia, sólo un manejo *irreverente* de las grandes tradiciones (incluida, si la de uno es grande, la *propia*) propicia una literatura de interés (Piglia 2000:73), porque puede levantar la mano contra uno mismo sin suicidarse. Muy por el contrario, toda la enseñanza de la literatura española está dirigida, desde el sistema educativo básico al universitario, más o menos conscientemente (y cuanto más inconsciente e ingenuamente, *peor*), a establecer y hacer perdurar los siguientes cánones culturales:

1. La cultura en general y la literatura en particular son «cosas» poco importantes y productivas.
2. La lengua literaria es una desviación de la lengua normal, y la poesía es su desviación máxima.
3. La Tradición y la Transición son dogmas a los que hay que servir, adorar y respetar a ultranza, sin poder cuestionarse jamás sus excelencias, porque es el suelo estable e indiscutible de nuestro sistema *de valores*.

4. La poesía en castellano debe entenderse como un homenaje intertextual y constante a los maestros del realismo poético patrio, y debe tomarse con pinzas la parte irracional de los poetas que «perdieron la razón», vgr. Lorca, Alberti y Cernuda, perdonándoles sus coqueteos con el surrealismo francés. Cuando sean demasiado potentes e inevitables los resultados, como *Poeta en Nueva York*, la estrategia de desactivación será intentar convertir las imágenes irracionales en símbolos plausibles y racionalmente admisibles, trabajo al que se dedicó con infatigable y absurdo empeño el desaparecido Ricardo Senabre.
5. La poética más interesante y feraz no será la teoría del duende de Lorca, ni *Razón de ser* (1956) de Juan Larrea, ni *Poética y profética* (1986) de Tomás Segovia, ni el *Intratexto* (1997) de Manuel Álvarez Ortega, sino el *Juan de Mairena* machadiano.
6. Se utilizará este limitado modelo conceptual tanto al escribir poesía como cuando ésta sea explicada a los estudiantes o al redactar reseñas o artículos de investigación.
7. Serán combatidas sin descanso la complejidad, la irracionalidad, el hermetismo, la experimentación, la dificultad y demás atentados contra la Tradición realista.
8. La única posibilidad literaria es la glosa y todo lo que no es tradición es plagio.
9. Se perpetuará este sistema adoctrinando debidamente a los alumnos, doctorandos o discípulos, que sólo llegarán a puestos importantes en la Universidad o a dirigir revistas o festivales literarios si respetan a rajatabla estos mandamientos y los perpetúan.

Para terminar, me gustaría incluir un email que me envió un escritor conocido, relatándome sus experiencias en un tribunal de oposiciones *para elegir profesores de Literatura de Secundaria*.

El autor me dio permiso para reproducirlo con la condición de no revelar su nombre, ni dar pistas, lo que hago al pie de la letra. Aunque han pasado varios años, lo considero un documento testimonial que, por su gravedad, diagnostica por sí solo la situación:

He escuchado a 100 personas hablar de lengua y literatura. Salieron 5 temas, 3 de literatura y dos de lengua. Un 30% eligió el tema del Cid. ¿Quieres creer que para el 90% de los profesores de literatura –la mayoría son interinos que buscan plaza– la única referencia crítica es Menéndez Pidal? ¿Que la mayoría nos contó la historia peregrina esa del juglar de Medinaceli y el de San Esteban como si fuera verdad santificada por la iglesia? ¿Quieres creer que las fuentes bibliográficas se agotaban en Deyermon y en el Alborg (¡dios mío, el Alborg!)? ¿Que nos contaban el argumento del *Cantar* con una candidez pasmosa? Nos liamos a poner treses como locos. Hubo un Cid buenísimo y dos buenos.

La pregunta de lengua que se llevó el otro 30% era la estructura de la palabra. Lo mismo. ¿Quieres creer que un 95% nos dijo sin sonrojarse que el sustantivo tenía flexión de género, como perro-perra o gato-gata? ¿Y que nos contaron que un prefijo es algo que se pega, literalmente «que se pega», por delante? Sólo una persona citó a Saussure, y eso, que es una pieza de anticuario, casi nos pareció de una modernidad aplastante. Y sólo otra hizo un tema completo, eso sí, desde la perspectiva estructuralista, pero al menos había perspectiva.

El resto de opositores hicieron los otros tres temas, pero con resultados más o menos iguales, aunque al no ser tan numerosos la conclusión no es tan evidente. 6 ó 7 desarrollaron el tema de la novela en la primera mitad del xx. Si los hubieras escuchado, hubieras llorado. La impresión que tuve es que no habían leído ni un sólo libro de la época. 3 nos dijeron que Baroja «escribía trilogías» (sic) y una cuarta, más avezada, que «agrupaba sus novelas en trilogías». Es obvio decir que no soltaron prenda en relación al título de las trilogías o de las novelas. Como mucho citaron, unánimemente, *El árbol de la ciencia*, porque, claro, lo leyeron todos en COU.

Creo que es un excelente resumen de la situación, que podría completarse con el espeluznante estudio que unos expertos hicieron sobre las lecturas de más de sesenta estudiantes de Magisterio, que dejaba claro en sus macabras conclusiones que sólo dos de ellos habían leído con regularidad literatura clásica o de cierta complejidad; «la apreciación –apostillaban– adquiere todavía mayor gravedad si estos lectores que frecuentan la literatura comercial son futuros docentes». (Dueñas *et alii* 2013:34)

Y ahora, viajemos al fondo antológico de la noche.

Antología y canon

> Firmar un texto o antologarlo viene a ser lo mismo.
> Margo Glantz (2001:187)

> Pero el canon lo inventé yo, es personal.
> César Aira (2001:63)

La antología es un «género» literario que siempre alude al plural; según Claudio Guillén, el antologador es un «yo» que deja de ser privado y aspira a ser un *nosotros* (1985:417). Conflictivo como pocos, el género antológico, también conocido desde antiguo como *florilegio*, no tiene demasiado tratamiento crítico, al menos comparado con otras formas literarias, pero el que tiene es muy interesante y arrojará luz sobre nuestra intención al elaborar la presente antología.

José Francisco Ruiz Casanova ha dedicado varios textos sobre este tema, de los que destacaremos dos. El primero es la «Introducción» a su *Antología Cátedra de Poesía de las Letras Hispánicas* (2001); el segundo, su artículo «Canon e 'incorrección política': poética de la antología» (2005:211ss). En esos textos Ruiz Casanova defiende las siguientes ideas: 1) La antología tiene su poética. 2) La antología es, por tanto, una labor creativa, como la versión del traductor es de su autoría. Aunque se limite a presentar poemas, incluso sin prólogo o estudio previo, contiene una *escritura*. 3) En consecuencia, la antología no es un género, sino un libro[9]. 4) Su modelo es el de la relectura, no el de la imposición. 5) Es por esencia una apuesta estética, pero también ideológica, sin necesidad de extremar la importancia de este último aspecto, tan inevitable aquí como lo es en toda escritura en general. 6) Su especificidad puede convertirla en el más democrático de los géneros, aunque por desgracia es el tipo de libro «sobre el que mayores tentaciones totalitarias se proyectan» (2005:222). Las aportaciones de Ruiz Casanova nos colocan el tema en suerte y nos permiten seguir ahondando. Para Wendell V. Harris (1991), la antología sería una forma de canon «selectivo», que limitaría el canon *potencial* resultante de todas las obras escritas a partir del canon *disponible* o conjunto de textos a los que se puede tener acceso en un momento determinado. Si Lejeune hablaba de un pacto autobiográfico, quizá en este tema deberíamos hablar de un *pacto antológico*. María do Cebreiro, que amén de ser una poeta antologada en este libro es una excelente teórica, ha expuesto que «las antologías poéticas se sustentan en la puesta en funcionamiento de dos mecanismos: la ilusión referencialista y la garantía axiológica, que deben ser comprendidos en los términos intersubjetivos de

---

9   En contra, VERA MÉNDEZ (2005). Mi opinión es que puede ser ambos, según la perspectiva de mirada, porque género y libro no me parecen conceptos necesariamente contradictorios, sobre todo desde la óptica en que han existido libros, como el *Quijote* de Cervantes o *Danubio* de Claudio Magris, que han fundado géneros nuevos.

un pacto representacional» (2004:51, traducción nuestra)[10]. Todo ello con un objetivo final: no insultar la inteligencia del lector, que debe tener claro que el mapa *no* es la realidad, y que los poetas incluidos en una antología no tienen por qué ser los mejores ni los más representativos, aunque al antólogo se lo parezcan. Esta misma que tiene en sus manos tampoco tiene por qué quedar libre de dudas: esas dudas son precisamente las que la sostienen y le dan validez. Como luego veremos, el titubeo es parte esencial de cualquier comportamiento intelectual digno.

En *Singularidades* expusimos alguna de las utilizaciones perversas que suelen hacerse de las antologías poéticas, entre ellos el normalizador. Toda antología es, en cierta forma, un ejercicio de poder[11], lo cual es obvio; pero el poder puede utilizarse para cerrar libertades estéticas o para abrirlas, siendo este último nuestro objetivo. Otro de los posibles usos pérfidos de los florilegios fue expuesto por Miguel Casado, hablando del vicio típico de la historización de la poesía española, el método generacional, cuya primera fase o «delimitadora» pasa por

---

[10] En efecto, como señala Cebreiro, la tesis representacional kantiana está en el substrato de esta concepción: hay una tensión entre la representación epistemológica u objetiva (*Darstellung*) y la psicológica o subjetiva (*Vorstellung*), de modo que la antología quiere plantearse a la vez como una elección *objetiva* de los mejores autores, aunque el adjetivo *mejores* conlleve siempre, para todo antólogo, una inescindible parte subjetiva. Esta dualidad entre voluntad y representación rige, como señaló Schopenhauer, todo lo humano, y lo erróneo no es utilizarla, sino desconocerla. Es cierto: las antologías, como señala Cebreiro, son metonímicas y antonomásticas; lo sabemos, nadie se engaña; la cuestión es: ¿las hacemos o no? Y poetas, antólogos, lectores (y no digamos los editores) lo tenemos claro: hagámoslas, conscientes de sus limitaciones y *a pesar* de ellas.

[11] Cf. JAUSS (2001:65). Por ende, «toda crítica deviene ideológica (deriva de la confusión de la realidad lingüística con la natural, como señaló Paul de Man), todo ejercicio crítico proviene de un espacio de poder e intenta imponerse como discurso a otros discursos de poder» (LANZ 2005:10); «El proceso de selección que conduce al corpus que compondrá finalmente una antología está mediado por una serie de 'instituciones' identificables de orden político, cultural, así como los medios de comunicación (...) Toda antología será (...) el resultado, más o menos condicionado, aunque también azaroso, de las operaciones de estas fuerzas institucionales, en busca de la consagración de un gusto estético y de una escritura de época» (FERRARI 2008:30).

el establecimiento de la lista canónica de los autores que constituyen una generación poética. Esto se efectúa mediante la publicación de una antología acompañada de un prólogo esquemático destinado a justificarla. Tales antologías, de ordinario, han producido polémica, pero ésta siempre ha tendido a centrarse en la elección de nombres; así se colabora a fortalecer el método, pues no se niegan ni sus objetivos –la lista canónica– ni sus procedimientos. (2005:32)

Eso, a nuestro juicio, no va a ocurrir con esta antología, pues ni su autor cree en el método generacional –ni lo utiliza–, ni pretende crear una generación poética. Pero tampoco podemos caer en dos ingenuidades imperdonables: una, negar la importancia que tienen los florilegios en la periodificación de la poesía española reciente[12], como la tuvieron en la clásica (véase Ruiz Pérez 2010); dos, hacerse el santo y negar cualquier parcialidad. Es imposible hacer una antología *imparcial* (Ortega 1994:32) porque, como aclaró Fiodor Dostoievski, toda selección de la realidad es tendenciosa en sí misma: «en la propia recopilación de los hechos iría implícita la indicación de cómo interpretarlos» (1988:174). Sucede exactamente igual que con la colocación de una cámara en el cine, e incluso en un telediario; el mero emplazamiento de la cámara es ya una decisión que supone una selección de posibilidades por parte del director del programa y una interpretación del espacio, como apuntaban Eco en *Obra abierta* (1992: 229-231) y David Mamet en *A Whore's Profession* (1994; «el mero hecho de decidir qué parte del paisaje sacar y qué no ya es una

---

[12] «Hay, por tanto, una universal importancia de las antologías en la configuración de la historia de una literatura. (...) Es más, en el caso de la poesía lírica, la impronta de las antologías ha sido siempre de mayor calado y resulta hoy tan abrumadora que los distintos periodos generacionales y el nombre de algunos de estos períodos, como es el ejemplo de los poetas *novísimos*, han nacido al calor de una antología concreta» (Pozuelo 2000:126).

intervención creativa», dice Paz Soldán, 2000:144). Lo que hay que intentar es que la *tendencia* no sea maliciosa y responda sólo a criterios estéticos; a este respecto tengo que decir que mi conciencia está bastante tranquila. No pertenezco a ningún «grupo» poético, los poetas incluidos ni lo forman ni pueden formarlo (sus poéticas son disímiles y muchos de ellos no se conocen en persona), no tengo un interés personal en esta antología como poeta, no estoy antologado y no hay nadie que haya sido excluido por motivos personales, ni incluido por los mismos motivos, pues bastantes amigos han quedado fuera, como es notorio –e incomodísimo–. Con las antologías ocurre algo curioso, y es que el trabajo antologador nunca es agradecido y no supone más que quebraderos de cabeza: los seleccionados se creían con un derecho *preadquirido y natural* de estar, los excluidos se sienten vejados. En un artículo sobre antologías recordaba Marta Palenque (2007) los versos del *Viaje del Parnaso* de Cervantes:

> Unos, porque los puse me abominan;
> otros, porque he dejado de ponellos
> de darme pesadumbre determinan.
> Yo no sé cómo me avendré con ellos;
> los puestos se lamentan, los no puestos
> gritan, yo tiemblo destos y de aquellos.

Es un trabajo desagradable, ingrato, que le crea a uno enemistades y le hace descubrir inimaginables miserias en las amistades. Entonces, ¿por qué hacerlo?

La respuesta es fácil: es una *obligación* del crítico una vez que se le propone hacerla, y quizá sea una obligación aunque no le sea propuesta. Toda operación de crítica, disculpen la obviedad, es antológica: centra la atención en unos nombres con preterición de otros. Se eligen unas líneas en detrimento de las demás. Se enfocan puntos concretos desdibujando el contorno. Por desgracia, la multitud de libros y el escaso tiempo vital impiden la aplicación en la crítica de la cinematográfica técnica de la *profundidad de campo*, parecida a esa visión del águila que Miłosz vindicaba para el poeta en su discurso al recoger el Nobel. No: la crítica no es, no puede ser, homogénea: o es profunda en lo vertical o lo es en lo horizontal; o penetra hasta el tuétano en unos nombres escogidos, o hace un mapeado superficial de una serie interminable de nombres.

Pero una vez que un crítico recibe *el encargo* de hacer una selección, aunque el encargo después se frustre, le sitúa ante una responsabilidad inesperada y sobrevenida. El crítico debe enfrentarse consigo mismo y debe enjuiciar su capacidad para desarrollar el proyecto. Debe situar éste en el marco de su labor *previa*. Y si su labor previa, como en mi caso, se sustentaba en la denuncia constante del modo en que había sido *mal contada y antologada* la historia de la poesía española reciente, desestimar la posibilidad y renunciar a la oportunidad de exponerla ahora, tal y como mi limitado criterio la ve, hubiera sido un lamentable acto de irresponsabilidad, de cobardía, o de las dos cosas. Y aun sabiendo el tiempo, el dinero no recuperable en compra de libros (pues había que releer todo lo leído y leer casi todo lo apartado por razones de tiempo), las amistades perdidas o distanciadas y las nuevas o reforzadas enemistades que el proyecto iba a requerirme, dije que sí y me puse a trabajar. Porque *no* hacerlo, o elaborar una antología de las tendencias dominantes, o cebar una antología de «consenso» con 60 ó 70 nombres y pocos poemas (es decir: una *antiantología*, que no me hubiera granjeado antipatías y sí caricias en el lomo), en resumen: caer en todo aquello que el crítico hispánico normalizador hubiera hecho *sin pestañear*, era exactamente lo que yo estaba denunciando y lo que debía combatir ahora con acciones y ya no sólo con palabras.

Al acometer la tarea de redactar una antología, surge el problema de la profundidad de la mirada. La visión global absoluta, o la absolutamente resumida en un par de nombres, son inviables en este tipo de proyecto editorial; por ello, lo que queda es hacer canon, *seleccionar*. Respecto al canon, no debe nadie preocuparse demasiado por su presencia ni tentarse las vestiduras. Toda antología es canónica, como toda selección de lecturas o de autores[13]. Tiene razón Gopegui cuando dice que «el canon es la expresión en cada momento de una voluntad de jerarquía, de orden» (2014:12), o de «dominio» (Pozuelo 1996:3), pero casi todo en literatura lo es, como demostrase Bordieu. Dirigir una colección, fundar una editorial, escribir artículos en las secciones de cultura de los periódicos, coordinar revistas literarias, escribir reseñas sólo de unos libros y no de *todos*, participar como jurado en premios, hacer un índice inquisitorial[14], elaborar una lista de lecturas obligatorias, seleccionar a ciertos autores como modelo en talleres de escritura creativa, citar a unos autores en tus ensayos o blogs y a otros no, entrevistar a un manojo de creadores, pedir opinión literaria sólo a ciertas personas: he aquí diversas formas de confeccionar un canon más o menos disimulado y consciente. Hay quienes hacen bromas sobre el canon a través del teléfono móvil que sostienen en la mano izquierda, mientras que con la derecha espigan estratégicamente los nombres para el programa de su curso de literatura o de su taller de creación literaria. Merece la pena citar este texto de Claudio Guillén:

> La antología es una forma colectiva intratextual que supone la reescritura o reelaboración, por parte de un lector, de textos ya existentes mediante su inserción en conjuntos nuevos. La lectura es su arranque y su destino, puesto que el autor es un lector que se

---

13   Decía Eduardo Chirinos sobre *Las ínsulas extrañas*: «esta antología es uno de los intentos más ambiciosos y más sólidos de construir un canon. Y esta no es ninguna acusación: toda antología, hasta la más modesta, está guiada por ese implícito y natural deseo. Ocurre que es de mal gusto que una antología se declare como la proposición de un canon, pero ocurre también que es muy ingenuo negarlo» (2002).

14   «El Índice de libros prohibidos alimenta un catálogo de libros salvados y canonizados. El repertorio de libros alimenta el Índice. La Iglesia que encuentra la figura del canon del libro, es la creadora también de una suerte de marco jurídico del Auto de Fe» (Rodríguez de la Flor 1997:276).

arroga la facultad de dirigir las lecturas de los demás, interviniendo en la recepción de múltiples poetas, modificando el horizonte de expectativas de sus contemporáneos. Escritor de segundo grado, el antólogo es un superlector de primerísimo rango. Pues bien, sin duda el antólogo desempeña una función indispensable, puesto que topamos con él en las más diversa culturas y civilizaciones, sin excluir las primitivas o exclusivamente orales. Es más, difícil es concebir la existencia de una cultura sin cánones, autoridades e instrumentos de autoselección. (2005:375)

La gran preocupación que suele suscitar el término *canon* y los consabidos debates ideológicos que genera (la confusión de canon como acto de «autoridad» con canon como acto de «autoritarismo», como si un agente al dirigir el tráfico rodado estuviera *permitiéndolo* o pudiera *prohibirlo*; como si un cocinero que escoge la mejor carne para la fotografía de una de sus recetas estuviese negando la condición cárnica de las lonchas relegadas), tienen su origen en una mala comprensión del término. El canon no es único, como señala Ruiz Casanova, ya que no hay *un* solo canon, sino varios posibles (la pluralidad literaria no implica que no haya ningún canon, algo quizá imposible[15], sino que haya muchos, alternativos y bien sustentados; Benedito Nunes, citado por Chirinos, habla de «compuesto de cánones»: perfecto). El canon no viene solamente conformado por el hecho de que una obra se traduzca a numerosas lenguas (Herrando Rodrigo 2009:293ss). El canon no debe existir, como dice Bloom, «con el fin de imponer límites» (1995:45), sino de cuestionarse los límites, permitiendo cánones alternativos y abriendo los horizontes de interpretación en vez de cerrarlos. El canon

---

15 «Unfortunately, one cannot proclaim the end of canons, or do away with them, since they cannot be ended by proclamation. 'To teach, to prescribe a curriculum, to assign one book for a class as opposed to another', Reed Way Dasenbrock points out, 'is ineluctably to call certain texts central, to create a canon, to create a hierarchy'» (LANDOW 1997:250).

es tautológico, como señala Eagleton[16], pero no es un monumento inmóvil, según Kermode[17], porque tampoco lo es el fenómeno del que trae causa, el texto; texto que, como apunta Fokkema, es «una conjunción de signos que en contextos dispares puede ser interpretada diferentemente» (*apud* Guillén 2005:360). Si entendemos que el canon trae causa de los hechos históricos y particulares (Lambert 1997), también es móvil: el canon es un modo de rehacer la historia (Talens 1989:111), porque «toda historia es ficción» (Talens 2002:180), en cuanto relato de textos reformulables (hay «hechos históricos» indudables, pero implican un debate distinto). El canon no es una taxonomía, sino una simple *gramática* (Montes Doncel 2003:338). El canon no es darwinista, sino que se forma por acumulación y confluencia de estratos de relectura, según apunta Gamerro (2003). El canon no es anti-sociologista, ni siquiera en la obra del propio Bloom[18]; si el canon fue ciego en el pasado a ciertas realidades (mujeres, culturas no eurocéntricas, etc.), lo que habrá que hacer es darle ojos, no sustituir una ceguera parcial por otra *total*. Para seguir, el canon no es absoluto, sino que «la relatividad, la arbitrariedad de todas las proposiciones estéticas, de todos los juicios de valor, es inherente a la conciencia y el lenguaje humanos (...) las filosofías estéticas, las teorías críticas, las construcciones de 'lo

---

16 «Las buenas obras literarias son aquellas que se parecen a otras buenas obras literarias (...) El canon literario no se somete a ningún otro tribunal del juicio. Se confirma a sí mismo» (EAGLETON 2013:76).
17 «los trabajos inexpugnablemente canónicos (...) de todas formas deben ser tratados y siempre de una manera nueva» (KERMODE 1999:16). Y más adelante, después de reconocer la permeabilidad de los procesos canónicos, Kermode añade que el modo de generarlos es democrático y no necesariamente belicista: el canon se nutre, se consolida y se reforma «continuando una conversación» (1999:121).
18 Pese a que, como apunta POZUELO (2000:38), algunos párrafos de Bloom apunten a una antinomia entre literatura y socialización, es obvio que varias de las inclusiones de la lista final, como varias novelas de Balzac, Zola, Cela o Galdós, entre muchos otros, apuntan a que la dialogía efectiva entre un artista y la sociedad de su tiempo (algo que además siempre ha enfatizado en sus estudios sobre Blake o Shakespeare) es, como no podía ser de otro modo, un elemento a tener en cuenta en el análisis final del valor *literario* de un texto.

clásico' o de 'lo canónico' no pueden dejar de ser sino descripciones más o menos persuasivas (...) de éste o aquel proceso de preferencia», como bien dice George Steiner (1997:52), y por tanto el canon «está destinado a ser continuamente contestado, modificado y reafirmado» (Magris 2010:21), por ser «una gran parte de la misma literatura» (Mignolo 1998:268), incluyendo visiones heteróclitas como el monumental *Canon heterodoxo* (2003) de Antonio Enrique, que ofrece una visión paralela de la literatura española desde las jarchas a final del siglo XX. Para cerrar, como expongo en *Singularidades*, el canon no es definitivo ni siquiera para la misma persona, ya que si crecer es un derecho, *cambiar* es un desiderátum biológico. Eduardo Milán tenía un criterio muy claro en 2002 sobre los poetas que debían formar parte de *Las ínsulas extrañas*, pero cuando le pregunté, en una entrevista para *Quimera* en 2006, si modificaría algo de la antología, me dijo que se arrepentía de la ausencia de Gerardo Deniz. Quizá en 2016 se arrepienta de algunas presencias o de otras ausencias, y no podremos decir que entonces sea más sabio o esté más acertado. Queremos decir que uno necesita de criterios toda la vida, y que estos *fluyen* y mutan (en mayor o menor medida) *porque todo lo hace*, porque todos fluimos y cambiamos. Que uno tenga unos principios más o menos inmutables no significa que deban aplicarse hasta el mínimo detalle; no hará falta recurrir al término medio de la *Ética nicomaquea* ni al sentido común para darse cuenta de que todo extremismo, sobre todo el moral, es compañero inseparable del error, del fanatismo terrorista y de la injusticia. Los inexplicables e insostenibles *bandazos* estéticos y críticos (frecuentes en la España de finales de los ochenta), nada tienen que ver con la natural evolución, retracción o consolidación del gusto del crítico, cuyo rigor es compatible con la apertura. En realidad, esa apertura, esa capacidad de dudar de uno y de *ponerse en cuestión*, confrontando sus cánones (Brown 2010), haciendo la crítica propia, aherrojando la crítica de uno como crítico, es lo que da la medida de su valor como tal.

Una determinación im/posible: ¿cómo saber cuándo es valioso un poeta?

> Nadie atrás, nadie adelante.
> Se ha cerrado el camino
> que abrieron los antiguos. (...)
> Estoy solo y me abro paso.
> Dharmakirti (trad. Octavio Paz)

> Todo lo que es débil es olvidable y será olvidado.
> Harold Bloom (2003:15)

> Mi teoría estética se basa (...) en la idea de fuerza.
> Álvaro de Campos (Pessoa 2003:256)

Hace algún tiempo me llamó la atención el párrafo de apertura de un trabajo académico sobre Góngora. Decía así: «Al ser Luis de Góngora un poeta ya archicanonizado, puede perderse de vista que, en su propio día fue un poeta experimental» (2006:75). Estas palabras del profesor Steven Wagschal me dejaron sorprendido, no porque expresaran algo que yo no hubiese pensado antes (llevo años diciendo que gran parte de los nombres valiosos de la literatura universal fueron innovadores en su tiempo), sino porque llamó mi atención que esa idea estuviera aceptada con tanta naturalidad en un colectivo, como el académico universitario, que tantas resistencias ha demostrado siempre a valorar lo nuevo (sobre todo, lo nuevo de su tiempo[19]), si bien la declaración se produce en un entorno universitario *no español*, como suele ocurrir.

---

[19] Aunque a veces, por supuesto, encontramos excepciones, y hasta críticos de gusto extremadamente conservador, a mi juicio, como Fernando Valls, aciertan al decir que «los textos más heterodoxos y atrevidos –valores en sí mismos, dado lo conservador del panorama– exigen una prudencia y un detenimiento mayores en el análisis» (Valls 2003:20).

Muchas son las voces que desacreditan la originalidad por ser un «concepto romántico», como si eso quisiera implicar «desfasado». Es lo mismo que declarar desfasado el descubrimiento de la circulación de la sangre por renacentista, o la ley de la gravedad por haber sido descrita en 1687. En realidad, esas y otras certezas que tenemos hoy –y la originalidad como valor lo es–, simplemente han necesitado de cierto tiempo para imponerse –dicho esto sin demérito de ciertas formas de apropiacionismo que, cuando son valiosas, como alguna incluida en esta antología, también me parecen necesarias por su valor transgresivo frente a un modo adocenado de entender la tradición–. La originalidad se postula como valor en el Romanticismo, es cierto, pero esto no quiere decir que sea un *invento romántico*, como la circulación de la sangre no es un invento, sino un incontrovertible dato biológico[20]. Lo que ocurre es que «sólo cuando la conservación de lo antiguo parece estar asegurada por la técnica y por la civilización, comienza el interés por lo nuevo, porque entonces empieza a parecer superfluo producir obras tautológicas o epigonales» (Groys 2005:31). No era una cuestión *estética*, como a muchos les interesa plantear, sino *técnica*. Una apropiación puede ser original, como la operación de relectura que Bacon hace a partir del *Inocencio X* de Velázquez. Con el comienzo de la museografía desaparece el *mal de olvido* (aunque comienza, como viera Derrida, el *mal de archivo*). Incluso desde antiguo lo «nuevo» era un valor, y podemos alegar, amén de las obviedades gongorina y cervantina, el impacto que supuso en la España del XVI la llegada del «italiano modo» de componer, visible en la famosa carta de Boscán a

---

20 En realidad, esto es tan obvio que ni siquiera se discute allí donde acaban las peleas dialécticas, en la *práctica*. Hasta el más ardoroso tradicionalista celebra la salida de su *nuevo* libro. A veces lo presentará como su último libro, pero cuando no contiene nada nuevo y es, por tanto, un libro ya publicado, se utiliza la palabra «reedición». Sin ninguna aportación, el libro sería inútil y no lo leería nadie; de hecho, ni siquiera podría tener amparo de las leyes de protección de los derechos de autor, que entienden que sólo hay *obra* cuando hay algún tipo de originalidad.

la Duquesa de Soma. Porque los escritores siempre lo han tenido claro: «plantear nuevos problemas... he ahí el mejor método para resolver los antiguos», decía Gombrowicz en su *Diario argentino*, con su habitual claridad contundente; «piense que en todas las artes los primeros hazen harto en empeçar y los otros que después vienen quedan obligados a mejorarse» (1999:120), decía Boscán en su carta. Pero casi más taxativo es el Dostoievski de *Los demonios*:

> Hablando en términos generales (...) todos estos señores nuestros son talentos mediocres, aunque en vida se los tenga punto menos que por genios, y no sólo desaparecen sin dejar rastro en la memoria del público cuando mueren, sino que, incluso en vida, cuando crece una nueva generación que modifica el ambiente en que ellos se desenvolvieron, caen en el olvido y son objeto de general desdén con inconcebible rapidez. Se verifica todo como un cambio de decoración en el teatro. ¡Oh, éste es un caso muy distinto del de los Pushkin, los Gógol, los Molière, los Voltaire y todos aquellos prohombres que vinieron a decir algo nuevo! (1987: 115)

Touché. Es bastante extraño que en literatura se discutan cosas que caen por su propio peso, por el simple sentido común. ¿Por qué en literatura es tan discutido que sólo los mejores *llegan primero a la cumbre*, como decía Stanisław Lem en el prólogo a su *Vacío perfecto*, y todos los demás son meros continuadores de los caminos abiertos por aquellos? ¿No es *continuar la tradición* sacar rédito de hallazgos previos, de caminos ya hollados y trillados por innumerables nombres? Nadie dice que eso esté mal, por supuesto; lo que intentamos decir es que los pioneros son más valiosos. Son quienes reinventan la tradición o la quebrantan de modo feraz (y feroz); son quienes fundan o reordenan creativamente la realidad, en vez de intentar, ingenuamente, reproducirla (v. Vargas Llosa 1983:9). Es obvio que estas palabras son duras de digerir. A nadie le gusta saber que va a ser Edwin Aldrin en vez de Neil Armstrong. Hay muchos escritores (nunca demasiados: todo suma y es mejor escribir literatura que discursos políticos), y pioneros muy pocos, de modo que recordar estas obviedades en la sociedad literaria suele ser recibido con miradas duras, hondos resoplidos, graves reacomodos en la silla y salidas de madre, porque a nadie le gusta que le recuerden que nunca será Cervantes –a mí tampoco, por eso me lo recuerdo a diario–. Pero la corrección política es una cosa y la realidad, otra. En nuestra intimidad, todos sabemos que no seremos Cervantes. No hace falta irlo diciendo por las calles, de acuerdo, pero ¿por qué negarlo? ¿Cómo *es posible* negarlo? ¿Cómo no reconocer que quienes abrieron umbrales, según la fabulosa expresión de Picasso, tienen mucho más mérito que quienes simple y parsimoniosamente atraviesan después las puertas ya francas? Es un misterio para mí, siempre lo ha sido, pero sé que detrás late la imposibilidad de reconocer el menor talento propio o la propia mediocridad. Y entonces surge una salvación, una idea diabólica: si establecemos (piensan los mediocres) que *no hay* pioneros ni cumbres, o si se les denuesta e insulta de forma sistemática, seremos todos iguales (de malos). Así se gestan algunos presuntos *ideales democráticos* en literatura, a partir de la supresión de la excelencia. Un hombre, un voto. Un escritor, un libro. Todos los ciudadanos iguales = todos los escritores iguales. Muchos anhelan esa falsa equivalencia, porque es lo que les conviene, para seguir en condiciones de igualdad en la actualidad literaria. Pero las cosas no son así; por desgracia, el talento no es democrático, como bien ha explicado Martin Amis[21].

---

21   Como señalaba agudamente el escritor británico, en la sociedad actual «se puede conseguir la riqueza aun careciendo de talento (...) y también la fama (...). Pero el talento no es algo que se pueda adquirir: hay que tenerlo. Por lo tanto, debe ser eliminado» del mapa de lo políticamente correcto y presuntamente democrático, sostiene AMIS, quien añade: «La crítica literaria, ahora confinada casi por entero a las universidades, va, pues, contra el canon, que es lo mismo que ir contra el talento» (2003:13).

En España no tenemos Pynchons ni Coetzees, le duela a quien le duela. Pero, consolémonos, sí tenemos poetas a la altura de los mejores europeos o latinoamericanos.

Uno de los problemas con que se topa la originalidad para ser considerada como el valor central no sólo del concepto de avance literario, sino de la propia idea de calidad, es la dificultad para apreciarla en autores que por su absoluta canonización, por ser considerados clásicos, generan una luz de *tradición* que impide situarlos en su contexto y calibrar la importancia de la revolución que supusieron en su tiempo. Dar énfasis a la *continuidad* opaca la importancia de la *ruptura* (en contra, Aparicio Maydeu, 2013). La perspectiva histórica se rompe desde el punto y hora en que nos dejamos llevar por la tentación de pensar que los clásicos son obras atemporales, ucrónicas, válidas para cualquier cultura, lugar y época[22]. Como dice Bloom de Shakespeare, nada menos, «no podemos ver la originalidad de una originalidad que se ha convertido en una contingencia o *facticidad* para nosotros» (1991:51). El poeta de la Modernidad, lo dicen Calinescu (1991) y Paul de Man (1991:165), se caracteriza por su diferente posición respecto al tiempo, posición que no sólo incluye el abandono del sistema lineal –algo que también viera Paz–, sino también la diferente consideración de sí mismo como poeta frente a los tiempos anteriores: el poeta moderno profundo o fuerte se caracteriza, de manera natural, por escribir *como si no hubiese poetas anteriores a él*, de una manera adánica sustentada nietzscheanamente en su pura voluntad (Bloom 1991:94, 101). En el caso de que la obra o la persona de otro autor se adopte *como tema* (ojo: explícita y semánticamente, no oblicua y tonalmente), este tratamiento de la

---

22   Para G. CONTINI (*Varianti e altra linguistica*, 1970), el clásico sería aquel que contiene palabras inmodificables que los lectores de todo tiempo han podido y pueden ver verificadas en su propia experiencia, aunque ésta no se haya producido; para ELIOT (*What is a Classic?*, 1944) y COETZEE sería tal el «libro que ha perdurado a lo largo del tiempo (*est vetus atque probus, centum qui perfecit annos*)»; (2004:15).

tradición debe ser *correctivo*, no una intertextualidad meramente seguidista[23]. La originalidad, el hacer las cosas *nuevas porque no hay o no parece que haya antiguas*, es también un exceso de voluntad, amén de una sobrecarga de sentido, como ahora veremos. Y quienes combaten, desde diversas perspectivas, la originalidad (ver Pozuelo 2000:37), por ser un criterio *romántico*, olvidan que había originalidad antes del Romanticismo, del mismo modo que había Capital antes de Marx y Derecho anterior a los romanos. La conceptualización teórica es una carta de naturaleza, no una partida de nacimiento. Incluso en las épocas donde la calidad estética se centraba, como en el Renacimiento y primer Barroco, en la imitación poética de los maestros, en una mera exhibición de *sprezzatura* o destreza lírica (cf. Antonio Prieto 1984:27), hay un *exceso* en los maestros que determina que Garcilaso o Góngora sigan emocionando y siendo leídos, mientras que la inmensa mayoría de sus coetáneos ha caído, con todo merecimiento, en el olvido. Estos últimos, la miríada de poetas correctísimos de quienes no se acuerdan ni los estudiosos del período, *sí que seguían* las normas de la *imitatio* de la tradición anterior. A rajatabla.

---

23 «Todos los grandes poetas, ya sean Dante, Milton o Blake, deben derribar las verdades sagradas hasta llegar a la fábula y a la canción antigua, precisamente porque la condición esencial para la fuerza poética es que la nueva canción, la propia de uno, siempre debe ser una canción de uno mismo. (...) Toda verdad sagrada, no la propia de uno, se convierte en fábula, en canción antigua que requiere revisión correctiva» (BLOOM 1991:110).

Cómo construir un canon no universalista
bajo el principio de excelencia: el «exceso»

> *nur lallen und lallen*
> Paul Celan, «Tübingen: Jänner»

> donde no se presenta ninguna sospecha y con ello
> ninguna problemática en el mismo que la produce,
> no surge ninguna literatura nueva.
> Ingeborg Bachmann

He aquí la cuestión clave, la madre del cordero; cómo determinar los criterios de excelencia literarios; algo que siempre se suele considerar inviable, sobre todo cuando no se intenta. Porque interrogándome sobre cuándo es valiosa una obra me limito a verbalizar, de forma bastante suicida, algo que todos tenemos claro, pero que pocos se atreven a decir en voz alta. Después de Novalis y Kant parece generalmente aceptado que es insostenible la idea de un valor estético universal. Bien, entonces: ¿lo dejamos ahí? Extremando al infinito el razonamiento, al no haber criterios universales, ¿significa eso que no hay obras mejores que otras, que valen todas igual? ¿En serio? ¿La catedral de León y la Almudena de Madrid valen lo mismo? ¿Shakespeare y Paulo Coelho tienen idéntica importancia? ¿Puedo ir al MoMA y pedir que me den un Rothko a cambio de una pintura de mi tía Paqui? Ustedes *no piensan eso en serio*. Lo sé. Entre otras cosas, porque alguien que piensa esa estupidez, alguien que cree que todos los poetas *son iguales* y valen lo mismo, no compraría o leería jamás una antología, que contradice por naturaleza esa visión.

Uno de los poetas aquí incluidos me decía en una lejana conversación que a su juicio es imposible determinar un criterio de excelencia literaria, propósito ya superado por mucha teoría, y cerraba su argumento citando el célebre verso de Celan para adecuarlo al asunto: en su opinión, estamos condenados a balbucear una y otra vez, sin descanso, siempre intentando definir la excelencia y siempre quedándonos a las puertas. En un sentido similar se han expresado Barbara Herrnstein Smith (1991) y Edward Said (1994:54); también Pascale Casanova en *La república mundial de las letras* (1999), donde se planteaba la imposibilidad de establecer cánones basados en valores universales. Steven Shaviro declaraba a la entrada de *Doom Patrols* que su único objetivo era «pervertir y minar cualquier forma de canon de representación» (1997:2). A mí todo esto me parece muy respetablemente posmoderno[24], pero creo que, al estar ya en otro lugar más allá del posmodernismo, debemos buscar otra cosa.

Sí, hay que reconocerlo, todo está en contra. Nadie va a entender por qué introducirnos en este *jardín*. Otro de los autores antologados, Jordi Doce (2008:32), se ha mostrado de la misma opinión que los antes citados teóricos de la literatura, mucho más prestigiosos que un humilde servidor. Sin embargo, por una cuestión de principios, me veo obligado a pensar desde mi singularidad y llevarles la contraria. Porque creo que la cuestión es *tan espinosa que la peor opción es aparcarla*. Porque creo que sí está en nuestras mentes la excelencia como criterio, siquiera de modo inconsciente. García Román ha señalado que «la levedad no es un atributo de la literatura que deseamos» (2013:103), ergo hay una literatura leve *y otra no leve* (el problema está en fijar la diferencia entre ambas). El citado Steven Shaviro confesaba no

---

24 ALFREDO SALDAÑA dice que si algo define la sensibilidad posmoderna «es, precisamente (...) la desconfianza frente a todos los discursos sistemáticos (los ideológicos y los estéticos) y la defensa decidida de la libertad del artista para configurar su obra» (2009:78), oponiéndose a cualquier canon preconcebido. Por mi parte, no veo colisión alguna entre una cosa y la otra: el artista, al configurar *libremente* sus antecesores y referencias, literarias o no, establece *con libertad* su propio canon. Como bien dice Compagnon, «el relativismo absoluto es seguramente la única postura coherente –las obras no tienen valor en sí mismas– pero desafía a la intuición» (2015:275). Ahondaremos, entonces, en esa intuición tan general como bien orientada.

hace mucho en su blog que no le interesa la idea de lo sublime, pero sí plantear una recuperación del concepto de lo *bello*, enfrentado a lo sublime, a partir de la *Crítica del juicio* de Kant (este es un debate muy de moda, por cierto, alimentado a medias por filósofos e investigadores del arte, véase Díaz-Urmeneta 2010). Y Roberto Esposito explicaba cómo los conceptos políticos más importantes «están expuestos a una verdadera batalla por la conquista y la transformación de su sentido» (2009:11). Así que, al final, sí podría tratarse de *redefinir* conceptos. Así que *sí* hay que seguir pensando sobre categorías asentadas, resemantizándolas.

Permítanme pues que siga titubeando aquí, que alargue el tartamudeo, ya que uno de los mejores versos de la poesía española de todos los tiempos habla de un «no sé qué que queda balbuciendo», con lo que parece posible balbucir y avanzar. Permítanme que me pregunte si no es posible (o incluso necesario) reformular el término *excelencia*, darle nuevos contenidos (véase Ozick 2016:91), actualizarlo como cuando uno *refresca* una página web. Incluso aunque no lleguemos a un consenso sobre la necesidad o no de un criterio de excelencia 2.0, se avanza mucho cuando se camina buscándolo; estoy de acuerdo con Goethe cuando dice en *Naturweiss* que quizá conviene al hombre aceptar que hay cosas incognoscibles, pero sobre todo brindo por él cuando recuerda el poeta alemán que el hombre tampoco «debe poner límites a su búsqueda» (*apud* Cassirer 1991:114). Por ello nos lanzaremos al abismo, aclarando que nuestro propósito *no* es universalista, sino muy concreto; buscamos criterios de excelencia aplicables a un marco caracterizado por una triple concreción: «poesía», «española» y «contemporánea», lo que implica hablar de un sector minúsculo (microscópico, más bien) y muy localizado geográficamente de la literatura mundial, lo que, de forma paradójica, nos permite abrir el horizonte hermenéutico al estrechar la mirada. Nos equivocaremos menos porque el panorama es pequeño; un panorama viciado, además, por cuanto durante los últimos veinte años la poesía de la normalidad ha intentado dinamitar el criterio de calidad literaria proveniente del *modernism* anglosajón y de la alta modernidad literaria, en aras de un rebajamiento de la buena escritura a lo «bien escrito» (Mayhew 2009:40), cuando cualquiera que haya leído lo suficiente sabe que lo bien escrito no es más que lo correcto, lo escolar.

A la situación actual de pavor ante la definición de la excelencia literaria (siendo un tema, por supuesto, siempre discutido; véase *The Function of Criticism*, Matthew Arnold, 1865) se llega en buena medida por la quiebra que produjo en el estudio de la literatura la aparición de una «teoría» que cuestionaba el lugar tradicional de la estética y la historiografía como ejes cartográficos de explicación del hecho literario. La subsiguiente lucha, que todavía arrastramos, entre la filología más tradicional y su resistencia a la teoría (Man 1990), y la resistencia de la «teoría» a esa resistencia (Cusset 2008), que ha derivado en un diálogo de sordos, dificulta una conceptualización del «hecho literario» que no sea inmediatamente puesta en solfa por la escuela contraria (Eagleton 2013:40ss), ya sea por la falta de adecuación a los parámetros tradicionales, ya sea por la demolición de esos parámetros que viene haciéndose desde el post-estructuralismo. Es difícil encontrar líneas de trabajo que tomen lo mejor de ambas corrientes, sólo en apariencia incompatibles, pero eso no debe detenernos, así que vamos a explicitar los rudimentos de nuestra vía intermedia.

Después de cierto tiempo reflexionando al respecto, creo que la línea más adecuada de búsqueda para fijar criterios de calidad es aquella que intenta aunar dos conceptos clave: el de *diferencia estética* (Jauss), basado en la búsqueda de innovación semántica y formal, en cuyo seno latiría la desconfianza sobre «la fiabilidad de la enunciación lingüística» (Man 1990:22), y el sublime estético, entendido el término *sublime* en un sentido contemporáneo y limitado, sobre el que ahora volveremos. Hay casos de gran literatura con uno solo de los dos elementos: vgr., el *Finnegan's Wake* (experimentación máxima y máxima desconfianza ante el lenguaje, hasta el punto de *recrearlo*), o *La montaña mágica* (nula experimentación, pero alto y anacrónico sublime estético). Pero creo que la sabia unión de los dos impulsos crea los clásicos más indiscutibles, como muestran el *Quijote*, el *Ulysses*, las *Soledades*, *En busca del tiempo perdido* y demás obras archicanonizadas. El concepto de sublime, desde el romano Longino hasta nuestros días, ha tenido muchos defensores, detractores y no pocas metamorfosis. Si no les gusta la palabra *sublime* –a mí me resulta bastante anacrónica y cursi–, buscamos otra (¿lo magistral?), pero la idea final que cabe retener es que no todas las manifestaciones culturales valen lo mismo, como tampoco son equiparables las no culturales. Incluso las críticas más cerradas al logocentrismo, como las de Derrida, *a la hora de la verdad* elaboran sus juegos de lenguaje sobre primeras figuras (Poe, Baudelaire, Lacan, Freud) y no sobre autores secundarios; Compagnon también recuerda que «Barthes escribió sobre James Bond (...) pero en su crítica, y como lector en sus ratos libres se ocupó de los grandes escritores, de Chateubriand y de Proust» (2015:264). Aquí no estamos en el debate sobre *lo bello* que distingue las posturas modernas de las posmodernas (Peña Aguado 1993:78), aquí no hablamos de lo que es bello, sino de lo que es *importante*. Como bien dice Diego Doncel, «es una debilidad (...) hablar de Elvis Presley como si se tratara de Shakespeare» (2015:11). Hay personas, incluso personas de gran cultura, que cegadas por un mal entendido *valor democrático* de lo cultural, serían incapaces de reconocer que Juan Benet o Juan Goytisolo son infinitamente mejor narradores que Pérez Reverte o Almudena Grandes (juntos). Tragando saliva, dirían que son proyectos literarios diferentes, o que su valor de mercado puede ser tan «satisfactorio» como un valor estético.

Sin embargo, esas mismas personas no dudarían en conceder que un solomillo o un salmón marinado son mejores almuerzos que una pizza grasienta, o que un Rolls Royce es un coche *mejor hecho* que un utilitario barato, con independencia de que uno sea vegetariano o no le gusten los Rolls –a mí me resultan tan insulsos y anacrónicos como la palabra *sublime*–. Por ello, me parece que el elitismo, tanto bien como mal entendido, no tiene nada que ver con la aplicación del sentido común, y ambos son conceptos que no deben mezclarse. En otro caso se llega al *elitismo democrático*, a la jocosa distinción entre demócratas «de primera y de segunda», que es una idea... profundamente antidemocrática.

Para seguir el hilo tensor entre canon y sublime, creo que el mejor conductor posible es, obviamente, Harold Bloom, al que vamos a intentar –rizando el rizo– *desesencializar*, rastreando un hilo conductor entre sus teorías y cierto alcance social o socioliterario, aunque tal casamiento resulte a primera vista inconcebible (véase Iravedra 2013:11-21). Creo que nadie está de acuerdo por completo con Bloom, pero creo que tampoco muchas personas informadas discutirán que, salvando sus excesos, Bloom es uno de los grandes *lectores* de los últimos tiempos[25], sobre todo de poesía. Como toda operación antológica es, antes que nada, una operación lectora, lo mejor que podemos hacer es llamar en nuestro apoyo a los mejores, y Bloom –a mi limitado juicio– está entre ellos. El poeta y ensayista Alberto Santamaría ha escrito

---

25 Estoy de acuerdo con Gamerro (2003:68) cuando achaca de «facilismo» el manido argumento contra Bloom de poseer una postura crítica conservadora. Hoy en día, por ejemplo, defender un marxismo acrítico y seguidista es un gesto igual de conservador y que puede suponer una involución mayor, según el uso, que la postura de Bloom. En crítica literaria lo único revolucionario es aquello que abre radicalmente los horizontes de la hermeneusis; Bloom no los cierra menos que Lukács. No se trata de prescindir de ninguno, ambos son indispensables, se trata de no engañarnos y reconocer que ambos dejan muchas cosas *fuera*.

un libro muy interesante sobre lo sublime[26], estudiando entre otros temas la noción de «inversión de lo sublime» generada por Harold Bloom (entre otros lugares, en *Poesía y creencia*), conceptuada como un *agón* o lucha entre el sublime del creador contra los sublimes anteriores; a juicio de Santamaría, esto es legible con facilidad en la estética norteamericana desde finales del XIX, pero especialmente en el XX y en algunos autores como Wallace Stevens. Así que estamos ante una noción de sublime que es, en realidad, un *anti-sublime*, opuesta a las estéticas anteriores, frente a las que se opone con ansiedad de superación. La lectura europea del sublime, en cambio, se construye más bien como una reflexión sobre la posibilidad / imposibilidad de representación (Santamaría 2005:22), desde Lyotard[27] a Nancy. Santamaría, refiriéndose a su propia poética, defiende un «contra-sublime» alucinatorio (2008:97; Julieta Valero hace referencia a esa poética en uno de los poemas recogidos después), y sólo es una de las posibilidades de reformulación del concepto.

Nosotros vamos a seguir en parte el modelo de Bloom, no por ser más acertado, que no lo es más que otros, sino por ser útil para jerarquizar literaturas o modos de entender lo literario, que es, de alguna manera, lo que estamos buscando; la desaparición efectiva o no de la posibilidad de un *sublime* contemporáneo no puede impedirnos, en cualquier caso, una lectura de las obras amparada por la excelencia estética. El problema es saber cuál es la almendra de esa *excelencia*, qué hace mejor un libro frente a otros. Eso sí,

---

26 A su estudio de la evolución del concepto de lo sublime nos remitimos, aunque quizá podamos comenzar con la definición que da Thomas Weiskel en *Lo sublime romántico* (1976), de la que también parte Bloom: «el aserto esencial de lo sublime es que el hombre puede (...) trascender lo humano. Lo que, si hay algo, descansa más allá de lo humano –Dios o dioses, *daimon* o Naturaleza– es causa de grandes desacuerdos». Por supuesto, esto incluye para nosotros indistintamente supuestos de trascendencia y de inmanencia, aunque sobre todo –a la luz de nuestro objeto de estudio, poesía hispánica reciente– los últimos.

27 «Lo postmoderno sería aquello que alega lo impresentable en lo moderno y en la presentación misma» (Lyotard 1987:25).

con una precisión: nuestra noción de sublime es contraria a toda posible aplicación de *desvío* jakobsoniano: no estamos hablando de algo *contrario* a lo ordinario dentro de la literatura –algo desviado y fuera del sistema lingüístico habitual–, sino de lo *ordinario extraordinario*, que es otra cosa[28]. No *anomalía* lingüística o genérica (Genette 1970:58), sino la afinación extrema de la lengua y la mayor exigencia imaginable respecto a la calidad (semántica y formal) del discurso.

El «algo más» que aporta la obra canónica o canonizable, ésa es la clave. Bloom no lo llama así, lo denomina «exceso». La mejor literatura, la que él denomina *fuerte*, condenada a durar y pervivir en las obras de los autores futuros como intertexto más o menos consciente, y destinada a ser repetida en los círculos concéntricos del canon, es aquella que aporta *algo* más, un exceso (de sentido, de forma, de verdad –literaria, de otro modo entramos en el ámbito de la profecía, de la fe, y no de la poesía–). Tal y como nosotros lo entendemos, el *exceso* estaría próximo al concepto de *suplemento* de Jacques Derrida, aludiendo a algo que completa una carencia original y no a un «añadido». El exceso no es un *plus*, sino una condición *incorporada de raíz* que mejora sustancial y naturalmente a lo suplementado; si buscamos símiles biológicos, no es un injerto, sino una simbiosis. Así entendido, ese exceso justifica que los textos *fuertes* tengan una importante carga de sinsentido, o de sentido no aprehensible con facilidad, que provoca su pervivencia en los textos de los sucesores, bien sea por admiración o por *agón* o lucha contra ellos, entendida como la voluntad de *tapar* sus textos con los propios, como Picasso o

---

[28] Nos avalan para ello el filósofo José Luis Molinuevo (2006:97) y la clara aserción de Todorov: «el arte *no se opone* a la naturaleza ni la literatura al discurso cotidiano: el uno *se transforma* en el otro» (2005:46). Con razón recomienda Jorge Riechmann a un posible joven poeta: «Quítate de la cabeza la idea de que existe un 'mundo poético' o un 'lenguaje poético' (...). La poesía puede hablar de todo, desde todos los puntos de vista, empleando todos y cada uno de los recursos del lenguaje» (2006:273).

Christo tapan otras obras de arte, a juicio de Arturo Leyte, por «exigencia de un final» (Leyte 2006:20). Si uno no *termina* con la tradición no puede seguir: es rematado por ella.

   Y en tal exceso hay un elemento clave: la originalidad o innovación de la obra *fuerte*. Dice Bloom en *El canon occidental*:

> Qué convierte al autor y las obras en canónicos. La respuesta, en casi todos los casos, ha resultado ser la extrañeza, una forma de *originalidad* que o bien no puede ser asimilada, o bien nos asimila de tal modo que dejamos de verla como extraña. Walter Pater definió el Romanticismo como la suma de la extrañeza y la belleza, pero creo que con tal formulación caracterizó no sólo a los románticos, sino a toda escritura canónica (Bloom 1995:13; el subrayado de «originalidad» es nuestro).

Y había escrito unos años antes: «el significado arranca solamente por o desde un exceso, una sobrecarga o emanación que llamamos originalidad. Sin ese exceso incluso la poesía, dejando aparte la creencia, es meramente un tono de repetición» (1991:20). Dos ideas interesantes: no hay poesía (Bloom ni siquiera distingue entre fuerte y débil) sin originalidad; y, de seguir meramente la tradición, nos encontraremos sólo con un tono repetitivo: «En la construcción del artista siempre hay algo nuevo (y donde no hay nada nuevo, allí no hay arte)», escribió con razón Ludwig Hohl (2007:18). En su desarrollo histórico, la obra de arte compite con las anteriores en lo que Bloom llama *La ansiedad de la influencia* en su conocido libro de 1973, una idea que no era nueva, pero que él sistematiza bien. El Theodor W. Adorno de *Minima moralia*, escrito durante la II Guerra Mundial, ya había expuesto antes sus bases:

> Toda obra de arte aspira a tal ocaso cuando quiere llevar la muerte a todas las demás. Asegurar que todo arte tiene en sí mismo su propio final es otra expresión para el mismo hecho. Este impulso

de autoaniquilación de las obras de arte –su más íntima tendencia–, que las empuja hacia la forma inaparente de lo bello, es el que incesantemente excita las supuestamente inútiles disputas estéticas. (1998:73)

Y aceptando la imposibilidad de criterios de excelencia universalistas, sería bueno preguntarle a Pascale Casanova por qué algunas obras siguen *generando resistencia armada* universal, por qué algunas obras en cuanto llegan a una cultura lejana la *contaminan* y obligan a sus autores nativos a contrarrestar su poder –véase el caso Kafka *sobre* Murakami, a modo de ejemplo–. Me gustaría saber la respuesta de Casanova y otros autores anticanónicos. Yo tengo la mía propia[29]. Pero mantengámonos en un prudente particularismo, y sigamos con el tema de fondo: como demostrase George Steiner en *Presencias reales* (1983), ese *agón* o competición (presupuesto de la civilización occidental, por su sustrato griego, como apuntó Nietzsche en *Así habló Zarathustra*) en lo literario se sustenta en otro mayor y anterior, el del artista ante Dios como creador de mundos[30]. Hay una innegable «angustia temporal» (Bloom 1991:44) en la historia de la literatura, que genera sagas interminables de Antígonas, de Odiseas, de Orfeos, de Meninas, de Pigmaliones, de *Public Enemies*, de Angelus, de Faustos: obras dotadas de un *aura* arquetípica que vence incluso la reproductibilidad mecánica de la imprenta o la fotografía, que nunca acaban con su fantasma. Y la fórmula de lucha o *agón* del escritor contra

---

[29] A mi juicio, algunas escasísimas obras, además de suponer casos excelsos de sublime estético, se incardinan en un arquetipo colectivo universal o lo refundan, de modo que son adquiridas inconscientemente por el receptor *como propias*, cualquiera que sea su realidad cultural. Véase mi estudio sobre el arquetipo cultural de los gemelos y su recepción literaria (Mora 2015).

[30] «Buckley descree de Dios, pero quiere demostrar al Dios no existente que los hombres mortales son capaces de concebir un mundo»; BORGES (1972:25). Sobre esto hablamos detenidamente en nuestro ensayo *Pasadizos. Espacios simbólicos entre arte y literatura* (2008).

las obras anteriores a él es, desde luego, el *avance estético* sobre ellas, en el sentido de aportar ese *exceso*, esa mayor originalidad, o lograr un superior sublime estético. En esas luchas (Shakespeare sobre Chaucer, Joyce contra Shakespeare, Faulkner hacia Joyce, Benet *versus* Faulkner, Marías o González Sainz desde Benet) puede pasar un creador su entera existencia. Pero hay una serie de características concomitantes a todas las obras perdurables. Como señala Bloom,

> Uno sólo irrumpe en el canon por fuerza estética, que se compone primordialmente de la siguiente amalgama: dominio del lenguaje metafórico, originalidad, poder cognitivo, sabiduría y exuberancia en la dicción (1995:39)

«*Fuerza* estética», dice Bloom; recordemos la cita de Álvaro de Campos de que su poética se basaba en la *fuerza*. Por supuesto, sería una inocencia por nuestra parte no caer en la cuenta de que estos valores no son absolutos y que cambian con el tiempo y según los espacios, debido precisamente a la fluctuación de los poderes y procesos que van estableciendo el canon. Como recuerda Guillory, «los llamados estándares de grandeza han sido cambiantes desde Platón y Aristóteles hasta hoy» (en Pozuelo 2000:46). Pero tan exacto como lo anterior lo es el hecho de que hay autores, vgr. Homero o Píndaro, que van venciendo sucesivamente, y desde Platón y Aristóteles, cualesquiera formas diversas o incluso contrapuestas de vertebrar la canonicidad, lo que indica que tienen una carga de *exceso artístico* que vence cualesquiera obstáculos en contra. Su exceso es un exceso de resistencia: conquistan a nuevos lectores, a la manera de un virus, y desde allí se enquistan y se hacen fuertes. El «poder» de este tipo de obras (que es precisamente lo que Bloom intenta estudiar en los veintiescasos supuestos de *The Western Canon*), su capacidad de reverberar en las obras posteriores y *contaminarlas* (1995:531), es lo canónico esencial, y a ello y como medida debería ajustarse cualquier teoría del canon.

Quizá no es una tesis satisfactoria por completo, como ninguna lo es, según apuntase Paul Bénichou (en conversación con Todorov 2005:138) y demuestra Terry Eagleton en su imprescindible *The Event of Literature* (2012), pero más insatisfactorio es no tener ninguna.

Posibilidades, particularizando en
poesía hispánica contemporánea

> Pasa de boca en boca una palabra de Schuler según la cual todo conocimiento debe contener un grano de sin-sentido, al igual que las alfombras o los frescos ornamentales de la Antigüedad siempre presentaban en algún sitio una ligera irregularidad en su diseño. Dicho de otra manera, lo decisivo no es la progresión de conocimiento en conocimiento, sino la brecha dentro de cada uno.
> Walter Benjamin (2000:349)

> La perplejidad es la única moral literaria.
> Antoine Compagnon (2015:312)

Vayamos pues a las distintas posibilidades, en un acercamiento ni exhaustivo ni cerrado, en que pueden materializarse líneas estéticas próximas a la excelencia en la poesía española contemporánea. El discurso poético es uno de los pocos lugares donde conviven en amena simbiosis lo exotérico y lo esotérico (entendiendo por exotérico, en el sentido de Strauss 2014, el pensamiento racional), y por eso hay cosas que escapan al lector (y al escritor) y que operan sobre la interpretación en dos sentidos contrarios, ya sea limitándola al máximo o ampliándola hasta el infinito. Bloom defiende que la restricción o retracción de sentido es capital a la hora de explicar la perdurabilidad de ciertas obras. El hecho de que el sentido último de las mismas no sea por completo inaccesible, o que no se llegue a comprenderlas nunca (*por qué* se hicieron, *cómo* se hicieron, cómo algo así *se le pudo ocurrir en su tiempo* al autor, *qué se proponía exactamente* con su obra) y sigan generando exvotos pese a ello, denota una calidad canónica. Resumiendo a grandes rasgos, y utilizando términos geoculturales discutibles, la lucha de Occidente es una lucha por el sentido y la explicación (al revés que en Oriente, donde suele renunciarse al esclarecimiento final de las cosas e ideas, sustituido por la búsqueda de la vivencia —física y/o mental— más plena posible de las mismas). De ahí que los textos que *no comprendemos* en todo o en parte, aun *siendo comprensibles*, nos resulten inmediatamente afines[31]. Conrad escribía en *El duelo*: «el general Feraud, totalmente incapaz (como nos sucede a la mayoría de nosotros) de comprender qué le estaba ocurriendo...» (2007:256), y esa incertidumbre apunta en nuestra dirección, *nos incluye*. Vivimos en el sinsentido, al procurar el mantenimiento de una existencia quizá insensatamente dirigida al entendimiento pleno de lo que nos rodea, a vivir en paz con la realidad, cuando la realidad exterior es, en parte al menos, tan inasible e inextricable como la interior. Ese sentimiento de incapacidad de entender está detrás de todo lo canónico, desde el Quijote incapaz de ajustarse a su entorno hasta la incomprensión de los archicanonizados personajes de Kafka y Beckett, pasando por los inseguros Milton (el de Milton y el de Blake). Ese «desconcierto del mundo» (Méndez Rubio, *Razón de más*), esa incertidumbre ante la intemperie de la existencia, esas dudas metódicas, esa

---

31 Que no los comprendamos no quiere decir que sean *inefables*, y que no debamos o podamos escribir sobre ellos; en realidad es al revés, estoy con Bourdieu cuando dice que aceptar la inefabilidad de un texto es tanto como reconocer la derrota del pensamiento (1995:11). Me refiero más bien a una sensación explicada por Fabián Casas («muchas veces los poemas que más me gustaron fueron los que no entendía. Eran crípticos, pero había algo en mi sustancia que me inquietaba», en Echevarría 2013:114), o por Vila-Matas («me atrae lo que no entiendo; si lo entiendo, lo abandono corriendo», 2015).

visión de la Humanidad como «tropel de gentes que caminan en confusión en medio de tinieblas» (Leibniz 2015:3) y esa queja pascaliana ante el vacío cósmico asolan, como se verá, buena parte de los autores contenidos en esta antología. En concreto, la dificultad parcial de acceso a la experiencia recreada en poetas como Ada Salas, María do Cebreiro, García Román, Melcion Mateu, Mariano Peyrou («elegir el / recipiente más adecuado para contener el desconcierto. / Un poema puede ser bastante capaz», 2000:65) o en ciertos textos de Riechmann, donde la ruptura del lenguaje es un trasunto de la perplejidad metafísica de sus autores, es indiciaria de la búsqueda en esa dirección. No pocas veces el resultado es una *ironía dañada*, dirigida bien contra el lenguaje (Peyrou), bien contra los medios tradicionales de colmar la angustia existencial (Eduardo García, Julieta Valero), pasando por «una pobre ironía que cansara» (Doncel 1996:30) o derivando en la «ironía novelesca» que García Román (2013:120) detecta en los poemas de Pablo García Casado.

Otra de las posibilidades del mejor arte sería la reconstrucción plausible de una situación o conceptualización mental, algo que está detrás, entre otros recursos, del «correlato objetivo» de T. S. Eliot. En este sentido, cabe recuperar aquí un concepto citado por Santamaría al reconstruir el sempiterno «retorno de lo sublime», que es el concepto freudiano de «construcción». Cita Santamaría un significativo texto de Freud, «Recuerdo, repetición y elaboración», donde leemos: «el analizado no *recuerda* nada de lo olvidado o reprimido, sino que lo *vive de nuevo*. No lo reproduce como recuerdo, sino como acto» (2005:35). Esto nos plantea una cuestión: ¿y si la diferencia entre los grandes poetas y los demás fuera que éstos son capaces de hacer *revivir lo reprimido* en los lectores? O sea, de hacerles vivir lo que no han *querido* experimentar. ¿Y si esa reconstitución de la experiencia de que habla Santamaría, o la elaboración del «correlato objetivo» que pretendía Eliot, pudieran configurarse en los poetas *fuertes* como síntoma de la excelencia poética, como expresión máxima de la capacidad poética de *revivirnos*? Esa capacidad de reconstitución *no ingenua* (el realismo ingenuo es la nota esencial de la poesía de la normalidad) y completa de la experiencia personal late en varios de los poetas antologados, en especial en Álvaro García (que ha estudiado específicamente esa construcción en su ensayo *Poesía sin estatua*), Eduardo García (que ha profundizado en la misma a través de la consciencia psicoanalítica en su ensayo *Una poética del límite*), Esperanza López Parada, Jordi Doce, Jesús Aguado, Sandra Santana, Rikardo Arregi y Diego Doncel.

La tercera vía, de la que participan *todos* los antologados, y que es consecuencia en parte de las dos anteriores, es la reformulación *crítica y consciente* tanto del yo ontológico como del yo elocutorio; tanto de la persona que escribe como de la voz materializada en el acto de lectura del poema, y del hiato o cesura entre ambas. Sobre esto no abundaremos, por haberlo hecho en *El sujeto boscoso. Tipologías subjetivas de la poesía española contemporánea entre el espejo y la notredad (1980-2015)*, que aparecerá poco después que esta antología, pero sí apuntaremos siquiera que todos los autores antologados ocupan un lugar clave dentro del estudio de las diferentes estrategias que traslucen que el poeta es consciente de su fractura subjetiva original.

Puede el lector argumentar que estas tres direcciones, en efecto, están en los antologados, pero también están en *otros* poetas, y que aún no hemos terminado de amarrar el criterio final de excelencia. Ya apuntamos antes que nuestra intención no es cerrar, sino abrir; no queremos atar cosas, ni siquiera queremos *tener razón*; nuestro único objetivo es el de ampliar los horizontes de interpretación, pero es cierto que hay dos *diferencias* –a mi particular y seguramente errado juicio– en estos poetas, y es el modo en que las tres direcciones apuntadas adquieren en ellos *complejidad* (sobre la que hablaremos luego) gracias a una característica *tensión superficial*. No apelaremos a sesudos trabajos científicos, la

Wikipedia bastará para apuntalar la metáfora: en física se entiende por tensión superficial la manifestación de fuerzas intermoleculares en líquidos, que generan una *resistencia* para aumentar su superficie. Es como si sobre un líquido existiera una especie de membrana, que tiende a impedir el crecimiento de su área; eso permite a ciertos insectos «caminar» sobre el agua sin hundirse, por ejemplo. Bien, pues un buen poemario es como ese líquido: su tensión superficial, fruto del equilibrio de las fuerzas internas que lo componen, garantiza su resistencia a crecer, a seguir *siendo escrito*. El poeta también *termina con su tradición personal*, salvo casos patológicos y juanramonianos de reescritura incesante. En el caso de la escritura de poemas, las dos fuerzas que luchan son la del inconsciente, por un lado, y la de la técnica consciente, por el otro. Dejar fluir el inconsciente sin más, de forma «pura» (algo además discutible desde el punto de vista técnico, ya que el flujo de conciencia es intransmisible en tiempo real y en todo caso sería objeto de controversia decidir por qué sólo ciertas partes del flujo han sido transcritas y otras no), en absoluto garantiza un buen poema; la sola técnica, por supuesto, tampoco: genera textos admirables (sólo cuando estamos ante virtuosos como Soto de Rojas o Bocángel, obviamente), pero no grandes poemas. El buen poema está en un casi inasible punto intermedio, y nadar con naturalidad en él es lo que define a los poetas excelentes frente a los demás. Los poemas de los poetas más afinados tienen una *tensión característica*, porque se advierte en ellos que sus autores se saben conscientes de esa lucha de fuerzas entre la intuición, la imaginación o como queramos llamar al *sonido interior* (Jordi Doce) que les llega, y la técnica del escritor que intenta *canalizar*, de la mejor y más apropiada de las maneras posibles, esa voz para escucharla él y poder, en un segundo momento, dejar escucharla al lector. Esa tensión se ha manifestado popularmente de muchas maneras: cuando se dice que el poema es inmejorable, que no cabe en él ni una palabra más (aplicación directa, por cierto, del principio de tensión superficial), cuando se habla de «un alto grado de concentración e intensidad» (Martínez Sarrión 1990), cuando parece que el poema *podría romperse* si quitásemos cualquiera de sus elementos. Esto no quiere decir que nada en los textos sobre (y la poética del exceso sobrante podría ser característica de Eduardo Moga, por ejemplo), sino que *nada falte*. Es la misma tensión, si lo piensan, que rige el cálculo de estructuras y el equilibrio de fuerzas en arquitectura. En realidad, en cualquier otra obra de arte podemos encontrar un principio similar. Porque es lógico que así sea, es natural que hasta cierto punto sea ese el modo en que las mejores obras se construyen.

Estos autores son conscientes de esa tensión, que cada uno a su manera han ido esclareciendo en sus poéticas, puesto que otra nota común a casi todos es que han elaborado poéticas largas y meditadas, como expresión directa de su pensamiento creativo. Y es que la literatura mayor o fuerte participa de una ética propia, como viese Bachmann: «hay unas palabras de las que nunca se apartó Karl Kraus y que uno no querría cansarse de subrayar: 'todos los privilegios de un lenguaje radican en la moral'. Y con eso no se quiere decir nada vulgar, nada liquidable como la moral burguesa o la cristiana, no un código, sino esas avanzadas en que cada nuevo escritor debe alcanzar, siempre nuevas, las medidas de la verdad y la mentira» (Bachmann 1990:25). Y esa ética del avance, del descubrimiento, se describe en la siguiente y demoledora aportación de la poeta alemana, con la que termino, porque es imposible superar este párrafo e inútil explicarlo, pues vale y se impone por sí mismo:

> Esto parece ser también un poco triste para muchos que piensan que las revoluciones, las ganancias de nueva tierra en literatura, hayan de buscarse en primera línea en el experimento formal y a veces pasan por alto que eso sólo puede ocurrir como consecuencia de un nuevo pensamiento. (1990:30)

Y esta antología, resumiendo, se propone dejar testimonio de la sección más valiosa del nuevo y diverso *pensamiento poético* que, a nuestro juicio, ha aparecido en la poesía española durante los últimos años.

La estética compleja de los poetas antologados

> La buena pintura es una música, una melodía, y sólo una inteligencia muy viva puede sentir su gran dificultad.
> Miguel Ángel

> Ser poeta es difícil; querer serlo, más difícil todavía: saber serlo, dificilísimo.
> Juan Ramón Jiménez, *La corriente infinita*

No será necesario citar teorías físicas de la complejidad para distinguir lo complejo de lo impenetrable o de lo hermético. Un televisor es un invento muy complejo y cualquiera sabe hacerlo funcionar. Spinoza decía que el camino excelente es el camino difícil, y esta reflexión nos resulta útil porque no indica que lo difícil sea el punto de llegada, sino el sendero recorrido. Toda la *sabiduría* humana se estructura, no por casualidad, como un trayecto de conocimiento cuyo fin es incompleto, por no decir desconocido. Como hemos intentado exponer en otra parte, precisamente en un poemario, a pesar de nuestros progresos científicos e intelectuales como especie, desconocemos aún cosas esenciales para comprender *nuestro lugar en el mundo*, la composición última de la materia o el origen del universo entre ellas. Las mejores mentes del planeta trabajan en el CERN ginebrino y centros semejantes intentando descifrar, en nombre de todos los demás, esas preguntas esenciales que destriparían –al menos de forma parcial– nuestro *sentido* vital, aliviándonos de la sensación de haber sido arrojados a la intemperie de una existencia impenetrable. Y la solución de esas cuestiones nos deja solos ante *lo difícil*, ante aquella hermética realidad frente a la cual oponemos la complejidad de nuestra inteligencia. No hay nada intelectualmente más *valioso* que ese empeño de clarificación, y el esfuerzo del hombre por superarse a sí mismo e ir recortando el tamaño de sus limitaciones es lo que nos hace únicos como especie. Creo que a esto es a lo que se refiere el filósofo Peter Sloterdijk en este valioso recordatorio:

> Una de las señas de identidad de la naturaleza humana es que sitúa a los hombres ante problemas que son demasiado difíciles para ellos, sin que les quede la opción de dejarlos sin abordar en razón de esa dificultad. Esta provocación del ser humano por parte de lo inaccesible, que es al mismo tiempo lo no-dominable, ha dejado desde los inicios de la filosofía europea una huella inolvidable; o mejor: quizá la propia filosofía sea, en el más amplio sentido, esa huella. (Sloterdijk 2000:73)

Donde lo más importante es que *no tenemos opción*: no hay posibilidad alguna de abandonar la búsqueda, porque somos seres intelectualmente ambiciosos y humildes, patéticos y gloriosos, conscientes de nuestra ignorancia y de nuestra perfectibilidad, antagonistas de la primera y ascetas de la segunda. Y la poesía es uno de los mejores *modos de luchar*. La poesía que considero más excelente de cualquier época, desde el *poema* parmenídeo a la lírica de John Ashbery, pasando por las odas de Hölderlin o las últimas reescrituras de Juan Ramón Jiménez, se conforma como una pregunta en marcha sobre esos mismos temas universales. Los poemas científicos de A. R. Ammons y los versos de Lucrecio se anclan, intelectualmente, en ese mismo tipo de preocupación existencial. Es una necesidad lógica; Baroja decía en sus *Intermedios* que «para el hombre inteligente es muy difícil, casi imposible, no intentar darse a sí mismo una explicación del universo y de la vida» (1931:306). Cuando el modo de darse esa explicación es utilizando el lenguaje *hasta el extremo*, hablar en tales márgenes de poesía o filosofía es inútil o, al menos, poco clarificador; para mí tales esfuerzos son sólo (y nada menos que) *pensamiento puro vertido en un lenguaje contaminado*; indagación expresada mediante un lenguaje creado al efecto, que trasciende los límites de lo aceptado como poético, científico o filosófico. La misma pregunta universal con diferente encarnación.

Los discursos fáciles en la literatura están condenados a desaparecer, porque los desarrollos simples que interesan al público han pasado –y algunos aún no lo han advertido– a los medios audiovisuales, que hacen mejor el trabajo de enunciar lo mínimo e intrascendente. La literatura ha perdido un importante espacio social de interpretación, y no digamos la crítica literaria, en tanto interpretación de esa interpretación[32]. De ahí que dentro de no demasiados años los discursos literarios simples, que nada añaden a la miríada de películas, series de televisión o vídeos de gatos compartidos en las redes sociales, serán condenados a un olvido todavía mayor al que ahora sufren. Sólo cuando el texto literario contenga un discurso *de altura* destacará sobre la narración visual y logrará situarse en un espacio de posible atención pública. Será un espacio minúsculo, pero la atención será alta porque *no habrá alternativa* a ellos: hay mensajes cuya ambición y profundidad *sólo* pueden canalizarse a través de un poema, novela o tratado filosófico complejos, que pueden apoyarse en imágenes o incluirlas, pero no ser sustituidos por ellas. Con esto intento decir, descendiendo –o ascendiendo– al tema que nos ocupa, que no debe ser necesariamente difícil o hermética la lectura de un

---

32 «(...) la filología, hasta hace poco reina de las disciplinas históricas, ha de sufrir la más grave de sus derrotas: el ser definitivamente depuesta de su calidad de instrumento cumbre para poder validar el saber sobre el mundo, puesto que éste ya no se da a interpretar prioritariamente a través del lenguaje» (RODRÍGUEZ DE LA FLOR 2009:18).

poema (ni simple tampoco), pero quizás sí debe ser complejo el periplo estético e intelectual que se realiza para llegar a crearlo, porque un meditado proceso de creación produce mejores resultados. La parte de la lírica de Antonio Machado que más me convence es aquella que, bajo una aparente facilidad de lectura, esconde largos períodos de reflexión a partir de las teorías del filósofo Bergson sobre el tiempo. Todo Lorca está bien, pero *Poeta en Nueva York* está mejor, seguramente por ser más complejo y trabajado que otros poemarios más sencillos (nunca simples, en su caso). Poemas en apariencia *ligeros* de Emilio Prados ocultan lecturas sobre psicoanálisis, y versos populares de Alberti son el fruto de reflexiones prácticas y técnicas sobre la reelaboración de elementos folcloristas en la poesía culta; algo similar, salvadas ciertas diferencias, pudiera decirse de algunos poemas sólo en apariencia «claros» de Cernuda o Jaime Gil de Biedma; sus respectivos ensayos sobre poesía demuestran que esa aparente *claridad* exterior era sólo la parte visible de un gran iceberg de sesudas preocupaciones intelectuales y estéticas. Estoy muy de acuerdo con Eliot cuando dice: «sólo quiero afirmar que existe una relación significativa entre la mejor poesía y la mejor crítica del mismo período. La época de la crítica es también la época de la poesía crítica» (1999:59). Juan Goytisolo ha declarado alguna vez que los mejores literatos suelen ser también buenos críticos, y que sus obras decaen cuando dejan de analizar literaturas ajenas.

Son los nuestros tiempos donde se ha puesto precio a la cabeza de lo difícil. Tiempos donde lo rápido y superficial, por natural asociación con los productos mercantiles masificados, se privilegian como forma primaria de consumo. Lo que no quiere decir que esto no sea una constante histórica, que simplemente hemos permitido agravar y llegar a extremos inéditos. Recordemos que Valéry decía en su Prefacio a la segunda traducción inglesa del *Monsieur Teste* que «lectores que no disfruten como no sea con el espíritu en tensión son raros. Nos ganamos atenciones merced a algo de diversión; y tal forma de atención es pasiva» (1999:14). Mucha de la poesía contemporánea más premiada y alabada en ciertos círculos mediáticos no requiere más que de esa atención pasiva. Puede leerse y entenderse en su totalidad con el electroencefalograma plano; no requiere de más atención ni actividad intelectual que un telediario. Frente a esta lisura y falta de relieve, la poesía tradicionalmente más valiosa, incluso la reconocida como *clásica*, suele tener un alto grado de complejidad, más disfrazado (Machado) o menos (Lezama Lima). A veces es sólo compleja, como los poemas de Pessoa o los primeros de Juan Ramón, y a veces es endiabladamente difícil, como la de Celan o las obras de madurez de Hölderlin, Juan Ramón o Beckett. En ocasiones hay que hablar de *hermetismo transparente*, como en algunos poemas del propio Valéry o de José Ángel Valente, donde hay un primer sentido asequible sin dificultad, que sólo es umbral de numerosos sentidos *superiores* a los que sólo puede accederse mediante un sólido caudal de lecturas y una notable capacidad de intrincarse en selvas de símbolos culturales, científicos y filosóficos. De ahí que este tipo de poesía *fuerte* no sea muy popular entre ciertos poetas españoles, que suelen hacer –como Joan Margarit– comentarios jocosos a costa de Celan, dejándonos –o no– con la duda de si no les gustan o, pura y simplemente, si *no pueden saber si les gustan*, haciendo bueno aquello de la zorra y las uvas. Sobre esta actitud «castellana» de despreciar lo que uno ignora ya habló mucho y bien el mismo Machado que algunos tanto reclaman.

Los poetas contenidos en esta antología caminan desde la claridad *elaboradísima* de Álvaro García y Jesús Aguado (llenas, entre otras, de nutridas referencias a poesía europea y filosofía occidental y oriental) hasta la complejidad intelectual de Mariano Peyrou o María do Cebreiro, que hacen de sus poemarios auténticos *tratados* de filosofía del lenguaje y de teoría literaria, más encubiertos en el caso del argentino, o con visibles alusiones a Foucault o Lacan en el caso de Cebreiro; esas y otras referencias, destiladas, se aprecian asimismo en los textos de García Román y Sandra Santana. Por no hablar del lenguaje científico de Fernández Mallo, la suma de filosofía y psicoanálisis de Eduardo García o la panoplia multidisciplinar de Jorge Riechmann. El resto de poéticas, sin evitar tampoco diversas complejidades teóricas disueltas en el texto, como en el caso de Ada Salas o Eduardo Moga, se caracterizan por la complejidad a la hora de elaborar la *voz* poética: así, el laborioso trabajo de elipsis en Pablo García Casado, Esperanza López Parada y Antonio Méndez Rubio; la radical indagación de Jordi Doce, José Ángel Cilleruelo, Vicente Valero y Diego Doncel en aras de una lírica que entronque *à la* Habermas la razón posmoderna sin abandonar lo mejor del legado moderno; la profundidad del trabajo de José Luis Rey por construir una voz órfica –en el sentido auténtico e histórico del término– compatible con un mundo desintegrado y en descomposición epistemológica; el esfuerzo realizado por Julieta Valero y Melcion Mateu para dotar al lenguaje de plasticidad visionaria; la capacidad de vertebración sociológica y experiencial de Arregi y la aventura de dispersión *logocentrífuga* de García Román, que sería el cabal punto de fuga hacia una nueva realidad poética que todavía no conocemos, que quizá sea *postpoética* en el sentido de Fernández Mallo (2009) o quizá, pura y simplemente, la poesía del siglo 21 que se anuncia ya en todas estas voces, cuya tradición *son ellas mismas*. Pues eso (una voz singular, propia, diferente, compleja y *excesiva*) es lo que quiere decir la expresión *poesía fuerte* a estas alturas de siglo. Una lírica encaminada hacia una estética compleja.

Conclusión

> y queda en paz con todos
> y dice sí a la vida.
>
> Eduardo García

La consecuencia del panorama sociocultural descrito con anterioridad y de sus inercias históricas es que España, poética y críticamente, lleva un par de décadas de retraso cultural respecto a otras naciones desarrolladas. Hablo en términos generales; por supuesto que hay excelentes poetas y críticos y ensayistas serios y rigurosos, pero *no se les ve*: no están en la primera línea de recepción, sus obras literarias y de crítica no han calado en los niveles oficiales, los encargados de enseñarlas en universidades e institutos las evitan, salvo excepciones, por su dificultad o por el esfuerzo extra que les supondría «ponerse al día» de un modo autodidacta (pues, como digo, los sistemas oficiales no procuran mecanismos para subsanar esas ausencias, *que oficialmente no existen*). La permanencia de nuestro sistema cultural en una situación donde se ha llegado la una epidérmica posmodernidad cultural, sin apenas rozar el Romanticismo y la Modernidad, crea un sistema de paradojas donde el grueso de la producción literaria pertenece al esquema tardomoderno, en el mejor de los casos.

Los poetas incluidos en esta antología han sido conscientes de esos problemas y han sabido *luchar contra su formación*. Han recreado su cultura intelectual y literaria a partir de una educación en unos casos filosófica o científica (Jorge Riechmann, Eduardo García, Antonio Méndez Rubio, Jesús Aguado, Agustín Fernández Mallo), forjada en otros desde puntos de vista *barbarizantes* de la Teoría de la Literatura (María do Cebreiro, Mateu, Peyrou) o *errantes* de la escritura (Arregi). Otros, como Esperanza López Parada, José Luis Rey, Diego Doncel, José Luis Cilleruelo, Ada Salas o Álvaro García, han *sobrevivido* a la Filología por intuición natural y porque, seguramente, dieron con directores de tesis o profesores anchos de miras. Doce, Santana, Moga, Mateu y García Román encontraron en otras tradiciones (y en un saludable exilio) agentes revulsivos para la suya, y Pablo García Casado no siguió estudios filológicos sino jurídicos. Rikardo Arregi tuvo una formación multidisciplinar. Casi todos ellos han practicado, no por casualidad, la traducción. Todos son *excelentes* y *complejos* en su poesía, por los motivos que hemos apuntado. Todos son singulares por *raros*, además de por excelentes, lo que habla bien de ellos y bastante mal de un campo literario, el de la poesía española, que salvo estas y algunas otras escasas excepciones sigue recreándose en su cieno, chapoteando en su pequeña y contaminada charca tradicionalista.

Esas condiciones socioculturales invitan a presentar un panorama diferente, a escoger las singularidades y a destacarlas en primer término, con el ánimo de presentar a los lectores interesados una realidad diferente que, por las razones expuestas y otras más, no siempre ha tenido la visibilidad que merecía. Antologar estas voces en una colección con tanto prestigio como ésta es un acto de justicia pero, sobre todo, una oportunidad magnífica para tener una visión mucho más rica, plural y positiva de lo que es la poesía española contemporánea. Agradezco a Jeannette L. Clariond la oportunidad de permitirme realizarla en una editorial tan valiente y valiosa como Vaso Roto.

Vicente Luis Mora
Málaga, 15 de enero de 2016

La cuarta persona del plural

Antología de poesía española contemporánea (1978-2015)

Rikardo Arregi
(1958)

Rikardo Arregi, *Vitoria-Gasteiz, 1958*

Poeta, traductor y crítico. Entre sus poemarios destacan *Hari hauskorrak* (1993), *Kartografia* (1998), *Bitan esan beharra* (2012). Los tres recibieron el Premio de la Crítica y el tercero el Premio Lauaxeta. Publica artículos en periódicos y revistas, actualmente es columnista en el diario *Deia*. Además ha realizado distintas traducciones de poesía, la más reciente *Jorge de Sena* (2015).

Poemas seleccionados: «66 versos en la ciudad sitiada» [66 lerro hiri setiatuan], «Sábanas» [Izarak], «Los territorios de la música, vii» [Musikaren lurraldeak, vii], «Riachuelos al borde de la acera» [Espaloi ertzeko errekak], «Cartografía celeste» [Zeruaren kartografia], *Cartografía*; «Poemas de amor más o menos» [Amodiozko poemak edo] partes vi y xxxii, «Simultáneamente» [Aldi berean], «Fotografía de guerra» [Gerra argazkia], «Inmortalidad» [Hilezkortasuna], «Los rostros de los muertos» [Hildakoen aurpegiak], «Forma», *Debe decirse dos veces*.

Si la literatura vasca va teniendo algo parecido a un canon, a Rikardo Arregi le pertenece un lugar en el mismo por derecho propio. Galardonado por dos veces con el Premio de la Crítica (1994, 1999) y finalista del Nacional de Poesía por *Kartografia* (1998), ha sido traducido a varios idiomas. Iñaki Aldekoa escribió tajantemente que «Arregi ha sido acaso el único poeta de los años noventa que ha cautivado de verdad» (2004:243). Su lugar excepcional en la última poesía vasca me ha obligado a convertirlo en la única excepción al criterio temporal de esta antología, puesto que Arregi nació en 1958. Mi decisión puede ser criticable, por tanto, pero una voz sensata me advirtió de que si mi intención era incorporar a esta antología una voz significativa de las últimas hornadas de poesía en euskera, era un contrasentido dejar fuera a Rikardo Arregi. Esa voz me recomendó un tratamiento *excepcional* porque la poesía vasca en cierta forma lo es, así como la situación de Arregi dentro de la misma. Por ello, después de leer todo el material a mi alcance, me di cuenta de que mi decisión iba ser arbitraria en todo caso; puestos a fallar, en el peor sentido del término, me pareció más injusto aún excluir a Arregi que seleccionarlo. *Mea culpa* y continuamos.

A juicio de Jon Kortazar, «quizás su novedad (...) radicaba en que propugnaba una poesía que, a la vez, unía esteticismo y clasicismo y, dentro de la búsqueda de un tono poético, propugnaba un trabajo sobre la mirada y la reflexión» (2006:44ss). En efecto, Arregi es un poeta metatextual, un posmoderno con resabios del *kitsch* moderno, capaz de adjuntar materiales muy diversos, incluso temporalmente, en aras de una creación anacrónica pero intemporal. En «Bosques y palacios», un poema no incluido, teléfonos y reyes medievales conviven pacíficamente sin solución de continuidad; quizá eso no sea tan extraño en una cultura aposentada sobre la leyenda de lo inmemorial y condenada voluntariamente a reunir a la vez los *aizkolaris* y la globalización, el hipertexto y los metros de los *versolaris*. Esa lucha con el tiempo, *por* el tiempo, es una constante de la obra de Arregi, señalada por todos los críticos que le han estudiado[1], aunque en su caso está dimensionada de forma cosmopolita, ya que en su poesía, sobre todo en el primer poemario (*Hari hauskorrak / Frágiles hilos*, 1993), hay un acrisolado mapa de culturas, épocas y lugares; del mismo modo, el título *Kartografia* tampoco alude a una concepción lírica terruñera, precisamente. Pero lo importante no son los materiales con que Arregi teje sus nada frágiles hilos, sino el modo en que lo hace. La forma sorprendente en que agrupa las semánticas y las envuelve en una densa red lingüística donde nada queda suelto, sin que tal cosa signifique que esté unida a las demás por la lógica. La lógica de Arregi no es cartesiana, sino discursiva: son las palabras y no la deducción las que llevan de un verso al siguiente. Un poema como «Lectores en los parques» (finalmente no incluido) es un ejemplo de esa retórica del *divagar léxico* que caracteriza la poesía de Arregi y que lo convierte en un poeta singular, irrepetible, preocupado por su identidad personal, sexual y política.

---

[1] Son claros a este respecto los acercamientos que han formulado críticos como Luis Arturo Hernández, José Lezama, Felipe Juaristi (1993) o Iñaki Aldekoa (2004:244).

66 versos en la ciudad sitiada

Cuando atravieso sin prisa las calles y plazas de Gasteiz
yendo, como cada día, camino del trabajo o a ver a los amigos,
pienso, sobresaltado de repente,
que hacer esto mismo allí
resulta ciertamente peligroso muchos días,
y con la vista hacia lo alto de las casas calculo,
la mirada fría y el ánimo en suspenso,
qué lugar elegiría el francotirador,
por dónde llegará la bala
que tornará mi cabeza en flor negra de sangre,
porque esa plaza demasiado ancha resulta sospechosa. Esa calle.
El parque rodeado de edificios altos.

He oído que en los parques de Sarajevo
ya no hay árboles,
porque los habitantes los han cortado para calentar sus casas,
y pienso, sobresaltado de repente,
que no tengo en mi casa un lugar apropiado para hacer fuego.
Mi calle además está llena de edificios oficiales,
y dado que las oficinas gubernamentales suelen ser importantes
en tiempo de guerra,

66 LERRO HIRI SETIATUAN   Gasteizko plaza eta kaleak lasai zeharkatzean, / egunero beza-la lanera edo lagunengana, / bat-batean asaldaturik pentsatzen dut / hau bera han egitea / arriskutsua dela oso egun askotan, / eta etxegainei begiratuz kalkulatzen dut, / begia hotz, dardar gogoa, / zein aukeratuko lukeen franko-tiratzaileak, / nondik etorriko ene burua / lore beltz odolezko bilakatuko duen bala, / susmagarria baita plaza zabalegi hori. Kale hura. / Etxe handiz inguraturiko parkea. // Entzun dut Sarajevoko parkeetan / zuhaitzik ez dagoela jadanik, / biztanleek moztu baitituzte etxeak berotzeko, / eta bat-batean asalda-turik pentsatzen dut / ez dudala nik etxean sua egiteko leku egokirik. / Gainera, ene kalea eraikuntza ofizialez beterik dago, / eta gobernu-bulegoak garrantzizkoak omen direnez / gerra garaian,

pienso, sobresaltado de repente,
que quizá mi calle se haya convertido en zona de conflicto
y puede que esté ya destruida
mi casa en Sarajevo.

¿Cómo se las arregla el que yo soy en Sarajevo?
¿Va aún a trabajar, por ejemplo? ¿O acaso
hace tiempo ya que todas esas vulgares costumbres desaparecieron?
Y pienso, sobresaltado de repente,
que seguramente las escuelas estarán cerradas
y que la mía, además, está al otro lado del ferrocarril, cerca de la
    estación,
y que ferrocarriles y estaciones son, al parecer, cosas que se deben
    controlar
en tiempo de guerra.

Aguardar largo tiempo cartas que no llegan
y no poder escribir otras nuevas.

¿Cómo hago la compra en Sarajevo?
Desde que un kilo de patatas cuesta diez marcos
me paso horas haciendo sumas y restas
pero los resultados siempre tienen hambre.
Y pienso, sobresaltado de repente,

---

bat-batean asaldaturik pentsatzen dut / kalea istilugune bihurtu eta / suntsiturik egon daitekeela agian / Sarajevoko ene etxea. // Nola moldatzen da ni naizena Sarajevon? / Lanera doa oraindik, adibidez? Ala / ohitura arrunt horiek guztiak aspaldi desagertu ziren? / Eta bat-batean asaldaturik pentsatzen dut / ikastetxeak itxita egongo direla ziur asko; / nirea, gainera, trenbidearen bestaldean dago, / geltokitik hurbil, / eta trenbideak eta geltokiak kontrolatu beharreko gauzak omen dira / gerra garaian. // Luzaro iguriki iristen ez diren eskutitzak / eta berriak ezin izkiriatu. //Nola egiten ditut erosketak Sarajevon? / Kilo patatak hamar marko balio duenetik / orduak ematen ditut batuketak eta kenketak egiten / baina emaitzak gose dira beti. / Eta bat-batean asaldaturik pentsatzen dut / gosea, hotza, izua, ilarak, zori txarra

que el hambre, el frío, el terror, las colas, la mala suerte
son costumbres demasiado vulgares
en tiempo de guerra.

La ciudad está ya dividida,
son heridas las fronteras interiores
y esa sangre no es una metáfora,
más allá de las vías los enemigos amigos,
a este lado del puente los amigos enemigos.
¿De qué suerte me he adaptado a la situación que me ha tocado en
   suerte?

Y pienso, sobresaltado de repente,
que mi madre vive en el Oeste y yo en el centro
y que los dos barrios, también el de mi hermano, pueden estar más
   alejados
en tiempo de guerra,
y que tales divisiones son imprevistas, y crueles,
si estoy aquí es porque esa noche me quedé a cenar en tu casa.

No faltan en los alrededores de Gasteiz
lugares apropiados para situar la artillería,
quizá Zaldiaran o los montes de Vitoria
no sean tan espectaculares como el monte Ilidza,
pero las bombas lanzadas desde allí pueden hacer un buen trabajo.

ohitura ezin arruntagoak direla / gerra garaian. // Banaturik dago jada hiria, / barne mugak zauri dira / eta zauri horien odola ez da metafora, / trenbideaz haraindi etsai lagunak, / zubiaz honaindian lagun etsaiak. / Niri egokitu zaidan egoerari nola egokitu natzaio ni? / Eta bat-batean asaldaturik pentsatzen dut / ama sartaldean bizi dela eta ni berriz erdialdean / eta bi auzoak, anaiarena ere bai, urrunago egon daitezkeela / gerra garaian, / eta banaketa horiek ezustekoak direla eta ankerrak, / gau hartan zure etxean afaldu nuelako nago hemen. // Ez da falta Gasteizko inguruetan / leku egokirik artilleria kokatzeko, / Zaldiaran edo Gasteizko mendiak / ez dira Ilidza mendia bezain ikusgarriak izango, / baina handik jaurtiriko bonbek lan ona egin dezakete.

Y después echarse a andar carretera adelante, con el equipaje a
    cuestas,
ciudadanos sin ciudad,
si es verano bajo el bochorno, si es invierno sobre el hielo,
perdidos por caminos que no llevan a ningún lado,
en busca de un amparo que no existe en ningún lugar.
La cuestión es seguir vivo hasta que se firmen los acuerdos de paz.
Que no escriba otro 6 el diablo.

Traducción de Gerardo Markuleta

Sábanas

I

El dolor que la nieve siente
cuando llega el final del invierno
no puede compararse con nada
si no es
con la desesperación que sufren las sábanas
cuando las bocas enmudecen.

Eta gero errepideetara oinez irten, pardeltxoak bizkarrean, / hiritar hirigabeak, / udan bada sargori, neguan bada izotz, / inora ez doazen bideetan galdurik, / inon ez dagoen babesaren bila; / bake-itunak sinatu arte bizirik irautea da kontua. / Ez dezala deabruak beste 6 bat idatzi.

IZARAK 1: Negua bukatzean / elurrak sentitzen duen dolumina / ezerekin ezin da alderatu, / ez bada, / ahoak mututzean, / izarak pairatzen duen etsipenarekin,

II

Las sábanas,
con sus líos,
están levantando
demasiado temprano
mi patíbulo.

III

En el profundo mar de las sábanas,
fuerzas abisales
agitaron
nuestros cuerpos cegados,
y alejaban cada vez más
nuestras manos hambrientas.

IV

Al despertar,
las sábanas nos dejan sin amparo:
son todos los sueños entonces
espejos sin reflejo,
inalcanzables.

Traducción de Gerardo Markuleta

II: Izaren korapiloak / bizkorregi / ari dira / ene urkamendia / eraikitzen. // III: Izaren itsaso sakonetan / indar abisalek / inarrosi zituzten / gure gorputz itsuak, / esku gosetiak / gero eta gehiago urrunduz. // IV: Esnatzean / babesgabe uzten gaituzte izarek, / islarik gabeko ispilu dira orduan / ametsak oro, / eskuraezinak.

Los territorios de la música, VII

Un hombre quizá absurdo, vestido de negro.
Entre los brazos prefiero una viola viva
que baila o llora con su voz humana.
Oída aquella música celeste de sueño,
puse la séptima cuerda al instrumento,
era mucho lo que había que contar.
Siete planetas, una sola órbita en el arco,
acaricia el mástil con la mano izquierda,
los ojos firmemente cerrados con vocación de madera.
Enfermo de música, Monsieur de Sainte-Colombe.
Siete temblores, un solo temblor en la tierra.
Ahí está ahora, sentado en el patio, la viola
en el regazo; la primavera del Norte le acompaña.
Después todas las hermanas nos reuniremos
en torno a él. Ejercicios, alguna danza,
hasta sentir los dedos doloridos.
Por la noche llegará el nuevo alumno,
si no surge alguna discusión, Dios no lo quiera,
gozaremos de una larga velada.
No tengo ya nada que enseñarte,
la voz viva de la viola te guía.

MUSIKAREN LURRALDEAK, VII   Gizon agian absurdua, beltzez jantzirik. / Besartean nahiago dut biola bizi bat / haren giza-ahotsaz dantzan edo malkotan. / Zeruen musika ametsezkoa entzunik, / zazpigarren haria josi zion tresnari / asko baitzen adierazi beharrekoa. / Zazpi planeta, arkuan orbita bakarra, / ezkerreko eskuaz giderra ferekatzen, / begiak zurezko gogoan irmo bildurik. / Musikaminak jota, Musde Sainte-Colombe. / Zazpi dardara, dardara bakarra lurrean, / Hor dago orain, bailan eserita, biola / altzoan, iparraldeko bedatsa lagun. / Gero ahizpa guztiak elkartuko gara / haren inguruan. Ariketak, dantzaren bat, / harik eta hatzetan mina sentitu arte. / Gauean ikasle berria etorriko da, / eztabaidarik sortzen ez bada, jainkoarren, / atseginaldi luzea gozatuko dugu. / Ez dut ezer jadanik zuri irakasteko, / biolaren ahots bizia duzu gidari.

Pero el alumno amaba vivamente
la viola y al maestro; y, estimando
que podría aprender más, en secreto
se acercaba al bosque a escuchar a su maestro,
que había construido una pequeña cabaña
sobre una zarzamora para tocar tranquilo.
Todo es atención en el bosque. Todo está alerta.
En la tumba preparada solamente con música,
lejos los lamentos y las quejas, entre resignados y serenos
encontraremos recuerdos de madera.

Traducción de Gerardo Markuleta

Riachuelos al borde de la acera

En los riachuelos al borde de la acera
se ahogan los cuadernos negros extraviados
tras bocas de las que sólo manan pájaros,
y las sonrisas de las calles y todas las vidas posibles
se deshacen por un instante.
Las promesas parecían vestidas
de un cielo azul de noviembre.

Baina ikasleak maite zituen biziki / biola eta maisua; eta pentsaturik, / gehiago ikas lezakeela, ezkutuan / hurbiltzen zen basora maisua entzutera, / horrek etxola ttipi bat eraiki baitzuen / masustondo baten gainean lasai jotzeko. / Oro adi basoan, oro. Oro aiduru. / Musika hutsez prestaturiko hilobian, / auhen eta deitoreak urrun, etsi-nare / zurezko oroitzapenak ditugu ediren.

ESPALOI ERTZEKO ERREKAK   Espaloi ertzeko erreketan / itotzen dira kaier beltz galduak / txoriak baizik isurtzen ez dituzten ahoen atzetik, / eta kaleetako irribarreak eta bizitza posible guztiak / desegiten dira une batez. / Promesek azaroaren zeru urdinez / ziruditen jantzirik.

La anchura de los riachuelos del borde de la acera
nadie puede medirla,
qué es un mar a su lado, qué, un océano,
los teléfonos colgados de repente
enferman de amor o algo así,
mientras miran los riachuelos al borde de la acera.
Probar, nada más, el vértigo del cuerpo.

Sobre los riachuelos del borde de la acera, las motos paradas,
impacientes, con luces intermitentes, esperando a sus dueños.
Llegamos tarde, al parecer, un poco tarde,
eso fue todo.

Y lo que habíamos hallado durante un momento
se lo tragó sin piedad un horario apretado,
dónde unas ciruelas en medio de la Antártida,
dónde una cita clásica y consoladora de un viejo literato,
dónde una tierna mentira que amortigüe este pequeño destino.

Encontrar un libro en un andén,
y tener que lamentarlo en el próximo.

Traducción de Gerardo Markuleta

Espaloi ertzeko erreken zabala / ezin du inork neurtu, / zer itsaso bat haien ondoan, zer ozeano bat, / bat-batean esekitako telefonoak / gaixotzen dira amodioz edo, / espaloi ertzeko errekei begira. / Dastatu baino ez gorputzaren zorabioa. // Espaloi ertzeko erreketan motorrak geldirik, / premiatsu, argiak ñir-ñir, haien jabeen esperoan. / Berandu iritsi omen ginen, apur bat berandu, / hori izan zen dena. // Eta istant batez ediren genuena / ordutegi estuak irentsi zuen urrikalgabe, / non okaranak Antartikaren erdian, / non idazle zaharraren aipu klasiko eta kontsolagarria, / non gezur xamurra patu ttipi hau leuntzeko. // Kai batean liburu bat aurkitu / eta bestean deitoratu behar.

Cartografía celeste

Y por la noche, observando el firmamento,
descubrir las vías sutiles de las estrellas,
hasta que bajo esos movimientos imparables
el dulce extravío del tiempo
conquiste ojos y mente.

Cantar, después, con los niños Ewe:
el firmamento es una gran Armonía,
no hay en él pérdida ni accidente,
allí, todo cuanto es conoce su camino.

Traducción de Gerardo Markuleta

Poemas de amor más o menos

VI

Tal vez porque nos quedamos sin otro
tema de conversación a la mesa,

Zeruaren kartografia Eta gauez zeruari begira, / izarren bide sotilak antzeman, / mugimendu geldiezin haietan / denboraren zorabio eztiak / buru-begiak mende hartu arte. // Gero Ewe haurrekin leun kantatu: / Harmonia handia da ortzia, / han ez galerarik, ez istripurik, / han den orok daki bere bidea.

Amodiozko poemak edo, vi Beharbada beste solasbiderik / ez genuelako bazkalondoan, /

quizás porque acababa de morir
uno de nosotros, hartos de pena,
bajo las buganvillas surgió el tema
de nuestra próxima reencarnación,
tan probable como descabellada,
y uno a uno frívolos analizamos,
de esa naturaleza éramos, somos,
qué nos depararía la otra vida.

Tú elegiste nacer como una estrella
de rock y dar conciertos por el mundo,
y al momento te plantaste delante,
simulando un punteo de guitarra,
sacudiendo la cabeza, las piernas
entreabiertas. Cuando llegó mi turno
para mi vida póstuma elegí
ser aquella guitarra entre tus brazos.

Todavía no he olvidado tu sorpresa.

XXXII

He de dormir a tu lado esta noche
—en una misma cama nuestros cuerpos—,

gutarik bat hil berria zelako / agian, tristeziaz nekaturik, / buganbilen azpian hasi ginen / balizko berraragitze zoroez / mintzatzen, sinesmen sendorik ez guk, / eta fribolo aztertu genuen, / horrelakoak ginen eta gara, / txandaka gure hurrengo bizitza. // Zuk rock izar gisara jaiotzea / aukeratu zenuen berehala, / munduan zehar kontzertuak eman, / eta gitarra jotzeko itxurak / egiten aurrean paratu zinen / hankak zabalik, astinduz burua. / Hitza ailegatu zitzaidanean, / zure beso artean egongo zen / gitarra hori hautatu nuen nik / nire hil osteko bizitzarako. // Ez dut zure harridura ahantzi.

Amodiozko poemak edo, XXXII Zure ondoan lo egin behar dut, / ohe berean gaur bion gorputzak,

dormir tan solo, porque mi deseo
no quieres albergar en tus dominios.

Para alcanzar a ser como uno de ellos,
mientras me voy adormeciendo, evoco
la obra de los antiguos trovadores:
la dura prueba que llamaban *assag*.

Los amantes debían demostrar
su amor pasando una noche completa
yaciendo en la misma cama desnudos
sin tocarse, sin roces ni caricias.

Me aplico a este exigente ejercicio,
solamente porque estoy obligado
y me siento un trovador intachable,
aunque solo sea en estos papeles.

Puesto que no me es posible follarte,
pueda escribir al menos un poema.
Tanto el sexo como los libros, ambos,
me producen placer, goce, deleite.

Traducción de Ángel Erro

---

lo, besterik ez, nire desirarik / ez baituzu zuk larruan bilduko. // Haiek bezalakoa izateko, / antzinako trobadoreen lana / gogoan dut lokartu bitartean: / *assag* deitzen zuten proba gogorra. // Maitaleek, beren amodioa / frogatzeko, gau osoa biluzik / igaro behar zuten elkarrekin / elkar ez ukitu laztandu gabe. // Behartuta nagoelako soilik / saiatzen naiz ariketa horrekin / eta trobadore fina sentitu, / paperetan bakarrik bada ere. // Larrurik jo ezin badizut, idatz / dezadan, gutxienez, poema bat. / Sexua eta liburuak, biak / ala biak ditut plazer, atsegin.

Simultáneamente

En este anchuroso río de plata
mi capricho consistiría en ser
dos simultáneamente:
quien se aleja en el barco,
y el que, de pie, en el puerto mira el barco,
y mantener a los dos en mí unidos,
para poder sentir simultáneamente,
con los ojos abiertos,
el placer de alejarse,
el placer de quedarse,
llorando porque marcho,
llorando por quedarme.

Traducción de Ángel Erro

Fotografía de guerra

Esas bombas han matado a gente. Me refiero a personas.
Prueba irrefutable de la fragilidad de la carne,

ALDI BEREAN Biak aldi berean izatea / da nire gutizia / zilarrezko ibai zabal honetan: / itsasontzian urruti doana / eta portutik, zutik, / itsasontzia ikusten duena, / eta elkarri loturik atxiki, / aldi bere-berean sentitzeko, / begi irekietan, / aldentzearen plazer atsegina, / gelditzearen plazer atsegina, / negarrez alde egiteagatik, / gelditu izanagatik negarra.

GERRA ARGAZKIA Jendea hil dute bonba horiek. Pertsonak, diot. / Haragia hauskorra den frogarik behinena,

han estallado ojos, se ha derramado sangre,
se han destrozado hígados y demás vísceras
como si fuera obra de *nouvelle cuisine*.

Pero resulta sorprendente la integridad de los objetos:
los zapatos están enteros, no tienen más que polvo,
también se hallan completos los armarios y las camas,
las sábanas tintadas en rojo, con pocos rasguños,
no todos los cristales se han roto, sólo algunos,
y el espejo se diría que acaba de ser comprado,
las alfombras enteras, sólo polvo, y de nuevo
sangre coagulada sobre la superficie de todas las cosas.

Es cierto que las paredes están derruidas
y que hay un agujero en el techo, por donde entró
la bomba. El resto de objetos potencialmente frágiles
ahí siguen en pie. Polvo y sangre por todos lados,
obviamente, no podía ser de otra forma, pero
los albañiles podrían reconstruir sin muchos problemas
aquello que ya no pueden arreglar los médicos.

Traducción de Ángel Erro

---

begiak urtu egin dira, odola isuri, / gibela eta beste errai guztiak desegin, / sukaldari berrien eskuetan bezalaxe. // Baina harrigarria da gauzen osotasuna: / zapatak osorik daude, hautsa baino ez dute, / armairuak eta oheak ere osorik hor, / izarak gorriz tindaturik, zarpaildura gutxi, / kristal guztiak ez dira apurtu, batzuk soilik, / eta ispiluak erosi berria dirudi, / alfonbrak osorik, hautsa eta, berriro ere, / odol bildua soilik gauza guztien gainetik. // Egia da hormak suntsiturik daudela eta / sabaian zulo bat, bonbak hartu zuen bidea, / dagoela. Gainerako gauza hauskor guztiak / hor ikusten dira bizirik. Hauts eta odola / edonon, jakina, ezin bestela izan, baina / errazki konponduko lukete igeltseroek / medikuek jadanik konpondu ezin dutena.

Inmortalidad

Asisto a una lectura de poemas
sentado en la última fila, en la oscuridad;
el poeta utiliza dos lenguas:
una de ellas la entiendo bastante bien,
incluso palabras difíciles como *inmortalidad*,
siendo científicos,
el noventa y cuatro por ciento;
en la otra lengua solo entiendo algunas palabras sueltas,
televisión, pedofilia, Farenheit, polémica, parque.
El poeta, es decir, el que está leyendo,
es un buen actor, pone caras raras,
sabe modular la voz,
hace largas pausas silenciosas,
a veces se rasca el cuello,
bebe algo, creo que vino blanco,
y fuma;
nosotros, el público, no podemos fumar,
él sí, al fin y al cabo es el artista.
Se me va la mirada, la pierdo, en las sillas, no son muy viejas,
siendo científicos,
de la década de los ochenta,

HILEZKORTASUNA Poema irakurketa batean nago / azken ilaran eserita ilunpetan, / bi hizkuntza erabiltzen ari da poeta: / haietako bat arras ongi ulertzen dut, / *hilezkortasun* bezalako hitz zailak ere bai, / ehuneko laurogeita hamalau, / zientifikoak izateko; / bestean hitz solte batzuk baino ez, / *telebista, pedofilia, farenheit, polemika, parkea*. / Poeta, irakurtzen ari dena alegia, / aktore ona da, aurpegi arraroak jartzen ditu, / ahotsa modulatzen badaki, / isilune luzeak egiten ditu, / lepoa hazkatzen du noizbehinka, / zerbait ari da edaten, ardo zuria uste dut, / eta erretzen du; / guk, publikoak, ezin dugu erre, / berak bai, artista da azken finean. / Begirada galtzen dut, galtzen zait aulkietan, ez dira oso zaharrak, / laurogeiko hamarkadakoak, / zientifikoak izateko,

son negras y amarillas, no sé si esa combinación me gusta mucho;
hay un perro echado en un rincón,
ni muy lejos, ni muy cerca,
lo miro y él me mira a mí, mueve el rabo,
levanta las orejas.
¿No vendrá ahora hacia donde estoy yo?
Es una performance no prevista por mí o por el poeta.
Las paredes, recién encaladas, son viejas, muy viejas;
hay arcos anchísimos
y el techo es abovedado,
siendo científicos,
del siglo dieciocho.
Los poemas se deslizan
por las sillas, el perro y las paredes sin manchar nada.
Cuando termina la lectura
tomo un libro del poeta y leo algo.
Dice que el mundo está mal y en decadencia.
Pienso que tiene razón
y que mi madre estaría de acuerdo,
pues le he oído muchas veces decir
que el mundo está mal y en decadencia,
y, siendo científicos,
todos tenemos derecho a escribir malos poemas.

horiak eta beltzak dira, ez dakit konbinazio hori gustatzen zaidan; / zakur bat etzanda dago bazter batean, / ez oso urrun, ez oso gertu, / begiratzen diot eta berak niri, buztana astintzen du, / belarriak altxatu. / Ez da nigana etorriko orain? / Performance hau ez da poetak eta biok prestatua. / Hormak, zuriz margotu berriak, zaharrak dira, oso zaharrak; / arkuak daude, zabalak, oso zabalak, / sabaian gangak, / hemezortzigarren mendekoak, / zientifikoak izateko. / Poemak aulki, zakur eta hormetatik / irristatzen dira ezer zikindu barik. / Irakurketa bukatzen denean / poetaren liburua hartu, eta zerbait irakurtzen dut. / Mundua gaizki dagoela dio, eta gainbehera. / Arrazoi duela pentsatzen dut, / eta ama ados egongo litzatekeela, / askotan entzun baitiot berari / mundua gaizki dagoela eta gainbehera, / eta denok poema txarrak idazteko eskubidea dugu, / zientifikoak izateko.

De repente quiero ser silla, perro o pared,
el romanticismo tiene mil caras
y ya sé que eso es falso,
que soy un ser humano
y que este es mi mundo,
que está mal y en decadencia,
pero qué queréis,
el mundo está mal y en decadencia
y las sillas, el perro y las paredes
no son inmortales,
ni, siendo científicos,
quieren ser inmortales.

Traducción de Ángel Erro

Los rostros de los muertos

Mientras que el orador habla de una persona
reconocida, se proyectan fotos
sobre una pared justo detrás de él:
la casa donde nació, las ciudades,

Aulki, zakur edo horma izan nahi dut bat-batean, / erromantizismoak mila aurpegi ditu / eta badakit hori faltsua dela, / gizaki bat naizela / eta hau dela ene mundua, / gaizki doana eta gainbehera, / baina zer nahi duzue, / mundua gaizki doa eta gainbehera, / eta aulkiak, zakurra eta hormak / ez dira hilezkorrak, / eta ez dute hilezkor izan nahi, / zientifikoak izateko.

Hildakoen aurpegiak   Hizlaria pertsona ospetsu bati buruz / hitz egiten ari den bitartean, / argazkiak agertu dira atzeko horman: / jaiotetxea, hiriak, lagunak,

los amigos, muchos desconocidos,
pero la mayoría demasiado
conocidos, inevitablemente
forman parte de una mitología
ya cotidiana. Creo que he empezado a aburrirme,
pero inesperadamente el cadáver
aparece sobre el muro,
y, acto seguido,
su rostro muerto.

Después de estremecerme,
siento todo el cuerpo paralizado.
En el rostro de un famoso lejano,
en aquel rostro exánime,
he podido ver tu rostro de muerto,
y he sentido deseos de llorar
como si estuviese en tu velatorio,
como si no hubiese pasado el tiempo
desde tu muerte.

Tus dos ojos sellados,
los labios descarnados, la frente macilenta,
la eterna quietud de todos tus rasgos
aquel día, por siempre, me mostraron
la verdadera esencia de la muerte.

ezezagunak asko, / baina gehienak ezagunegiak, / gaurko mitologian / zati ezinbesteko. / Aspertzen hasi naizela uste dut, / baina bat-batean famatuaren hilotza / agertu zaigu horman / eta gero, segidan, / haren aurpegi hila. // Dardararen ostean / zurrun gelditu zait gorputz osoa. / Pertsona ospetsu urrun baten aurpegian, / aurpegi hil horretan, / zure aurpegi hila ikusi dut, / eta negar egiteko gogoa izan dut / orain zure gaubeilan egongo banintz legez, / urte asko ez bailitzan igaro / zure heriotzaren egunetik. // Zure begi itxiek, / zure ezpain kolorgeek, bekoki zurbilak, / hazpegi guztien betiko geldotasunak / erakutsi zidaten / egun hartan, betiko, / heriotzaren izaera egiazkoa.

Cuando vi los restos de una tía,
la cara solamente,
volví, otra vez, a ver tu cara, padre.

Cuando vi los restos del tío,
la cara solamente,
volví, otra vez, a ver tu cara, padre.

Cuando vi los restos de mi amigo,
la cara solamente,
volví, otra vez, a ver tu cara, padre.

Ahora ya sé
que en el rostro de cualquier fallecido
siempre me encontraré tu rostro, siempre,
y que en el rostro de todos los muertos
siempre me estará buscando tu rostro.

Traducción de Ángel Erro

Ikusi dudanean izebaren gorpua, / aurpegia bakarrik, / zurea ikusi dut berriro ere, aita. // Ikusi dudanean osabaren gorpua, / aurpegia bakarrik, / zurea ikusi dut berriro ere, aita. // Ikusi dudanean lagunaren gorpua, / aurpegia bakarrik, / zurea ikusi dut berriro ere, aita. // Orain jakin badakit / edozein hildakoren aurpegian / zurea ikusiko dudala beti, beti, / hildako guztien aurpegietan / zurea ariko dela beti nire bila.

Forma

la forma del papel que he elegido (pero no lo he elegido no había otro)
condicionará quizá el poema que estoy escribiendo (pero no he elegido el nombre del poema no había otro)
no será de gran aliento pero los versos son verdaderamente muy largos
el color de la tinta que he elegido (pero no la he elegido no había otra)
la firmeza del bolígrafo que he elegido (pero no lo he elegido no había otro)
condicionará quizá este fragmento que estoy escribiendo (este fragmento entre fragmentos)
olvido el fondo totalmente como el semáforo mi prisa
y mi mente se introduce dentro de la forma repito el sutra del corazón
la forma es el vacío y el mismo vacío es la forma entre la forma y el vacío no hay diferencia
todo lo que es forma es vacío todo lo que es vacío es forma
para qué este afán de descubrir grandes verdades si la gente quiere dinero dinero solamente dinero

FORMA aukeratu dudan paperaren formak (baina ez dut aukeratu ez zegoen besterik) / baldintzatuko du beharbada idazten ari naizen poema (baina ez dut poema izena aukeratu ez zegoen besterik) / arnasa handikoa ez da izango baina lerroak luze-luzeak dira / aukeratu dudan tintaren koloreak (baina ez dut aukeratu ez zegoen besterik) / aukeratu dudan boligrafoaren sendoak (baina ez dut aukeratu ez zegoen besterik) / baldintzatuko dute beharbada idazten ari naizen zati hau (zatien artean zati hau) / edukia ahanzten dut erabat semaforoak nire presa bezala / eta formaren baitan sartzen da nire gogoa bihotzaren sutra errepikatzen dut / forma da hutsa eta hutsa bera da forma formaren eta hutsaren artean ez dago desberdintasunik / forma den guztia hutsa da hutsa den guztia forma da / zertarako egia handiak deskubritu nahi hori jendeak sosak nahi baldin baditu sosak besterik gabe sosak

un ejercicio otro más sin más humildemente me acomodo a la larguísima forma de
   este papel
un juego mientras llega la hora de volver al trabajo dar forma al vacío del tiempo
   perder el tiempo
nada más salvo acaso decir que es otoño
y que escucho los ejercicios aburridos maravillosos formas repetitivas que un vecino
   toca al violín

Traducción de Ángel Erro

ariketa bat beste bat baino ez paper luze-luze honen formari apal atxiki natzaio / jolas bat lanera itzultzeko ordua iristen den bitartean denboraren hutsari forma bat eman denbora galdu / ezer ez gehiago udazkena dela akaso esatea / eta auzoko batek egiten dituen biolin ariketa aspergarriak miragarriak forma errepikakorrak entzuten ditudala

José Ángel Cilleruelo
(1960)

José Ángel Cilleruelo, *Barcelona, 1960*

Escritor, traductor y crítico literario. Su obra poética está reunida en los volúmenes *El don impuro* (1989) y *Maleza* (2010). Ha publicado además *Tapia con mirlo* (2014) y tres colecciones de poemas en prosa. Su obra narrativa consta de cuatro recopilaciones de relatos y seis novelas. Ha publicado dos libros de prosa memorialista: *Barrio Alto* (1997) y *Almacén: dietario de lugares* (2014). Mantiene la bitácora de creación *El visir de Abisinia*.

Poemas seleccionados: «Alfama», *Alfama*; «Funchal», «Praça do Príncipe Real», [Nueve de enero del noventa...], *Maleza*; «Sant Antolí» partes 1, 2, 4 y 5, «Barrio Alto / 5», «Barrio Alto / 7», *Salobre*; «Pinturas / 6», «Descripciones / 4», «Túneles / 1», «Índice / Día de playa», «Málaga», *Formas débiles*; «Trafaria», *Maleza, ciclo completo*; «Autorretrato», «Maleza», *Vitrina de charcos*; «Claro de bosque», «Lugares», *Tapia con mirlo*.

En uno de sus ensayos, Javier García Rodríguez citaba una inteligente opinión de Maite Larrauri: «la formación del sujeto consiste en la configuración de un lugar a partir del cual se puede sostener el discurso» (1999:53). Ese término, *configuración*, es especialmente apropiado para calificar la «operación» que Cilleruelo acometía en la primera parte de su obra, ya que su poesía no se limitaba a citar o apuntar un *topos*, sino a *construirlo*, a consolidarlo mediante un proceso estético que a veces era recreación (como en sus poemas lisboetas de *Barrio Alto*), y a veces –las más interesantes, por su originalidad– creación pura a partir de elementos urbanos diversos, como en *Salobre*, creando una especie de ciudad-tipo, no formada a partir de partes de ciudades, sino de la reinterpretación de conceptos urbanísticos. Cilleruelo *planifica*, no localiza; eso hace a su poesía urbana distinta de otras. En esa etapa predominaba la variedad estrófica y un tono entre estoico y desencantado, amén de una «sentimentalidad (...) sin la presencia de la sentimentalización» (Magãlhaes 1989:12).

La segunda etapa de su obra, que principia en *Maleza* (1995) pero logra mayor consistencia en *Formas débiles* (2004), se vuelve *metacompositiva*; es decir, no sólo metaliteraria, sino más bien crítica o autocrítica con el hecho de *elegir una forma* para escribir y obsesionada con los límites del discurso. Como el propio autor declaró en su día, «Hoy sólo me queda lo que ya tenía: el cansancio y el agotamiento de las formas métricas, la insatisfacción de sus principios e ideales, el desmoronamiento de sus creencias (...). Escribo desde dentro de la agonía de un género exhausto» (2004:1). Cilleruelo ha sido un crítico excelente, y por eso es difícil describir mejor que él mismo la evolución entre *El don impuro*, donde reunía su obra primera, y *Maleza* (2010), volumen que recoge la voz más formada: «La diferencia entre uno y otro ciclo (...) se asienta (...) en su modo de despersonalización. *El don impuro*, como sugiere el título, apela al (...) fingimiento del yo. La influencia que tuvo Fernando Pessoa y la vanguardia despersonalizadora en esta época juvenil es notable. *Maleza*, por el contrario, se plantea la recuperación de la voz perdida del sujeto, pero con la conciencia clara de la imposibilidad de lograrlo. De ahí que el centro temático se desplace de la acción del yo fingido a los objetos que rodean al sujeto real» (2010:219-220). A estas características suma Manuel Rico «una opción estética en la que la mirada realista se veía siempre agrandada (cabría decir *ahondada*) por un tamiz misterioso, como si en cada poema hubiera decidido abrir una pequeña rendija a una incertidumbre mágica, indefinible» (Rico 2015; también A. L. Ginés señaló tiempo atrás que en Cilleruelo «la realidad cobra otra dimensión al pasarse por el filtro de lo mágico, quizás de la ensoñación», 2005:10). En la última época, Cilleruelo desarrolla en Internet parte de su quehacer poético: en el blog *N, S números, sílabas* elaboró un ambicioso proyecto a partir de la estructura del soneto, compuesto por 154 poemas (uno por sílaba del soneto). Intentamos recoger en nuestra selección un pequeño catálogo de todos estos tonos, asuntos y preocupaciones, que habitan una estética cuyo lugar en nuestra lírica bien podría ser resumido con estos versos de *Sortilegio* (1983): «Y sin embargo recorre la acera, / de un extremo a otro, sola».

Alfama

Un hombre es la ciudad en la que vive.
La lluvia fina que traga sus pasos
cuando un sábado vuelve a casa
de madrugada, y estuvo tan cerca y
no fue feliz. Un hombre es la ciudad
en la que viven otros hombres
que conversan con sus palabras,
visten esos cuatro colores
y hasta pudieran ser él mismo.

Funchal

Junto al fuerte, a los pies del muro alto,
un callejón estrecho y pedregoso
desciende hacia la playa.
Las casetas
de baño lo alborozan con sus listas
azules y sus listas blancas. Redes
de pescadores por los suelos, corchos,
y una quilla arrumbada contra el jorfe
como espina del tiempo.
En la mañana
de domingo, radiante, los objetos
disponen su abandono dulce, plácido
ante la cámara.
Unas voces apenas

susurradas, la tos, luego, de un niño,
más abajo el resuello de un durmiente...
algo en la estampa ha detenido el click
pintoresco.
A los ruidos se unen plásticos
y envases rotos en la arena sucia,
y hojas de diario arrugadas, restos
de vino en un rincón, y negras latas
comidas por la herrumbre y por el mar.

Guardo la cámara en su estuche. El lápiz
se apresura a copiar mi autorretrato.

Praça do Príncipe Real

Las ramas del cedro se extienden
por los herrajes como lonas
de una carpa. En una isleta
de la calzada alguien aguarda

que pase su tranvía. Enfrente
no hay niños jugando en la acera
desde que tapiaron las casas
abandonadas. En el mapa

tracé sobre su nombre un círculo:
era una dirección en un impreso.
Medio desnudos corren por la calle,
tras el tranvía, niños de ninguna

parte. El cedro se extiende como un sueño.
la memoria se estanca: el sueño de otro.

Sant Antolí

1
> *Los muertos, los vivos.*
> J.G.

Entre las piedras blancas, se confunden.

Desmoronado tras el aguacero
poco queda del muro que salvaba
el desnivel junto a la ermita en ruinas.

Los niños han bajado dando brincos
por el sendero y de repente algo
les atrae: un avión traza en el cielo
una raya de espuma de afeitar.

Los perros ladran hacia el sol poniente
y hacia las golondrinas, excitadas
por el crepúsculo. Una furgoneta
deja un borrón oscuro en el camino.

Se confunden con la arenisca blanca,
huesos, vértebras... ¿dónde está la muerte?

2

El cementerio forma en la ladera
un rectángulo opaco y solitario.
Por la senda que asciende desde el valle
han pintado de blanco, a ambos lados,
grandes piedras clavadas en el suelo.
Parecen cuentas de un collar de nácar
sobre la piel azul de las encinas.
La verja principal da a un terreno
baldío, en él conversan los domingos
las visitas, en grupos. Tras la tapia,
entre los matorrales, se amontonan
sucias flores de plástico, el papel
de plata de los ramos secos, lazos
vïoletas con frases en latín.

4

Qué, si no, guardaremos de los muertos.
Una palabra –noche– que renace,
un sonido que evoca otro sentido
más hecho. De una hechura imposible.

Qué, si no, guardaremos. De la nada
qué, ¿ni siquiera una palabra: noche?
No me vieron sus ojos ni su oído
escuchará mis voces: ¿qué, por qué?

Al final de la cuesta se ha quedado
la calle sin el suave tintineo
de ruedas al girar. En una esquina,

sujeta con alambre a un murete
de piedra, se ha encendido la farola.
No es que llegue la noche. Es la noche.

5

Nada hay en el fuego que me asuste.
El aire que se inflama y arde avanza
con andares de bruto y deja un rastro
amotinado en el recuerdo.
                        Nada
hay en el fuego que no entienda: trenzas
y cabellos revueltos, un trapeo
de faldas y camisas. El verano,
su luz de tarde entre las vides.
                        Nada
hay que no sepa: las estampas viejas
están sobre la mesa. Era un niño
y miraba su traje azul, sus manos
grandes, la pipa, los sombreros. Luego
tuve melenas a su lado: traje
azul, sombrero, pipa. Por las noches
enmascaraba el silencio.
                        Nada
queda en él, nada entre las llamas que arden.

Barrio Alto / 5

¿Son los domingos tristes manchas
de sol sobre las cosas? ¿Son lunares
amarillos en calles inventadas?
¿Durante los domingos parten trenes
hacia otras vidas? ¿Silban aún las altas
locomotoras al cruzar los sueños?

Los domingos. Cualquier domingo. Un viaje.
Qué más da. Ni siquiera lo contemplan
las estadísticas. Dirán: turistas.
Habrán mentido. A quién le importará.
Un domingo, un cuaderno, unos versos.
Nunca, nada y nadie son lo mismo.
Porque el tiempo, que ha muerto en nuestros brazos,
señalará sólo domingos, muertos
domingos con lunares, manchas, soles.

Barrio Alto / 7

Sin voz el aparato salta
de una imagen a otra, sin sentido,
según el capricho del dedo.
Una ventana encuadra la ciudad.
También le falta orden a este cuadro,
o quizás el sonido áspero
de la noche. Esa voz en falso

de los encuentros fríos. Alguien habla
en la pantalla. Sólo veo gestos.
Nadie pasa frente a las tapias,
salvo los coches incesantes.
La ciudad cabe entera en esas vistas
de hotel de las afueras. Estos ojos
míos van de las luces a la luz
nebulosa, desperdiciada
de una vida. La vida de cualquiera
que al entrar en el cuarto encienda
un aparato frente a la ventana
y aún se resienta de saber quién es.

Pinturas / 6

Un arco para entrar en ningún sitio,
un paisaje de helechos en el mármol,
un capitel sobre la hierba yerto,
una inscripción con la palabra *tempus*.

El pedestal con unos pies descalzos
de la figura que no está, hornacinas
vacías, obeliscos derrocados,
arquitrabes que no sostienen nada.

En arenas que acumulan las lluvias
sobre plementos de las viejas bóvedas
prenden zarzas, higueras y hasta olivos.

Entonces el presente no se ve,
son su símbolo plantas trepadoras
entre muros, pilastras y columnas.

Descripciones / 4

Me he acodado hoy a una ventana
frente a un pequeño bosque de extrarradio:
un círculo de pinos en la loma,
y un desmonte que cruzan catenarias,

postes ferroviarios y las piedras
que siempre lanza la chiquillería.
Zarzas y arbustos sin prestigio cercan
el pinar y almacenan latas, botes,

hierros y el armazón de una nevera
que brilla desde lejos con el sol.
Las grúas de las nuevas construcciones

asoman por encima de los árboles.
Es una pobre imagen, pero vale
hoy por la más hermosa de las vistas.

Túneles / 1

Hay quien lo llama *el túnel*. Un pasillo
que va desde la calle hasta el mercado.
Cuando echa la verja ante sus puertas
el vigilante y apaga luz y rótulos
ya nadie se aventura entre las sombras.
Desde la acera ven moverse motas
encendidas al ritmo de las manos
y oyen risas de lejos si reímos.
Huele a orines y hace frío. Un día
sus labios lo llenaron de caricias.
Por las mañanas abre un carnicero
que por la tarde deja ante el cristal
una hilera de ganchos. Muchas veces
contemplo cómo cuelga ahí la nada.

Índice / Día de playa

1. En la penumbra tibia de la casa.
2. En el misterio del final del día.
3. En el pasmo, en el nácar de las plazas.
4. La luz del ventanal alto y antiguo.
5. La isla del tiempo. La isla acariciada.
6. En el país de las nubes pequeñas.
7. En el deseo de volver a Málaga.
8. En el puente, en la vía azul del tren.
9. *Nas ruas, nos eléctricos, nas estradas.*
10. Un sueño en las arrugas de la piedra.

11. En el último piso de la nada.
12. En la nada de arenas y de vientos.
13. Un silencio de amor sobre los mapas
14. Trece del mes de enero. Año a año.

[Nueve de enero del noventa...]

Nueve de enero del noventa
hoy han muerto unas pocas tardes
Nueve de enero del noventa y uno
de poeta nervioso y joven
Nueve de enero del noventa y dos
en visita de admiración
Nueve de enero del noventa y tres
el azar de un encuentro por las Ramblas
Nueve de enero del noventa y cuatro
o el temblor de un teléfono al sonar

Trafaria

Viejo juglar, el río canta
indiferente a quienes gritan
bailan, exaltan lo que da el presente.
Camina el río cabizbajo,
ensimismado. Ajeno anda el río

al tiempo que en la orilla fluye
el júbilo. Los jóvenes de torso
descubierto que lanzan piedras
a su paso, las niñas pizpiretas
que ya se sueñan alcanzadas.
Y detrás de las zarzas y detrás
de las cañas, de la maleza,
de las barbas del viejo caminante,
los que se abrazan dándose la vida.
Indiferente canta el río,
sonámbulo, aturdido. Ajeno entona
sus monodias. Así, subir al barco
otorga extranjería al viajero,
desgaja, arranca. Envejece.

Málaga

Nada más abrir la cancela se plantaron delante un par de perros. De una casita, a la derecha, salió el guarda, que nos habló –a unos y a otros– en un mismo idioma: «fuch» les dijo a ellos y «yaaa» a nosotros.

La senda asciende por una confabulación boscosa que no disimula su importancia como presagio. Los arbustos ocupan el espacio que descubren los altos árboles y las flores borran las asperezas de la tierra. Sólo quedan al aire esos rectángulos de silencio con nombres y fechas, el índice de personajes de un relato imaginario: la vida.

Tras dejar la cancela cerrada a nuestra espalda, descendimos hasta el paseo marítimo por la calle que corre junto al muro de los juzgados. En un balcón una anciana limpiaba la hojarasca de sus parterres de geranios. La naturalidad de la mañana nos hizo confiados.

Mirábamos, los tres, el mar, en la terraza de un café frente a las playas solitarias de marzo, cuando nos rodeó aquel grupo de chavales. Una niña se adelantó y acercándose a nuestra mesa dijo: «¿qué hago?». Nos tendía las manos juntas y cerradas, y al abrirlas se dibujó en su albura infantil la silueta yerta de un gorrioncillo.

Autorretrato

Un poema es una forma casi siempre oblicua. Como un autorretrato con cámara fotográfica. Entre el sujeto y el aparato, que está en su mano, no hay distancia para encuadrar, ordenar el espacio, favorecer la perspectiva y permitir que actúe la mirada. De hecho, el sujeto no se ve cuando aprieta el botón que congela instantes. Compensa estos defectos del resultado –su oblicuidad– el hecho de que no ha necesitado nada más. Y también porque el visor ejerce la seductora e inmediata función de espejo. El espejo, ya se sabe, obnubila a Narciso, pero a Plotino le revela el alma.

Maleza

Abandona el sendero que ensanchan las acémilas con su tránsito de palabras y se encamina hacia la alberca lírica abriéndose paso entre la maleza. Al poeta le gustaría contemplar reflejado su rostro en el agua. Sobre la superficie flotan hojas, la pinaza que ha arrastrado el viento, un breve remolino de insectos, la invasión de una enramada. Con un palo busca apartar los estorbos, pero sus movimientos sólo consiguen remover viejos lodos y turbiedades. Por más que se esfuerza, no consigue ver en el agua estancada quién es. Abre el cuaderno que ha traído, y dibuja. Poesía, la dicción extraña.

Claro de bosque

En el sendero a veces
cae algún tronco que la hierba acoge
y el musgo hace suyo.

                    Las arañas
plantan su observatorio de silencios
y las larvas excavan sus ciudades.

Cada tronco abatido en la tormenta
se transforma en un canto de los bosques.
Pasan los caminantes sin siquiera

mirarlo. Sus poemas
en cuneiforme de insectos que muerden
la madera se escriben para nadie.

Lugares

Colores que se come
el polvo, y las molduras,
país de la carcoma. Abandonadas
ventanas con cristales

rotos, puertas abiertas
al viento y a la lluvia de diciembre,
reloj con manecillas
muertas, florero inútil,

sábanas blancas sobre la memoria.
Pero cuando las alzo
nada me dice nada,

nunca estuve en la casa cuyas ruinas
habito. En mi presente
ya no queda pasado.

Jesús Aguado
(1961)

Jesús Aguado, *Sevilla, 1961*

Poeta, traductor, crítico literario, antólogo y director de varias colecciones poéticas. Sus últimos libros son *El fugitivo. Poesía reunida 1985-2010* (2011), *La insomne. Antología esencial* (2013), *Sueños para Ada* (2014) y *Carta al padre* (2015). Ha vivido en Sevilla, Málaga, Benarés (India), actualmente reside en Barcelona.

Poemas seleccionados: «Las ardillas», *Los amores imposibles*; «Las metamorfosis de Ovidio», *Libro de homenajes*; «Hormigas en el cielo, iii», *Hormigas en el cielo*; [todos quieren lograr ese botín...], «Lección de metafísica», *El fugitivo*; [Como el que acecha a un tigre...], *Vikram Babu*; [Lo que dices de mí...], [Todo lo que decimos inaugura distancias...], *Lo que dices de mí*; «Enredar», *Verbos*.

Hemos escrito ya mucho sobre Jesús Aguado, especialmente en el prólogo a *El fugitivo. Poesía reunida (1985-2010)*, publicado en esta misma editorial, así que expondremos sintéticamente las características más sobresalientes de su obra. En primer lugar, señalaríamos su condición metanoica, cambiante, a la que ha aludido el propio autor en alguna poética (2009:560), mutabilidad que no sólo afecta a la variación constante de registros, tonos y temas, sino a su vocación de volver a los mismos textos, ya sea para borrarlos (*Primeros poemas del naufragio*), retocarlos (*Mi enemigo, Vikram Babu, Lo que dices de mí*) o reescribirlos (hay dos versiones de *El fugitivo*, por ejemplo; la segunda, de 2009, consigue con trece poemas cambiados y cuatro eliminados hacer un libro mejor y más maduro, eliminando las escasas facilidades de la primera de 1998). En otros casos, la pulsión de retoque de Aguado le mueve a reordenar o barajar los poemas de un *corpus* metamórfico, cuya fluctuación se complica por la diversidad y rapidez de edición de libros y *plaquettes*.

José Ángel Cilleruelo ha señalado en su prólogo a *La insomne*, antología de la obra de Aguado, que a partir de *Lo que dices de mí* «su poesía abandona el gusto por la descripción chispeante e imaginativa y se adentra en la densidad de lo esencial» (2013:18), a través de una reflexión más meditativa. Si en la primera parte de su poética, en efecto, las innumerables variaciones formales, rítmicas, versales y estróficas denotaban una desconfianza en las líricas heredadas y en las posibilidades del lenguaje, la última parte de su trabajo, desde *Heridas*, parece volcarse en la desconfianza sobre la vista, sobre la dictadura de la mirada y lo visual, intentando buscar en lo interior unos ojos que no se engañen con el velo de Maya de lo real. Esa referencia india, ya apuntada por Schopenhauer (1996:200), no es inoportuna en un poeta transido tanto vital como culturalmente por sus experiencias en la India, lo que amén de enriquecerle a través de la traducción de algunos poetas indios, le ha dotado de una cosmovisión singular, cruzada de referencias occidentales y orientales, con pocos parangones en nuestra lírica.

Aguado es un poeta telúrico, con una poética de la sangre y el deseo que a veces se desborda en largos poemas visionarios, como *Lo que dices de mí* o «*Las metamorfosis* de Ovidio», y otras en delicadas miniaturas (haikús, fragmentos, poemas infantiles) de honda sensibilidad. La presencia velada de textos filosóficos o míticos nunca es óbice para la presencia constante de emociones y de fibra humana. En ocasiones la voz autoral se presenta mediante un tono confesional, y disfrazada en otras de personajes diversos. Sin embargo, como ha apuntado con agudeza Juan Bonilla, Aguado «no es un ventrílocuo (...) la voz suya y reconocible se adapta a esos otros que se propone ser para ser más que uno mismo: náufrago, sabio, indio, mendigo» (2008:10-11). Resumir o antologar la poesía de Aguado es, en consecuencia, una labor casi imposible, por su vasta extensión y la inagotable variedad de formas, temas y tonos; esperamos que la selección ofrecida tome la forma de un hermoso y representativo fracaso en ese empeño.

Las ardillas

Su condición es estar quietas, pero
les gusta hurtarse a la mirada de los hombres: los ojos
de los hombres no entienden la quietud de una ardilla,
que no es la de un objeto pero tampoco la de un ser
que exista trascendiéndose. Sus carreras, sus saltos
son el juego del tiempo que transcurre.
Mas cuando están inmóviles no hay tiempo:
no estoy yo, ni la tarde es brumosa, ni se desliza
ese barco cargado de arena por el río.
Si el cuerpo de una ardilla se detiene de pronto,
ya no es ella: eres tú si la contemplas perfectamente vivo,
como el agua en el agua.

Las metamorfosis de Ovidio

antes de comenzar fui una llanura
sus caballos salvajes y sus lagunas frías
sus regueros de estrellas y planetas
que en fila se dirigen a trabajar al cielo
sus hormigas que al alba regresan a sus hoyos
cargando las elípticas los giros regulares
atesorando fórmulas para el tiempo del caos
antes de comenzar cuándo fue aquello
y por qué una llanura y no una cordillera
por qué caballos no muflones
por qué lagunas en vez de saltos de agua

antes de comenzar también fui el eje
de un viejo carromato manejado por nadie
la tempestad de arena que lo volcó el chirrido
que hacen las ruedas cuando giran
los buitres que se posan en su fleje herrumbroso
y se atusan las plumas aguardando a que nazca
entonces de repente soy un cactus
una deflagración de espinas
esta carne sin sed que avanza por el páramo
husmeando a las hienas
y las minas de zinc abandonadas
buscando al que será para darle su leche
y la inmovilidad que es la flor del vacío
soy un cactus que busca al que seré
preguntando a las larvas y a las víboras
al torcecuello a la mangosta
al alacrán al zorro a la iguana al milano
con preguntas que pesan como un menhir que están
situadas allende la conciencia
un cactus que se mella las puntas con un bote
de hojalata y de pronto se transforma
en un niño que juega a las canicas
en un solar
atestado de escombros
pero quizás no sea un niño
sino un grupo
todos los niños de este barrio
que comen duermen chillan defecan y destrozan
una constelación de niños
girando la peonza subiéndose a los árboles
dejándose rodar por los taludes
al fondo de los cuales les aguarda
esa botella rota que es la vida

un niño que en efecto da vueltas y más vueltas
él mismo una bolita de cristal que ha impulsado
con infalible puntería el tiempo
soy un niño por tanto que vuelve a ser un cactus
soy un cactus que vuelve a ser llanura
de nuevo soy un cactus de nuevo soy un niño
y sigo dando vueltas y más vueltas
hasta que al fin me frena la pata de una cama
y escucho una estampida de cuerpos desbocados
el tintineo del quinqué y del aguamanil
el balanceo de ese espejo con apenas azogue
en cuyo fondo vese
dos glúteos una mano un pecho medio rostro
luego las corvas luego
una espalda surcada por un cabello rubio
luego un puño crispado
luego un cactus y luego una llanura
luego tan solo una cerilla y una araña en el techo
sigo al pie de la cama
y hasta que ella no me nombra cariño pásame las medias
no sé que soy las medias negras de esta mujer
océano de nylon para dos tiburones
precipicio de nylon para manos suicidas
nubes de nylon para arcángeles músicos
humareda de nylon para facilitar
que se escapen ladrones asesinos sonámbulos
cariño pásame las medias pero el hombre
sacude la ceniza del cigarro
y travieso me arroja hacia la calle
con un gesto de rama que azota el vendaval
me arroja hacia la calle por la ventana abierta
y mientras cruzo el cuarto les veo en el espejo
un pellizco una nuca veinte manos un codo

luego me quedo ciega al pasar el alféizar
soy una media negra que desciende en la noche
un remolino negro que se duerme en el aire
algo negro que cae durante varias vidas
un agujero negro que amenaza engullirse
las naves los cometas mis palabras la luz
mas que se posa lento y dulce
sobre un papel en blanco
sobre un papel en blanco sobre el cual aterrizan
las letras con su negra procesión
de hormigas voladoras que regresan al llano
para contar el orden que reina en las estrellas
cariño pásame las medias dice el texto
un agujero negro dice el texto
un cactus dice el texto
una llanura dice el texto
el texto dice el texto
yo soy el texto dice el texto
mas quién es yo si he sido tantas cosas
llanura cactus niño medias texto
y el texto dice yo me golpea las ingles
me aplasta las falanges me desencaja el húmero
apaga cigarrillos en mis plantas
pero nadie confiesa
y un mango de cuchara me revienta los ojos
tu puta madre chilla el texto empapado en sudor
dónde está yo se desgañita el texto
conecta el electrodo a mi sexo sonríe
empuja la palanca y justo entonces
el texto dice yo y se desvanece
estaba torturándose a sí mismo
preguntando por sí a una imagen de sí
el texto dice yo y se desvanece

Hormigas en el cielo, III

A Aristóteles, musculoso y sediento de sangre,
un espartano del pensamiento,
le pasa entre las piernas,
sin él reparar en ello,
una hormiga
que es, en realidad,
el alma sobre la que estaba indagando
con metafísica y belicosa concentración.

El alma y el origen del arte
(la palabra, el tejido),

el hormiguero sucesivo de obras que,
al desparramarse por el mundo,
lo crean rescatándolo del caos y la indigencia.

Industriosidad del alma, que se multiplica
(miles de millones de hormigas)
para seguir siendo una
(el hormiguero es un cerebro puesto a la vista,
como ahora afirman, o al revés, los neurólogos,
que han descubierto que
las neuronas organizan sus funciones como las hormigas sus
    tareas).

[**todos quieren lograr ese botín...**]

todos quieren lograr ese botín
del hilo que me lleva de la mano
ponerle a trabajar en sus minas de tiempo
obligarle a empujar las vagonetas
que van a rebosar de vestiduras
de leyes y tratados de nombres y de cifras
de recuerdos pinchados de un corcho
de estrellas enhebradas entre sí
como ristra de ajos monedas de agujero
o cuentas de bisutería soy

Lección de metafísica

Lo que existe parece que no existe
porque tú lo has tocado ser adentro,
porque tú lo has tocado beso adentro
con la nerviosa lengua de la nada.

Me palpas con tus manos infinitas
(no son manos, lo sé, sino estallidos:
el tiempo que no llega nunca a tiempo)
y se borra mi cuerpo, y al borrarse
por fin se hace visible: un signo cero
suspendido en el aire entre nosotros.

Me piensas con tu boca y con tu sexo,
esos dos silogismos refutables,

esos dioses borrachos que han perdido
la pizarra o azar donde escribirme.

Y al pensarme me restas, me haces menos,
me deshaces, me viertes al vacío,
en entregas al no ser
y maniatado.

Parece que no existo por tu amor
porque tu amor me funda, es el origen,
ese punto o lugar donde está todo
(también lo que no está: tu ausencia: nada).

Tu cuerpo me hace náufrago, un islote
que el cosmos ignorase, un meteorito
tachado de los mapas y los ojos,
nave sin un planeta al que volver
que fuera disolviéndose en lo oscuro.

Tu cuerpo hace que exista lo que existe:
tu cuerpo hace imposible lo que existe.

Lo que existe parece que no existe
porque tú lo has dejado sin besar.

Parece que no existes porque tienes
unos labios carnosos y unos dedos
que dibujan el mundo.

Nada y todo
se abrazan en tus piernas cuando salen
a respirar del fondo de tu mente.

Me piensas con tu nuca y con tu ombligo,
me piensas con tus huesos y tus músculos,
me piensas con las sillas de tu casa,
me piensas con el agua y el jabón,
me piensas con los árboles del bosque,
me piensas con tus heces y tus gritos,
me piensas no pensándome y pensándome.

Me piensas, no me piensas: es lo mismo.

En ti me piensa el tiempo y me piensa el espacio.

Me piensan las paredes de este cuarto,
me piensan con la cal y con las manchas,
me piensan con la sombra de mi cuerpo.
Y al pensarme me borran, ya no estoy
y ya no queda nadie en este cuarto.

El amor es un cuarto que no existe
donde duerme a resguardo lo que existe.

Me piensas con el ser, con el no ser,
me piensas con los números caídos
del portal de la casa donde vives,
me piensan tus jadeos, tus dos gatos,
el barro de las ruedas de tu coche,

me piensan tus palabras cuando callan
y ya no son palabras sino cuerpo.

Busquemos el silencio para amarnos.

Dejemos de pensar, de ser nosotros.

Entre el ser y la nada una rendija
que no les pertenece, una tierra de nadie,
la madriguera de la vida.
No me pienses y escribe nuestro amor
en la tierra de nadie del poema.

[Como el que acecha a un tigre...]

Como el que acecha a un tigre
disfrazado de tigre:
aterrado, al toparse con él pierde sus armas,
pero el tigre se alegra de encontrar compañero
y le obliga a seguirle
                    y a integrarse en el grupo.

Al poco experimenta grandes cambios:
se endurecen sus músculos, se vuelven más flexible,
saborea con gusto la sangre de las víctimas.
Ninguno en la manada sospecha la impostura.

Pero al cabo de un tiempo
                la piel de su disfraz
le parece gastada
        y sucia y vieja,
y para obtener otra vuelve a acechar a un tigre,
le muerde en la garganta hasta matarle
y le arranca la piel
y se viste con ella.

Luego vuelve a la cueva satisfecho
y a unas crías reparte lengüetazos

Vikram Babu pregunta:
                    ¿no da miedo?

[Lo que dices de mí...]

Lo que dices de mí:
un extraño camino que nunca he recorrido,
un camino que enlosan tus palabras
y que si miras bien se corresponde
con una de las líneas de tu mano.

Lo que dices de mí
                  eres tú misma,
eres tú de repente bifurcada,
una parte de ti que se queda a tu lado,
otra parte de ti que se viene conmigo.

Lo que dices de mí va borrando mis huellas.

Lo que dices de mí me prepara emboscadas.

Lo que dices de mí
es saliva y es tierra que amansas para darme
figura de caballo, figura de montículo,
figura de lunar, figura de tu espalda,
figura de cualquiera de mis dedos
cerrando uno por uno todos tus orificios

(más saliva y más tierra que coges para darme
figura de cabaña, figura de murciélago...).

Lo que dices de mí
es mentira que acierta a decir la verdad.

Lo que dices de mí
se acuesta junto a mí donde estaré,
se acuesta junto a un hueco que llama por mi nombre
y al que besa y aplasta hasta que nazco.

Lo que dices de mí
es telaraña, es red, pero tú no la tensas,
pero nadie la tensa pues nadie está al acecho,
es red, es telaraña frenando una caída
que no se ha producido.

Lo que dices de mí me desconoce
del modo más perfecto imaginable,
me desconoce más que el desconocimiento
que me tienen las vetas de una mina,
que me tienen los kraken,
que me tienen las aguas cenagosas,
que me tienen los cientos de tejados
que guarda el huracán en su gruta secreta.

Lo que dices de mí se va probando mundos.

Lo que dices de mí me multiplica.

Lo que dices de mí estira mis pulmones,
catapulta mis ojos,
despierta a los caimanes de mi sangre.

Lo que dices de mí me acelera y me vuelve
más lento.

Lo que dices de mí no lo dices de mí,
no lo dices siquiera, no soy yo,
es raíces de un árbol cuya fruta
se deshace en tu boca y la refresca,

es un malentendido que tu voz
provoca en nuestro sexo
(el fosfeno y la noche es lo que dices
cuando dices de mí no importa lo que digas).

Lo que dices de mí no son tus opiniones,
es el dulce apagón de la conciencia,
es la locuacidad de los que existe,

es un puente colgante entre nosotros,
son ardillas que roen las cuerdas de ese puente,
son cáscaras de nuez, un arca abandonada,
maderos embreados que alimentan el fuego
de un náufrago asustado.

Lo que dices de mí
es estaca que busca
con avidez al ávido corazón de ese muerto
que ronda mis castillos y se duermen en sus sótanos,
ese muerto no muerto que llamamos amor.

Lo que dices de mí no necesita
de mí para encontrarme.

Lo que dices de mí no se viene conmigo
a menos que yo firme una página en blanco.

Lo que dices de mí lo dices simplemente
con estar en el mundo, lo dice tu deseo,
esa energía pura que hace pasar las nubes.

Lo que dices de mí
obliga al horizonte
a tenderse a tus pies y lamerte sumiso.

Lo que dices de mí se escribe en las paredes
con tizones calientes de tus muslos.

Lo que dices de mí
es la jaula y el mapa
en el acto preciso de aprender
a vendarse los ojos y saltar al vacío.

Lo que dices de mí me pone en marcha,
un loco mecanismo
de huesos astillados como sables
que va retando a duelo a todos los que dicen
que nunca has dicho nada de mí, que estás callada,
que un mutismo feroz te ha comido la lengua.

Lo que dices de mí
es manada de lobos
hambrientos y atrapados en páramos de nieve
que se devoran entre aullidos.

Lo que dices de mí me traduce a un idioma
que aún no conocemos.

Lo que dices de mí me resucita.

Lo que dices de mí:
una orquesta sonámbula
de músicos que tocan concentrados
y miran sin rencor sus partituras
mientras todo el pasaje
abarrota los botes salvavidas.

Lo que dices de mí me deja solo.

[Todo lo que decimos inaugura distancia...]

Todo lo que decimos inaugura distancia, / estructura de modo distinto lo que somos / y nuestra relación con lo que existe, / cambia de decorado y cambia de guion, / modifica el sentido de las leyes / y nos hace asumir actitudes y fines / que antes ni siquiera imaginábamos.

Por eso las palabras nos escriben, / es decir, nos tornean, nos labran nos dibujan. / Para ser más exactos: las palabras, / lejos de ser pasivos instrumentos / en nuestras manos, son gigantas poderosas / (desde aquí puedo ver el grosor de sus músculos, / sus ojos inyectados, la determinación / que demuestran sus gestos) que nos usan / como materia prima para hacerse sus casas.

Las palabras nos hablan, las palabas / nos habitan. Por eso decir lo que nos dice (o hablar lo que nos habla, callar lo que nos calla, / escribir lo que escribe nuestra vida) / es mucho más que un acto / de aceptación de la existencia; es / poner una semilla en la palabra / para que diga lo que somos; es / seducir la palabra y penetrarla / para que nos alumbre y nos lleve a su casa: / y nos lleve a una casa que es la nuestra.

Frente a todos aquellos / que están donde no están y no están donde están, / frente a todos aquellos que al vivir / en una casa ajena en realidad / habitan una cárcel, / la poesía y el amor nos hacen / libres para elegir una casa y un mundo / y nos dejan abiertos para ser elegidos / por la casa y el mundo que elegimos.

Y cuando afirmo «todo lo que decimos» quiero / decir lo que decimos con sentido: / aquello que se dice por medio de nosotros / (la poesía y el amor, la luz / y los bosques y el mar, la nada y el olvido...), / aquello que bautiza las medidas del mundo / (rediseña la planta de la casa), / aquello que le da al mundo otra apariencia / sin por ello impedir que siga intacto, / aquello, en fin, que afirma lo que es / en vez de destrozarlo, de ignorarlo, / de pasar a su lado con los ojos borrándose.

Enredar

se entretiene mi mano en tu cabello
y ya no sabe regresar a mí

Esperanza López Parada
(1962)

Esperanza López Parada, *Madrid, 1962*

Poeta, ensayista y docente. Es autora de cuatro libros de poemas, todos ellos publicados en la editorial Pre-Textos: *Los tres días* (1993), *El Encargo* (2001), *La rama rota* (2006) y *Las veces* (2014). Profesora titular de literatura hispanoamericana en la Universidad Complutense de Madrid, ejerce habitualmente la crítica literaria y ha traducido la poesía de Saint-John Perse y Jules Laforgue.

Poemas seleccionados: [Ni el amor enlaza...], «Estela de Aristion», «Estela de marino», *Los tres días*; [Un lunar en la espalda...], [Hay secretos...], [No había luna...], [No es posible distinguir...], *El encargo*; [ardemos en una hoguera...], [Una y otra vez...], [Quizá esa marca...], [morías...], [En el paseo...], *Las veces*; [Encontré un papel...], [Todo lo que se ama...], [Entre el relámpago...], [Estamos demasiado ocupados...], *La rama rota*.

Unos versos de *Las veces*: «y no había épica alguna, / sólo una mínima historia» (2015:15), propician un acercamiento a la poética singular de López Parada, una poeta que pese a llevar con discreción una existencia centrada en la academia, suele aparecer con regularidad en los recuentos de poesía reciente. Con principio en una «prehistoria» poética de tres plaquettes, sus libros de poemas desde *Los tres días* (1994) suelen partir de uno o varios elementos biográficos que han ido desvistiendo su anécdota personal (algo que une esta lírica con la de Antonio Méndez Rubio), convirtiéndose en pequeños relatos narrados con deliberada contención y renunciando al hallazgo fácil (lo que la hila con la poética de Olvido García Valdés), con un tratamiento poético basado en la concentración extrema de elementos: «el poema sería entonces ese idiolecto que formula sus reglas a la vez que las practica para el acto solitario que él pone en escena» (López Parada 2009:26). Esto no provoca, como podía pensarse, una especie de minimalismo expresivo –aunque formalmente pueda parecerlo–, sino todo lo contrario, una poesía de viva expresividad, lograda a través del pulimiento extremo de unos materiales a los que el tiempo y el trabajo de desbastado han sabido sacar todas sus posibilidades.

Por ese motivo el tiempo, la distancia temporal entre el hecho y su rescate poético, es una de las claves centrales de la poesía de López Parada; un tiempo que no está aludido mediante metáforas épicas ni gastadas por el uso de la tradición, sino a través de precisas menciones cuya inteligencia se apoya en el estudiado uso de un lenguaje aparentemente común al que se le ha devuelto su potencialidad plena, ya sea mediante la espacialización del tiempo de la muerte («Llevas una amapola sujeta en el pelo / porque confundes letargo / con el lugar donde vas», 1994:38; «ese cuerpo lavado / y vestido para otro lugar», 2015:37) o mediante la revisión de los símbolos tradicionales: «¿no es la ceniza la savia conclusa del tiempo?» (2015:21). Por eso no estoy de acuerdo con Pérez Leal cuando dice que «la poesía de Esperanza López Parada es de naturaleza elegíaca» (2015:402), porque creo que su obra no canta a lo perdido, sino más bien a lo *recuperado*, a la enseñanza o legado que el tiempo nos deja; en parecidos términos dice Antonio Ortega sobre *Las veces*: «ni elegía, ni retrato, ni recuento biográfico (...) es fruto de la necesidad de hacer presente en el poema esa figura materna ya ida» (2015). Sí coincido con Pérez Leal cuando apunta que es una obra «a menudo áspera, que hunde sus raíces en la realidad y las limitaciones de la existencia humana para hacerla rebotar mediante palabras que sueñan recuperar el poder sanador de los conjuros y las oraciones» (*ibídem*). Ese lenguaje oracular se logra mediante un despojamiento que no es incompatible con la reverberación entre palabras, que parecen musitarse unas a otras sentidos inexplorados, creando un tejido tembloroso de signos. Considerada a veces como metafísica (Balcells 2007:116) y a veces como nihilista (Morales 2008:247) por su falta de concesiones, la obra de López Parada muestra una radical tranquilidad bajo la cual, como dice uno de los poemas seleccionados, asoma el fuego.

[Ni el amor enlaza...]

Ni el amor enlaza ni reúne el amor ni comunica
ni levanta pueblos ni lechos ata ni mezcla naciones.
Un punto me adormezco y al punto me desvelo.
Cuando él marchó, quedó la tierra pobre, extrema
y sin una ventana.

Estela de Aristion

De entre todos él fue el herido,
nadie se sintió más lentamente traspasado.
Un ruido muy fino le entró por la boca.
La lanza se sostuvo en un sitio pequeño.
En un momento le vimos parecer una insignia
o una cosa con aire, un abierta bandera.
El metal sabía a mil y crujieron los dientes.
Extendió sus hombros hasta hacerlos muy tristes.

Estela de marino

Me veis suave, inclinado sobre lo que me acaba.
Mi cuello se sumerge y mi cuello lo mira.
A veces uno pelea con su verdugo así,
Durante meses. Me veis contemplándole.
Y aunque nada termine con esta doble hora,
Me observáis feliz asomado a mí mismo,
Feliz y entero en la tierra o en el otro sepulcro.
Y el mar en la espalda respira transparente.

[Un lunar en la espalda...]

Un lunar en la espalda del que hereda
Las muescas del náufrago en el leño
La cuenta que el preso lleva de los días
Significa lo mismo la señal en el muro
El ramo de laureles en el balcón atado
La ceniza en la frente de los miércoles
La muerte asomada a la hora del vivo

[Hay secretos...]

Hay secretos que no se cuentan.
La palabra no es ojo y menos es mano
ni cuello ni nave alta que transporte
hombres. La palabra no cosecha,
no cruza ríos ni desembarca en ellos.
La palabra es como un mantel de flores
en desvaído tergal de otra época,
un mantel viejo y sin apenas apresto
que a diario se saque y luego se pliegue,
que se use al almuerzo y cuyo trabajo
resulta mejor si en nada destaca,
si no se nota que está sobre la mesa,
todo extendido y cubierto de dones,
fruta, pan, carne. Una frágil membrana
entre el mundo y el mundo.

[No había luna...]

No había luna. Parecía a punto de llover.
En el patio ondearon las sábanas tendidas,
eran una envoltura destinada a nosotros.
Un fantasma de lo que ha de venir.
Alguien pidió que lo acompañásemos.

Por un lado reclamaba la voz y, por otro,
sin unirse del todo, sonaba lo pedido.
Salimos vadeando la tormenta y pensé
en aquella frase tan desdoblada y floja
si no la dicen hombres con nueva gramática.
Oímos muchas cosas en el mensaje del ángel.
La oración en el cielo funda un malentendido.
La lluvia cae siamesa sobre ropa mojada.

[No es posible distinguir...]

No es posible distinguir entre un ángel
y un halcón, cuándo los dos se abaten.
Un solo misterio nos coge por el cuello
y viene sin casi sombra, haciendo ruido.
Se derrama algo y fructifica en la cuneta,
la siembra sin embargo resulta azarosa.
Somos almas que vinieron a menos.
La encarnación no es sino un precipitado,
sangre que se bajó, asustando a los niños.
Con un silbo el mundo entra en el mundo.
Con un hacha implacable se clava la letra,
El alfa y el omega, la vertical del salto.
Se nos concibe en guerra con el cielo.

[ardemos en una hoguera...]

ardemos en una hoguera interior de ardorosa madera
somos atormentados pedazos de una concentración
como se padece un endurecimiento de piedra gris
a cada chispa se quema el despojo dejado de la minería
toda esta negrura todo el acarreo toda esta crepitación
todo este trabajo hacia adentro este revuelto ojo
para que a través de nosotros asome el fuego

[Una y otra vez...]

Una y otra vez sobre la página cieno
las palabras se extraen como carbones
costosos, se juntan las letras como
carros, piezas de horizonte que porten
una riqueza sentida. Ahora no se hace
así, pero antes las madres enseñaban
a leer, abrían la vida y su despojo,
armaban la banda de carga en la rueda
y reunían los hilos de dos significados,
ellas llevaban hacia lo alto la poderosa
sintaxis de la cueva, conocían las líneas
ralas donde se mezclan con el cielo.

[Quizá esa marca...]

Quizá esa marca fue dejada por ti
para nosotros mucho tiempo antes
de que ese signo estuviera previsto
en el alba del orbe, un adiós esbozado
y previo incluso a tu saludo.
Lo harías para atrás, recolectora
antigua, mientras oteabas delante
la línea de la caza que extraviada
se aleja si nos aproximamos.
Así tu mano abierta de mujer agraria
se despide desde el lienzo tieso
de la caverna y su reborde marcado
con polvo grana abraza el resto
en aire de su propia oquedad.
Tu descarnada palma de siglos está
ahí para detenernos, aunque no sea
del todo un aviso. «Seguís vivos
–dice–, continuad vuestros asuntos».
Y es orden indeleble, enviada
a la noche porque más allá
ya no hay salida. Al impedir
el paso, la señal puesta en alto
nos veda otra vez su paraíso.

[morías...]

morías como las que dan a luz
abierta otra vez y desangrada
pero nada salía de ti
tú te repartías y al mismo tiempo
eras un solo gran adentro
que empujara y pujara abajo y
hacia un hueco como entrando a ti
como pariéndote

[En el paseo...]

En el paseo más escarpado, cortado
a pico sobre un río insumergible,
las familias costean un banco de tablas:
ningún alarde, un asiento sencillo
de maderas básicas en memoria
de su pariente perdido, con el nombre
en metálica etiqueta que atornillan
a la espalda. Los bancos secundándose
dibujan otra costa paralela con cebos
y accidentes, una costa de la oración
donde los muertos forman la perspectiva,
el punto de vista anclado y quieto

desde el que observar o estarse en calma
viendo lo que se extiende debajo.
Los muertos son los que dan sitio,
los que con su corazón a tierra
tiran un eje y clavan una estaca,
los que permiten una ocupación,
tan férrea es su forja, no son ellos
lo que se mira, sino desde donde
miramos, tan rotunda es su fijeza.
Llamamos eternidad a una posición
ganada sobre el leño y el clavo, un lugar
costeado a precio de acero, a precio
de duelo, en aquella alzada cornisa.
Axis mundi llamamos al lugar que cede
lugar, el sitio reconquistado, esta cama
nocturna, este tablón tenaz donde
empezamos, el cimiento de carne
que se clava en el viento y lo detiene.

[Encontré un papel...]

Encontré un papel con un mensaje suyo.
El papel avisaba que se iba un momento.
Con lealtad inmortal de la materia
lo avisaba de un modo implacable,
tiempo después de su última marcha

porque hoy coincidan los dos viajes.
Se habrá ido, pensé, a ese único sitio
donde hay una mañana, un solo papel,
un camino, un anuncio, un ojo solo.
A él le habría dolido esta insistencia
de las cosas fijas, más allá de sus causas,
cuando no viene aún su móvil dueño.
No tienen ellas el respiro de la muerte,
no se van un momento, no recrean,
no suspenden su propio estar, sin tregua
sus cenizas aquí, en el constante verano.

[**Todo lo que se ama...**]

Todo lo que se ama se ama temprano
y bajo una manera improvisada
así aprendimos pronto el regusto
de harina en el bollo, el maíz asado,
las pasas en su opción más alcohólica
las horas no contadas del tedio
amamos el espejo en el armario
la porcelana propia y escondida
el tintineo de un rosario de cristales
el olor de rosas maceradas, los cirios,
amamos el sorbo, el cerrojo, el reloj,
el sol y la niebla, amamos la cuchara

por el horadado paladar y el metal
que invertido se prodigaba en sopa
el jabón porque deshecho y soberano
nos libraba de nosotros y hasta lo sucio
amamos que permitía al jabón
cumplir con su ejercicio, amamos
nosotros el lugar de las cosas
y su nombre, su cobijo, lo que las ampara
aquel era un reino de formas disueltas
que nuestro amor por fin reunía
el agua de beber se seguía en el río
el río se bebía en el pescado
la mesa continuaba el tablero del bosque
un ciervo era una visión entre los árboles
una carpa era un chapoteo y las cosas
se ordenaban amadas desde un eje
en el que nosotros estábamos completos
el oído del pájaro cantaba en el mudo
para el manco la abeja se afanaba
nos sabíamos entonces los escondites
teníamos censados todos los refugios
cuando nos creímos señores de la hora,
dueños del procedimiento y entablamos
amistad con la historia, por primera vez
en nuestra vez, atados a nuestro pulso,
cada uno consagrado a su minuto.

[Entre el relámpago...]

Entre el relámpago y la caverna se mueve la tortuga,
andarina del centímetro, corredora de la huella breve,
su jaula es su pereza. El que mira una tortuga mira
una belleza insobornable, mira una geología pura
que desistió una vez de serlo, algo a un paso escaso
de su propio polvo, algo que aquí se vino al suelo
para cerrarse. Tiesa disecada de lo más insistente,
la tortuga no muere jamás, acaso se transforma,
cocinada en su concha de ojos, célula de pedernal
que avanza. Solamente el niño, que insiste en darle
vuelta, alcanza a desesperarla, alcanza a enfadar
ese trozo cauterizado de vida, esa estática manera,
manera arraigada, manera pétrea, de no morirse.

[Estamos demasiado ocupados...]

Estamos demasiado ocupados para atender.
La primera mañana nos desvela y esta tierra
vacila entre su sombra y la opuesta, pero nosotros
somos todo oscuridad, somos un pueblo que pasa.
En la caravana sólo veríamos la mercancía,
tiesa sobre su lecho móvil. Nosotros tenemos
dos párpados como quien tiene dos negaciones.

Oculto un vaso de plata en una cueva, brilla
el concepto, la fácil entelequia de haber comprendido.
Pero arriba, en la luz, cada brizna de día contradice
el ejercicio de hombres, desautoriza esta simetría
del negocio. Lo que la rama canta con plena nitidez
lo sospechaba desde siempre la raíz que tiene
otras averiguaciones, de qué modo hacer llegar
las sales verdes del hierro hasta la copa del tilo.

Eduardo Moga
(1962)

EDUARDO MOGA, *Barcelona, 1962*

Poeta, traductor y crítico, ganó el Premio Adonáis con *La luz oída* en 1995. Recientemente ha publicado *Insumisión* (2013) y *El corazón, la nada. Antología poética (1994-2014)* (2014). Ha traducido *Hojas de hierba*, de Walt Whitman (2015). Practica la crítica literaria en *Letras Libres, Cuadernos Hispanoamericanos, Quimera* y *Turia*. Ha publicado asimismo antologías de poesía, libros de viaje, compendios de ensayos y diarios.

POEMAS SELECCIONADOS: [Apuntalo el vacío...], *El barro en la mirada*; [Ocupo un punto...], *Cuerpo sin mí*; [Creía que el insomnio...], *Bajo la piel, los días*; [Tormenta cristalina...], *Soliloquio para dos*; [Este silencio es, otra vez, la palabra...], *Insumisión*.

En la «aventura lingüística» (Lostalé 2015:44) que puede definir la poesía de Eduardo Moga cabe distinguir dos momentos o, si se prefiere, dos estados o *intensidades*: el poema en verso y el poema en prosa, modelo este último de escritura en el que el poeta parece hallarse más cómodo en los últimos años. Entiendo que el poema en prosa, en efecto, se adapta mejor a la escritura volcánica, desatada, de Moga, que hace bueno el diagnóstico de E. A. Poe según el cual en los poemas largos es natural encontrar momentos poéticos dentro de un mar prosaico. «El poema en prosa —me parece— se extravía menos en las sonoridades y las anfractuosidades retóricas que el poema versal, y atiende con más permeabilidad a los accidentes de la sintaxis, esto es, del pensamiento» (Moga 2010b:9). Sin embargo, esta narración o anécdota —en ocasiones, incluso trivial o vulgar— no es fruto de un decaimiento de la calidad literaria, sino de la unión o yuxtaposición de elementos cotidianos o existenciales, tan importantes para el autor como los otros. Este valiente y radical ejercicio de simbiosis se apreció con claridad en *Bajo la piel, los días* (2010), un poemario construido como una suerte de «diario poético» en el que lo crudo y lo cocido conviven con total naturalidad, representando en toda su extensión la diversa experiencia del poeta actual, que escribe unos versos sublimes justo antes o después de hacer la compra o de llamar a sus hijos por teléfono. A partir de este libro el autor encuentra un territorio en el que se siente cómodo por completo, donde la prosa le permite encajar fácilmente las colaboraciones poéticas y las aplicaciones más ensayísticas o contemplativas. Como dice Moga en el libro citado, «yo no escribo versos, sino poemas; no escribo poemas, sino libros» (2010a:60). El suyo es un proyecto, por tanto, construido a partir de la tensión enunciativa y de las imágenes subsumidas unas en otras, que ha alcanzado su punto álgido de calidad media en *Insumisión*.

La mayoría de los poemas seleccionados de Moga tienen en común la relación entre el decir y el yo que dice el poema; un verso de *Insumisión* dice: «me he extinguido yo, y esta mano que escribe» (2013:86). De hecho, Moga es uno de los poetas españoles que más y mejor ha tratado, con el debido distanciamiento, crítica y autocrítica, el tema del sujeto poético. Para Jordi Doce, «el actor principal de estos poemas, la voz que los enuncia, es alguien que no ceja en su tarea de percibir y comprender el mundo (...) mientras se hace preguntas intranquilas sobre el lugar que él mismo ocupa (...) en ese mundo» (2014:15). Similar lectura hace el propio Moga: «No hay más remedio, en la poesía moderna –supongo–, que acceder al mundo a través del yo: a través de la conciencia de que accedemos al mundo. El paisaje no es, en realidad, sino otro pretexto para estar por mis paisajes interiores» (2010b:9). Aunque en *El desierto verde* el paisaje se concibe en su tradicional sentido campestre o rural, si ampliamos su significado al de lugar hasta donde alcanza la vista de un poeta, creo que su última frase puede dar buena cuenta de la línea más poderosa y frecuente en su poesía. El conducto por el que Moga mira el mundo y se mira es el mismo: el lenguaje en tensión.

[Apuntalo el vacío...]

(...)
Apuntalo el vacío con columnas
de sombra, con descoyuntados humos
que brotan del estaño cotidiano,
con el absurdo peso del crepúsculo.
Acaricio sus gárgolas, las zonas
vestidas de mañana, la espesa
penumbra del aquí, de lo que puede
ser toro o nada, de la piel fugaz,
lastrada por las horas, que hundirá
su sol en el país irrevocable
de lo no poseído. Y, sin embargo,
pierdo el mar de las ingles, pierdo el día
sin tiempo, pierdo cuanto no requiere
noche ni traducción, pierdo la calma
del clavel, la ironía del vehículo,
los incendios fluviales. Pierdo a todos
los hombres, arrasados por fronteras,
reclusos de sus cuerpos, acunados
por el pánico. Yo me pierdo: lágrimas
en el mínimo estío, amputaciones
que me completan, viento que tiene ojos
de ruina o témpanos ardiendo; lágrimas
que han muerto, que son fin, aunque alguien, húmedo
de balas, quiera subsistir en ellas,
aunque ame con rigor de espada. Abrazan
el musgo, como un cíngulo, los años
derramados, las simas velocísimas,
mientras caen las hojas y madura
la nada y se interrumpe el mar. Me pierdo

a mí, arraigadamente, mis costumbres
de vidrio, mi barata osamenta,
el cálamo inconsciente que acompaña
mis cuerpos, el lenguaje de mis olas.
Qué roto anochecer espesará
mis redes; hasta dónde avanzará
la piel; qué sumisión demostrarán
mis clavos; cuántos días podré, aún,
enfrentarme al basalto y a las tibias.
Soy otro, diluido en mí, vagando
entre ojos. Cada siete años soy otro,
quizá un águila, quizá un cadáver,
mas siempre asido a la ceniza: manos
silenciosas; espalda que se embarra
de hoy, de encendido invierno; calavera
sedosa, anterior, vuelta ya granito;
carne que cruje como nuestra niebla,
que se siente albañal de una pausada
energía, que corre hacia su fin
desde los fósiles, con la obsesión
de una mantis dormida, con el yugo
de un rostro fieramente abandonado.

[Ocupo un punto...]

Ocupo un punto que se pierde
en la insignificante sucesión
de puntos que me forman.
Soy lo que se ha ido, lo que se hace instante

y se hace piedra, lo que me amamanta
y me succiona: un punto más
en la fuga del ser, en la demolición
del latido. Y veo estas manos
que escriben,
los dedos que moldean el silencio
y lo transforman en silencio humano.
Reconozco los ojos que me miran
desde el cristal, velados por una niebla ardiente:
corren, inmóviles, como si huyeran
del cuerpo, o careciesen
de él; quieren detenerse, pero gritan
y se ennegrecen,
y abrevan
en ácido,
   y se consumen
en el desorden y la simetría;
producen tinta:
son tinta, y pugnan por que todas
las noches sean una sola noche.
Y arde la noche,
desde cuyas profundidades
observo
el caer de los cuerpos,
    y me sumo a él:
glándulas y ataúdes y murmullos
que circulan por este deshacerme
en el que estoy
recluido; afectos
diseminados
   como metralla
por un impacto irresistible;
gavillas

de espectros
que corroboran
                la nada.
Ni siquiera conozco mi pasado: es un cuerpo
ajeno el que se hospeda en mi cuerpo y concibe
el poema; son otras hebras las que componen
el ininteligible
tapiz del ser, el tabernáculo
salobre de la madre, el aire
virginal que es membrana
del mundo, piel en la que desemboca
mi piel, y besos
que escuecen,
pero silíceos:
                besos como regatos.
El árbol no es: su copa imita el gesto
del agua yéndose, y los pájaros
que lo coronan sobreviven
en la frontera
sin líneas de lo fluido.
Huye su masa:
su movimiento es su quietud;
y huyen también mis ojos,
que tiemblan
con su temblor
                de suceso limítrofe,
con el tumulto efímero de su musculatura.
Tampoco existe el banco
que veo, ni la injuria de la luz,
ni la espadaña próxima, arqueada
como un cisne: todo es vislumbre de la muerte,
renovada obsesión de la materia
por exhalar su polvo

y su indiferencia.
Lo que está niega el mundo,
pero es el mundo, y su presente
es memoria: un oasis de átomos,
médula apenas médula, entidades amándose,
o fugitivas. Veo el aire,
y lo que rompe el aire, y a mí viéndolo;
y la carne abandona
su sede,
        y el tiempo
envejece, y madura el sucinto coágulo
que es desaparecer. Mis ojos ven
lo que seré: un cadáver, como ya
soy, pero exento de lenguaje,
privado
de esperma y de sol; algo
nonato,
        desechado antes
de concebirse; una partícula
de este futuro que se ofrece
hoy, seminal,
con zarpazos de jade y de ceniza.
Y en esta percepción me adenso,
frío como la pez,
mientras percuten, a mi alrededor,
los objetos nacientes,
o los que dejan
de ser.

[Creía que el insomnio...]

Creía que el insomnio era un coágulo de silencio, un edredón lacerante que acallaba el estruendo de las rosas, pero me equivocaba: puede oírse. Chirrían las paredes del cerebro; producen, como cristales arañados por las sombras, un frufrú adusto: es la sangre, cuyo fluir, exacerbado por la quietud, ensordece; es la insistencia del ser en ser, aferrado al reverso de los ojos, a los salientes interiores de la piel; es la nada, que reside en mí, y martillea. Oigo la maquinaria del cuerpo, engrasada por el tiempo o entorpecida por él [chapoteo en el tiempo: es arena. Lo piso, pero no avanzo: las huellas son el yo; la ausencia de huellas también es el yo], y tropiezo en cada minuto: en sus raíces impetuosas, que cuartean el asfalto por el que transito. Oigo el tañido del ojo, que resuena en esta oscuridad blanca y vuelve, después, a su refugio orbital. Repican las llagas que constituyen mis límites, partícipes de las heces y el espíritu, y se atienen al dolor, se interrogan por que siga aquí, asediado por mi nombre, corroído por mi nombre, jadeante, muerto. Suena lo encerrado en los pulmones, lo que discurre por los huesos y la soledad, lo que arraiga en la mirada y propende a la luz. Pero la luz carece de estructura: la atraviesan líneas adversas, ajenas a toda superficie, que urden un tapiz de sombras cenitales. Gotea el hígado, y su supuración desconcierta a los relojes [el tictac de los hematíes se confunde con el mero estar, con este desplomarse de lo inmóvil]. Me espanta la laxitud que soy. La vigilia, y no el sueño, es el simulacro de la muerte. En esta turbulencia quieta, el sexo vibra: nos contiene, a la vez que nos destruye. El sexo nunca acaba, como la confusión.

Lo que no oigo es lo que no dejo de oír: el zumbido del acúfeno. Al igual que la materia es la exasperación del vacío, delimitado por el girar de los átomos, el *tinnitus* es la exasperación del silencio, delimitado por el griterío de las células. Soy el destinatario de una reacción sin estímulo; soy la madera alrededor del clavo; rechino como el agua en la que se clava un alfiler. El acúfeno no tiene meandros: es una hemorragia funeral, brotada de un desencajarse sin causa.

[Recuerdo unos pechos apenas míos, un taxi descalabrado, un archipiélago de buganvillas, un domingo de ceramistas callejeros, de sol numeroso. Le gustaban mis brazos, y cómo olía, y hasta mi sudor].

Todo se proclama, como si hubiera dejado de latir, pero sobreviviese. Las cosas alcanzan la plenitud que les concede el yo incesante, el yo devorado por su seguir siendo yo, el cuerpo saturado de hechos corporales, esférico, eléctrico, con sus ejes sarmentosos y sus zonas átonas y sus rincones de tempestad. El despertador se agranda: su tristeza es plural. Los cajones, empapados de penumbra, son más sólidos que antes: más cosa que cuando eran solo cajones. Los abro con los dedos de los ojos, y respiran sin inmutarse, entre sombras álgidas. También los libros que entreveo en la otra orilla de la oscuridad adquieren un rigor arquitectónico, la espesura sibilante de una arboleda o el sabor que todavía siente una lengua cercenada. La conciencia vaga por un desierto sin arena. El desierto es lo que vemos y lo que no vemos; nosotros somos el desierto, y nuestra voluntad de abandonarlo. Una leche multitudinaria aviva lo callado con fosforescencias negras, e insectos que no existen, y latidos que confundo con susurros. [El aire cruje, como una membrana solicitada por una boca]. Esa leche es lo percibido y quien lo percibe; esa leche destructora, pero creadora, que se nutre de centímetros, que se detiene en cada molécula de noche, que deposita en las hondonadas de la piel los escombros de la locura, no me permite separarme de mí: asegura la presencia del miedo, despliega su armazón infalible y me consume, como una herida transformada en nacimiento. Perduro, me extingo en lo que persiste, promuevo una razón sola, una razón que delira, una supervivencia monstruosa, una única deserción. El tiempo muere si se interrumpe: si cesamos. De otro modo, cabalga, como un plasma letal: como un abrazo que fuera también una tumba.

[Recuerdo la última frase de *Te me moriste*, de un joven escritor portugués al que muchos auguran un gran futuro, pero cuyos poemas rechazamos en la editorial: «Nunca te olvidaré», concluye, refiriéndose a su padre difunto. Qué error. Cómo se puede rematar una elegía con algo tan gregario, tan indolente].

El yo sigue fluyendo, pero me contiene. El yo desborda la identidad, y se derrama por los sujetadores y las corbatas, por los muebles maniatados –que, no obstante, gesticulan–, por las concavidades de lo oscuro. ¿Qué hacer con tanto yo?, se preguntó Cioran, otro gran insomne [desde los diez años; su forma de sobrellevar el insomnio consistía en comprarlo: en tener tanto dinero que no tuviera que madrugar, ni que levantarse siquiera]. No me tolero: me abrumo, me excedo; caen fragmentos de mí con la inexorabilidad con que amanecen los días y con que soporto los días. Quiero liberarme de la red que soy, de la sed que soy; ansío sumergirme en la lucidez de la inmateria, la de las cosas exentas de sí, la del mundo encarnado en ausencia, y que esa ausencia sea salvación. Y en ese mundo dilapidarme, sin minutos, sin órganos, libre de círculos y sílabas, asistido solamente por la felicidad de la negación, por el resplandor de lo intangible.

[Tormenta cristalina...]

(...)
Tormenta cristalina,
tormenta subterránea;
flecha que se dispara a sí misma
y se clava en sí misma;
aire apesadumbrado
de objetos, vibrante como un cilio:
eso eres, alma; eso soy.
Y sigo recorriéndote, alma,
buscando en ti el lugar sin centro,
caminando por tus desiertos,
por mis ojos,
como si el agua fuera piedra,
como si el cielo fuera nada.
La nada, alma,
hecha de alcaloides y dendritas,
en cuyas sinapsis radica la muerte;
la nada, que es resquebrajarse de espejos
y salpicaduras de noche
e imposibilidad de decir
estoy aquí,
me llamo Eduardo,
escribo,
me consumo;
         la nada,
que aúlla como un perro encerrado
en una mazmorra sin muros,
y cuyas aristas
reverberan como témpanos de sol
o mica negra.

En la nada habito, alma:
en ti.
Tú no existes. Yo no existo.
La nada tiende puentes a la materia:
me corrompo cuando hablo,
                              cuando envejezco,
cuando nazco: en cada uno de los momentos
en que alcanzo mis límites,
como si nacientemente
me desangrara.
La nada es férrea,
como un cráneo,
y presenta engranajes,
y contiene teléfonos,
y me documenta.
Óyela aquí, alma,
                  en ti, en mí,
en nuestra insaciable soledad,
deslizándose por las páginas
como si hubiera cobrado forma,
inspirando las imágenes que creo
para que me sustituyan, proclamando
mi hambre absoluta, mi no rostro,
y desapareciendo, por fin,
en el zafiro líquido
del día.
(...)

[Este silencio es, otra vez, la palabra...]

Este silencio es, otra vez, la palabra:
este silencio en el que resuenan los engranajes de la sangre
y se desbarata la geometría de los sueños. En este clamor mudo
distingo un rostro asombrado. Sé de la extrañeza de estar aquí,
de hablar sin que se muevan los labios, de acuñar el silencio,
que es una pared y un derramarse, y también un cuerpo,
cuya muerte me pertenece. Este paisaje carece de centro,
como el desierto, y posee su misma indiferencia oleosa,
idéntico ensimismamiento sin yo. Los ojos de la nada
me miran: su palidez es lunar, pero en sus ángulos
encuentro cristalizaciones de la inocencia,
árboles que proyectan una sombra embrionaria,
avatares que han conocido el desatino del nacimiento.
En este silencio sobrevivo como un náufrago en una playa
sin cartografiar, ceñida por fumarolas y saxífragas.
El peso del aire, vestido de tristeza, es mucho,
y me golpeo en sus esquinas, que sobresalen
como cantiles de sombra
      o púas de cinc.
El aire imanta la carne, hueca. Las pupilas están huecas.
El sexo, refugio de oxiuros y tinieblas, está hueco.
También los nombres están huecos: no me desprendo de ellos,
ni me redimo con ellos. Afronto el silencio
         como si litigase con
  lo ausente.
Ahora oigo el canto de un pájaro: es maleable y amarillo.
Se me clava el lápiz con el que hiero el papel.
Considero la posibilidad de comprobar el correo electrónico
[lo he hecho inmediatamente después de escribir este verso:
un mensaje de Juan Manuel, una espeluznante oferta de Viagra,
una llamada a la insumisión contra Esperanza Aguirre

y otra a la independencia de Cataluña],
o de hojear alguno de los libros que me observan desde sus nichos
en las estanterías, o de encender la luz del despacho, porque la
 claridad,
magullada, se inclina a la fuga. Descarto la solicitación de lo
 baladí, pero
dudo de que nada significante me interpele. Soy estas
nimiedades que se apilan en los párpados y anteceden
al pensamiento; soy estos actos oscuros.
Ahora lo sé. Digo, sin enunciar nada. Me acerco
a lo que huye, como quien acaricia el arma
que va a herirlo. Me acerco a este rostro pasmado
que me mira desde el azogue de la mesa. Me acerco, sí,
pero, agraviado por una sombría incandescencia,
me retraigo a un lugar ahogado de invisibilidad,
creciente como una luna
                         que se desploma.
¿Quién eres?, preguntan las palabras [las palabras son los sujetos
de nuestros actos; no hay hechos, sino descripciones de los hechos],
¿quién ha esculpido tu silencio y apuntalado tu vulnerabilidad?
¿Por qué sigues enlazando sílabas, como si los nombres fueran la
 vida,
como si morir fuese un anacoluto?
¿A quién sonríes,
si toda sonrisa es un anochecer? ¿Qué horas
insemina tu lengua o destruye tu lengua,
a qué horas da sentido este corazón negro, este calamitoso
corazón, que patalea en sus profundidades calcáreas,
que se tiende en harapos al sol
y enseña un pecho tatuado de alegría
y terror? Antes me poseía el espanto de ignorar
quién era el que se preguntaba quién era: ahora
eludo el abrazo pavoroso de esa desazón
mediante el ejercicio hipnótico del fingimiento

o el consuelo triste del olvido.
Y en este tránsito me he desprendido de la placenta
y de la piel: ya no me rozan las alas de los pájaros,
ni me perturba la mansedumbre con que aceptamos el dolor,
ni me asombra el caminar sereno –o acaso irreflexivo– de mi madre
hacia la muerte; la espesura de la ficción sustituye a los antiguos
bálsamos. Pero hoy insto a la conciencia a fructificar,
en lugar de languidecer en esta urna fuliginosa.
La urjo a alejarse del engaño que es un libro entreabierto,
o esta pluma que me regaló alguien a quien he olvidado,
o el reflejo de mi cara en el cristal
que me separa de un cielo
inhóspito. Sé quién soy, porque persisto,
porque un poema es un pretexto
es una oración es un cadáver, porque las grietas
son también caricias, y ya llega la primavera, con su séquito de
    impaciencia
y mierda, y este cuerpo encaja aún los golpes
de los besos, y la lealtad royente
del insomnio, y el peso insoportable de la esperanza.
Sé también quién no soy:
no soy el fiel, ni el que cree,
ni el inteligente;
        no soy el que agradece haber nacido,
sino el que deplora aquel arrebato bioquímico,
estimulado por la charanga de cualquier verbena
y las fanfarrias de un barrio miserable, en el que se bebía
vino a la puerta de las casas, y los hermanos se morían de
    tuberculosis,
y se comerciaba con leña y alpargatas, y rostros blancos eran
    cuarteados
por manos oscuras, como cartelas de yeso resquebrajadas por el
    vendaval,
y los niños colgaban de los pechos de las mujeres como las reses

cuelgan de los ganchos oxidados de los matarifes;
y tampoco soy el que escribe estas palabras,
envuelto por la humareda de la lluvia,
ni el que oye el crepitar cárdeno de la noche asediada
por el fuego de la terminación,
ni el que piensa en qué hará cuando acabe este poema
y el corazón siga deshaciéndose en una conspiración de latidos,
y la muerte se jacte
                        de su plenitud incorporal
y se ría de mi terror, espeso como el calostro,
de este no ser quien soy
y, no obstante, esperar, ulcerarme,
adormecerme.
                Sé quién habita en mí: alguien
que no consigue escapar de esta habitación renegrida
por las luces del tiempo, ni de la opresión de un cuerpo
que tiende a lo alto, pero tropieza
con cosas mutiladas, con seres que vuelan
bajo tierra; alguien que contiene sombras
estucadas de hielo,
                      encajadas en la existencia
como las mamparas de teca en un sampán,
con el gorjeo de un pájaro
clavado en el vientre
                        y el tejer de la madre devanándose
en la rueca enfurecida de la nada;
alguien que hoy es ayer y mañana será nunca, nadie,
                                        nada,
objeto de la alquimia eterna de la muerte y de otras
    transformaciones
indecibles [lo indecible lo es, no porque se carezca de palabras,
sino porque se carece de entidad: no nombramos,
porque hemos sido incapaces de erigirnos en interlocutores

de lo que nos interpela]; alguien que convive con su putrefacción,
aturdido por la certeza de que se pudre.
Oigo el lamento de las campanas.
También ellas perecen en el lodazal del cuerpo.
Decimos lágrimas, pisamos los ojos decapitados,
el estómago poseído por la electricidad.
La lámpara me interroga, pero no sé
la respuesta.

Jorge Riechmann
(1962)

Jorge Riechmann, *Madrid, 1962*

Ensayista, poeta, traductor, actúa en cuestiones de ecología social y enseña filosofía moral y política en la Universidad Autónoma de Madrid. Dos extensos tramos de su obra poética están recogidos en los volúmenes *Futuralgia* (poesía del 1979 al 2000, 2011) y *Entreser* (poesía del 1993 al 2007, 2013). Su poemario más reciente es *Himnos craquelados* (2015). Ha recibido numerosos premios y actualmente se encuentra activo en su blog www.tratarde.org.

Poemas seleccionados: «Morada», *Trabajo temporal*; «El que busca un sentido encuentra dos sentidos», «Teoría del mal menor», *La estación vacía*; «Für Joseph Beuys / Für Niemand», «Equívocos del naturalismo», «Jornada de puertas abiertas», *Poesía desabrigada*; [Si el paisaje...], [Cuántos fueron...], *Muro con inscripciones*; «Ceguedad», «Redundancia», *Desandar lo andado*; [Si lo posees...], [Acaba la granizada...], *Ahí te quiero ver*; «Árbol exento», *Un zumbido cercano*; «Sueño del veinticuatro de agosto», *Conversaciones entre alquimistas*; «¿Nadie cuida a nadie?», *El común de los mortales*; [Una cabeza...], *Poemas lisiados*; «Rosa roja en la calle», *Himnos craquelados*.

Riechmann, como explica José-Carlos Mainer (2005:113), pertenece a un grupo de post-sesentayochistas que han preferido la mirada crítica y rigurosa al desplante melancólico. No son pocos quienes tildan de cándida su mirada ecopacifista (Mainer entre ellos), si bien reconocen el incontrastable valor de su poesía y el enorme interés de sus libros de ensayo, cuyas ideas serán o no compatibles, pero no deben dejar de leerse como muestra de *otro* modo –agudo e informado– de observar nuestra realidad, contemplada desde una posición tan firme como humana: «Nos refugiamos al fin / junto a una copa de licor y otro cuerpo / frágil y tembloroso. Defenderemos / nuestra posición hasta el final» (2015:195). Su clara posición política ha entorpecido en ocasiones la comprensión cabal de su trabajo poético y, como ha explicado Alberto García Teresa, sólo «a raíz de *Ahí te quiero ver* comienza a encontrarse cierta unanimidad entre la crítica, que señala la hondura y la calidad de los versos de Jorge Riechmann y que destaca que este autor no renuncia a llevar a cabo un análisis crítico de la sociedad al mismo tiempo que realiza un ejercicio de indagación en la realidad» (2014:164; «Escribir es indagar», sostiene el propio Riechmann 2011:664). Su visión de lo real es una *revisión*, sin caer jamás en el realismo ingenuo; como explica Provencio, «cuando penetrar en la realidad es una opción moral, las imágenes son horadadas y desventradas para sacar a flote tanto sus posibles raíces como la capa freática que las alimenta o las envenena» (2011:16). De ahí que en sus libros realidad y visión onírica, Brecht y Char, convivan enlazados con singular naturalidad.

En otro lugar (2006) abordé la obra de Riechmann; prefiero citar ahora opiniones más atinadas que la mía. Para Miguel Casado, en su poesía «el texto se convierte en espacio de asimilación de lenguajes, síntesis de géneros, de dialectos sociales, cruce de tradiciones, como si su punto de vista, su modo de pronunciarse, originaran un proceso de aceleración en que toda palabra se ve forzada a integrarse. Un fondo expresionista actúa como clave que concuerda los materiales, desde la tensión, el temblor de una voz siempre tenaz en sus tonos más altos» (2005:151). Enlazada a la realidad, «problematizada por su situación histórica» (Ramírez Quintero 2013:XIII), «la poesía de Jorge Riechmann encarna un compromiso que trata de integrar la fidelidad a unos principios de raigambre marxista y la indagación en un realismo descarnado, que ha ido despojándose progresivamente de la matriz simbolista de sus primeros títulos hasta quedar reducido a un humanismo desnudo» (Bagué 2006:245). Como puede verse, hay una oscilación constante entre dos fieles de una misma balanza; en uno pesa la pulsión racional y en otro el pulso de lo inconsciente. En algunos libros o épocas pesa más uno que otro, aunque quizá lo más característico de esta poesía es la tensión entre ambas tendencias.

José Hierro resolvió bien la dicotomía al hablar de este modo sobre Riechmann: «un poeta que deslumbra (...) porque nos pone en contacto con una personalidad de intelectual que lleva dentro a un poeta (o lo contrario, si ustedes quieren)» (2011:668). Yo creo que es al contrario, que Riechmann es en esencia un poeta con un intelectual en su interior, pero al cabo lo único que importa es que, en efecto, deslumbra.

Morada

En alguna parte un pájaro escrito hace explosión
pues sus plumas estaban ordenadas
como las últimas páginas de un libro

Hay un imperceptible equilibrio de instantes
Si se moviese algo
el vacío se vertería en el vacío

De una habitación a otra
la luz puede seguirme voy andando despacio
Ante cada puerta
escucho largo rato sin atreverme a abrir:
un pianista manco impone silencio
en el sueño de un niño/ sus manos en la tapa
ardiendo con la llama cortante del otoño

un ramo azul de rosas de jardines polares
una carta cerrada que contiene
el momento en que se abrirá
una ausencia disfrazada de ausencia/ un frío tenue
un apenas error/ una secreta sorpresa
que no alcanzo a distinguir

Dentro del azucarero he encontrado
en un charco áspero de lágrimas a
quien vive aquí

**El que busca un sentido
encuentra dos sentidos**

Iba a caer.
Cuando intenté aferrarme al clavo ardiendo
me traspasó la mano.
Mientras con la mano quemada y desgarrada
caía
pensé: nos matamos trabajando
para construir cementerios,
nos matamos trabajando.

Teoría del mal menor

1

El mal menor expulsa
del campo de lo posible
al bien
con la misma eficacia
con que la mala moneda
pone fuera de la circulación
la de buena ley.

2

¿Un mal menor es mayor
que un bien pequeño?

¿Un mal menor
de edad
no se convierte nunca en mal monstruoso cuando crece?
¿No deberíamos distinguir
entre males menores con tendencia menguante
y los que, aunque pequeños, medran rápidamente?
¿Hay algún mal que sea
siempre menor que sí mismo?
Ante un mal chiquito pero matón
¿no nos achicamos por cobardía?

Puestos a elegir
entre males de diversas tallas
¿no sería casi un bien
salir del probador con nuestra ropa usada?

Für Joseph Beuys / Für Niemand

> El arte no se hereda, no se puede sacar de los libros, sino que ha de ser muchas veces comido y escupido, hay que masticarlo una y otra vez y amasarlo firmemente, y no se puede dejar dormir como quien coge peras
>
> —Paracelso

1

Lo llamaron
–por ejemplo el híspido
ríspido don Antonio
Muñoz Molina–
charlatán

verosímilmente
él pensaba en sí mismo
como chamán

así que el asunto
no parece difícil:
charlamán

(desde luego no era alguien
a quien fuese fácil
callarle la boca)

un elocuente
charlamán
charmant

en las antípodas
de supermán
y aquellos otros restos
del siniestro santoral aciago de esta época

un chamán
con sombrero de fieltro
quizá el pintor de Altamira o de Chauvet
conectado a un eléctrico limón
de frescor sempiterno

un charlatán que sabía
como todos los grandes
reírse de sí mismo
y encontrar en los bolsillos de aquel chaleco famoso
lo que no había puesto en ellos

confieso que hace años
no me caía simpático

y hoy sin embargo introduzco
el largo tallo de la rosa roja
en su probeta de cristal

2

Aproximarse a alguien
desde tan lejos

astronauta en un bosque secreto
de interminables senderos espirales

seguir el rastro
de una liebre de oro

vadear el regato
de la inmortalidad
sin acercar la boca

aproximarse siempre
sin llegar nunca

Equívocos del naturalismo

Para Diego Jesús Jiménez, herido y erguido

1

Llaman *realismo*
al uso de ciertos artificios
para provocar ilusión de verosimilitud

mientras la realidad
—que no es realista—
se ríe por lo bajo y da otro quiebro

que la sitúa otra vez bastante lejos
bastante refractada
en otra parte

2

Está claro que la novela nunca fue
mero reflejo fotográfico
de la realidad

Por descontado
no lo fue
el poema

¡Mas sobre todo importa darse cuenta
de que tampoco lo ha sido nunca
la fotografía!

Jornada de puertas abiertas

No pasa nada
si el poema decisivo se pierde, la rutilante página
del evangelio del mundo, los versos redentores
que iban por fin a poner todo en su sitio,
enemigos amigos cielo infierno. No pasa nada.

No pasa nada porque la verdad esté mezclada
con su poco de error. Ni porque éste tampoco sea puro
total definitivo. Porque tengan los besos más dulces
algo de gusto a sangre.

No pasa nada si te atrapa el atasco,
si el chaparrón te obliga a refugiarte,
si la cola en la tienda nunca mengua,
si el aeropuerto se torna albergue improvisado.
Despliega la escalera mental para salir del pozo imaginario
y asciende por ella sin prisa: ves que no pasa nada.

Nada pasa si pierdes
el tren que te llevaba a la cita decisiva
de la que dependía la beatitud del corazón
e incomparables éxtasis genitales, esa chica tan guapa o el progreso
del que te hablan envarados sacamuelas
con alfiler de corbata y estadísticas. No pasa nada,
de veras, sal a la calle, entra en el bar, pide un café caliente,
límpiate con la mano el interior de los ojos,
disuélvete en el mundo como terrón de azúcar.

Si entre el momento de la sed y el vaso de agua
pasa un rato, no pasa nada. Hay muy pocas cosas

que de verdad pesen tanto. Hasta la muerte
—pero no estoy hablando aquí del asesino—
sólo consigue matar a quienes ya estaban
pasablemente muertos.
Lo que consideras arponazos letales
son imperceptibles rasguños de alfiler
para la vida común, cetáceo gentil.

Mira esa mancha en el muro
donde el idiota sólo ve una mancha:
es una de las puertas del mundo, y está abierta

[Si el paisaje...]

Si el paisaje es perfecto
hace falta una mosca
si es perfecto el desnudo
una mosca, una mosca
una mosca perfecta
que desbarate todo.

[Cuántos fueron...]

        en los días en que se juzgaba a Scilingo

Cuántos fueron
Cuántos fueron

No basta que me digan treinta mil
Yo necesito saber
si 29.998
ó 30.112
Díganme cuántos fueron

Ceguedad

Del cielo bajo y plomizo, insoportable, descienden sogas de diversos tamaños, deterioradas como si hubiesen estado sumergidas durante años en el puerto. ¿Subiré? Me da miedo el tiempo que comienza al final de esas escalas arrasadas. El diario habla de gentes cuya memoria ha sido sustituida por un viejo programa radiofónico, tras asegurar por escrito su consentimiento. Un perro está tan inmóvil, aplastado contra el suelo, que resulta imposible precisar si muerto o dormido. Me pongo la chaqueta de este siglo, aterrado de lo que voy a encontrar al meter las manos en los bolsillos. ¿Subiré? No estoy hablando de estigmas. Mientras titubeo las cuerdas comienzan a retirarse hacia arriba, y ya es demasiado tarde para tomar una decisión, cualquier decisión, cualquiera.

Redundancia

Hace días que alguna pieza o engranaje se desprendió en el interior de mi reloj; la oigo golpear contra la caja cada vez que muevo la muñeca. Pero el reloj continúa funcionando a la perfección pese a la pieza suelta: las dos manecillas, el segundero, el cambio de los días, todo con plena normalidad.

Me invade un gozo profundo. Como encontrarse a salvo en el centro de una rosa, en el vientre de la amante, o en lo hondo de un lago de montaña.

[Si lo posees...]

Si lo posees lo borras. Si lo transcribes
lo pierdes. No puedes a la vez
amarlo, entenderlo y explicarlo.

[Acaba la granizada...]

Acaba la granizada violentísima. Por los ojos acuosos
de la cajera, absorta en lo lejano, pasan tigres de hielo,
cardúmenes de lanzas, fugaces inminencias de imposible: el súbito
    frío de una fiesta salvaje.

Árbol exento
(Homenaje a Juan Ramón Jiménez)

Un árbol (chopo o pino, o chopo y pino, alternativamente) suspendido en el aire, con la luz bañándolo entero, cada hoja, cada palmo de corteza, cada raíz.

Sueño del veinticuatro de agosto

No lograba resolver las ecuaciones diferenciales de aquella trayectoria; y el mismo sueño, empantanado en los años lejanos de mis estudios matemáticos, era la cifra de una inmovilidad angosta que ceñía al corazón como un desfiladero espinoso, como una venda demasiado apretada. ¿Qué hacer con un paquete de sesenta meses bien envueltos, remitido al pasado, que el servicio de correos nos devuelve una y otra vez, pues el destinatario está ausente, ausente, tercamente ausente?

¿Nadie cuida a nadie?

Para Miguel Ángel Bernat

¿Has visto alguna vez
luciérnagas?, preguntaste. Sí,

contesté. La última
con esos niños de vacaciones en la aldea
que admirados por la belleza de los bichitos de luz
jugueteaban con ellos
hasta despedazarlos

[Una cabeza...]

Una cabeza como la de Jano
no bastaría para permanecer vigilantes
ante la barbarie de hoy

De acuerdo, un rostro debería mirar hacia atrás:
lo que hicimos

Otro debería al mismo tiempo
dirigirse hacia delante: lo que se seguirá
de lo que estamos haciendo

Pero un tercer rostro
debería mirar adentro

muy adentro

Rosa roja en la calle

Cuarto día de huelga
de los trabajadores madrileños de limpieza

Las bolsas despanzurradas se amontonan,
cunden innumerables envases de plástico;
los restos orgánicos de repente al descubierto
exhiben una suerte de pornografía doméstica...

Hay que caminar pisando con cuidado

Las palomas encuentran más comida

Los mendigos están de enhorabuena:
como no se recoge la basura
no se llevan tampoco los colchones que no obstante
sigue tirando la gente
«¡No veas cómo tengo la espalda!», celebra uno de ellos
«Ahora duermo estupendamente, no en el suelo»

Y se abriga con un anorak de promoción
del Real Madrid

Cierta gente en la ciudad pensaba
que la televisión basura y la comida basura
estaban aisladas de la sanidad basura y el empleo basura
Es un error:
todo eso forma parte del mismo *pack*

Ahora
la basura basura

rebosa las calles de la ciudad y nos recuerda
todo lo que las fantásticas ensoñaciones
de clase media siguen
empecinadamente tratando de ignorar

Junto a la acera
una fatigada rosa roja
se solidariza con el resto de los restos:
la lucha sigue

                9 de noviembre de 2013

Vicente Valero
(1963)

Vicente Valero, *Ibiza, 1963*

Poeta, narrador y ensayista. Autor de siete libros de poemas: *Jardín de la noche* (1987), *Herencia y fábula* (1989), *Teoría solar* (1992), *Vigilia en Cabo Sur* (1999), *Libro de los trazados* (2005), *Días del bosque* (2008, Premio de Poesía Fundación Loewe) y *Canción del distraído* (2015). Como prosista ha publicado *Experiencia y pobreza. Walter Benjamin en Ibiza. 1932-1933* (2001), *Viajeros contemporáneos* (2004), *Diario de un acercamiento* (2008), *Los extraños* (2014) y *El arte de la fuga* (2015).

Poemas seleccionados: «Conocimiento», «Fábula de barcos», «Playa con ahogado», *Herencia y fábula*; «Guía del emboscado», «El río», «Ejercicios en blanco y negro», «Hojas del bosque» partes i, v, vi y xii, «El desván», *Canción del distraído*.

Cuando se puso en nuestro país de moda, de forma harto extraña, una poesía de tintes meditativos, mal llamada «metafísica», caracterizada por una visión subjetivista de la naturaleza, se cometió una injusticia con algunos poetas que trabajaban una línea metafísica real desde hacía tiempo. Entre esos nombres destacaba el de Vicente Valero, un poeta cuya obra tiene una rara coherencia y cuyos puntos angulares serían *Teoría solar* (1992) y *Libro de los trazados* (2005), configurando una trayectoria que ha sido *reordenada* y revisada por el autor en *Canción del distraído* (2015).

Si en los primeros libros se apreciaba el gusto por la tradición griega y el uso del verso alejandrino, en los más recientes es palpable una preferencia por el verso blanco, mayoritariamente endecasílabo, que admite las consabidas variaciones impares (hepta-, pentasílabos). Hay elementos en su obra frecuentes en la poética patria de mediana edad, como la estrecha relación con la naturaleza (Méndez Rubio, Riechmann, Francisco León, Jordi Doce, Melchor López), dentro de la cual el sujeto poético de Valero se *disuelve*, y el rescate de la tradición mística (lo que han hecho Doncel, de forma negativa y Juan Antonio Bernier en positiva), sobre todo de Juan de la Cruz: «yo sé / de dónde viene el agua que se oye» (2015:26), escribe Valero; «qué bien sé yo la fonte que mana y corre», decía Yepes; también se acude al poco habitual concepto de *alma* (presente sin embargo en otros dos poetas antologados, Eduardo García y Eduardo Moga). No es posible hablar en Valero de mística, ya que dentro de estos «trazados» o vías no está la vía unitiva, pero sí la ascética (por supuesto inmanente y no trascendental), persiguiendo una comunión con la naturaleza comunicada en el poema. Las continuas menciones en los diversos poemarios a la altura, al pájaro, a la realidad que no se ve y a la «lengua perfecta» para adecuar la ascesis al texto son más que significativas a este respecto: «voy buscando una altura, un horizonte / oscuro y vertical que me recuerde / la salida primera, / la que yo digo andando todavía / hacia el bosque total, / la palabra que vuela por el aire / y ya no vuelve» (2005:16).

Como señalaba Manuel Rico en *Pasar la página* (2000), los temas de Valero son bastante estables: «el mar, la luz, los escenarios de la infancia, la gravidez del paso del tiempo, la sombra de la muerte»; lo que demuestra una notable coherencia en la obra de Valero, donde las menciones a lo concreto, sea en el espacio («aquí», «esto»), sea en el tiempo («aún», «todavía»), siempre están, desde poemarios anteriores, enfatizadas con cursiva, como diciéndonos que *esto* es un texto que remite a otra cosa, pero que no es, o no coincide exactamente con, lo definido. El territorio del poema sería un no-lugar que, de vez en cuando, admite conexiones espacio-temporales con la realidad extensa (una isla balear, nuestro tiempo), sin que éstas expliquen a aquéllas, sino al revés; el proyecto es intentar, creo, no contaminar con datos contingentes la profundidad indagatoria de la experiencia poética. Lo más sorprendente de la poesía de Valero es que pese a esa coherencia y abordando temas universales y motivos transitados, consigue hacer lo que explica en su poema «La subida», esto es: «decir por fin la primavera, / a solas, todavía, muchas veces, / con las palabras siempre nuevas» (2005:20), sin cansarnos nunca.

Conocimiento

Si lo que un hombre quiere es conocerse,
la tierra roja mire, el mar brumoso.
Con sol y barro ha germinado el surco,
urdido desde antiguo por la vida.
Arda su corazón entre los símbolos,
acaso nunca escritos pero firmes
en el lento fluir de las costumbres.
Si lo que un hombre quiere es contemplarse
en el espejo blando de sus frutos,
celebre el sueño fértil de la luz
que baña con leyendas su memoria.
No fue inútil su viaje, ni la casa
construyeron en vano los que huyeron
de la noche cerrada y de los monstruos.
Quien ama la quietud ama una tierra.
Si un hombre, en el cansancio de sus manos,
en la mirada hueca de sus ojos,
lo que quiere es tan sólo conocerse,
busque su rostro seco entre los surcos
maduros de los huertos y las olas.
Encontrará su patria derramada
entre olivos, cisternas y viñedos,
sobre la amarga piedra del sarcófago.

Fábula de barcos

Vimos llegar los barcos desde el muelle,
en invierno, las tardes del domingo,
antes de regresar a nuestras casas,
esperando al viajero entre la niebla.

Sin saber que soñábamos, crecimos
en el sueño de nuestras ilusiones,
de nuestros ojos puros que buscaban,
saludando al viajero entre la niebla.

Debe el hombre salir hacia otros puertos
mientras pasa el amor como una nube.
Luego ya nunca puede, nos quedamos
preguntando al viajero entre la niebla.

Mientras pasan los años, qué es la vida.
Acercarse, esperar, esperar siempre,
y haber visto salir todos los barcos,
despidiendo al viajero entre la niebla.

Playa con ahogado

Cómo la soledad viene en otoño.
Y arroja nubes negras contra el pecho
atardecido y puro de las playas.
Ved con qué lentitud el mar cansado

arrastra hacia las islas caracolas
o remos destrozados de los viajes,
plásticos y botellas y medusas.
Qué pronto cae la noche. Mansamente
cubre la arena húmeda. Bajad
hasta la espuma herida por el viento
y acariciad el cuerpo salitroso
del ahogado. Miradlo sin figura,
tiene el rostro quemado por las olas,
la mirada deshecha y corrompida.
¿De quién son estos ojos o a quién
pertenecen ahora, aquí, nublados?
Miradlo. Nadie lo conoce. A nadie
se parece. Jamás nadie lo ha visto.
Lo trajo el mar, la soledad de otoño.
¿Así será como la muerte arrastre
un día a nuestras almas? ¿Es que nadie
podrá reconocernos en la orilla?

Guía del emboscado

Cuando este bosque ofrece al fin sus hojas secas
el caminante las recoge y dice:
creo en la claridad de su caída. El mirlo
está también allí siempre en invierno
y oficia a solas con sus salmos
oscuros, diferentes. Ya en la palabra bosque
hay un crujir de ramas
y pasean los ciervos junto al río. Hay árboles

que son también como palabras
altas y misteriosas. Se diría
que en este idioma antiguo y perfumado
por la resina y el romero
el caminante encuentra a solas su camino
y se prepara para ver. El aire
entonces lame con su lengua limpia y dulce
los ojos y los pies del emboscado,
sus manos muchas veces. Y así los viejos nombres
brotan de nuevo, son las hojas nuevas
y esperadas del día. Así florecen
también en su decir
y dan sentido a este camino, anuncian
un saber sobre el bosque.

Allí donde, temprano, casi todos los días,
el cazador deja su *jeep*,
comienza el bosque que yo digo,
llamado por algunos Las Colmenas
o también Brezo Rojo,
aunque en mapas antiguos aparece,
según he comprobado,
con otros muchos nombres diferentes.
El mar no está muy lejos,
pero el bosque no quiere casi nunca
saber nada del mar: le da la espalda,
aunque a veces se oyen
sirenas de los barcos o llega aire salobre.
Ruinas de carboneras
y senderos cubiertos por las ramas del brezo
abundan en el bosque
y el caminante sabe dónde están.
Sabe también decir con qué colores nuevos

llegarán a este bosque, sin dudarlo,
las estaciones sucesivas.
Sus manos tocan líquenes, cortezas,
nidos negros, el musgo: no salen de su asombro.
Y estas manos admiran
la dulce oscuridad de lo que ignoran.
Cuando cada mañana entra en el bosque
el caminante sabe a qué ha venido.

Sus ojos no reescriben en vano lo que ven:
van así las palabras
descubriendo las cosas de este bosque,
su estancia verdadera.
Y en este andar que es un decir también,
un discurso asombrado,
el caminante pisa muchas veces
tierra húmeda o polvo de los viejos caminos,
hojas secas, raíces,
y aprende a respirar de un modo nuevo
cuando los ciervos aparecen.
Un pensamiento es como el musgo: absorbe
la humedad de la noche
y luego apenas le da el sol, pero se extiende
deseoso de dar, de mostrar algo.
Así consigue el caminante
pensar de nuevo el bosque cada día.
Se asoma al río y bebe, baña sus pies, sus manos,
observa el porvenir de las palomas,
sus huellas de anteayer,
reescribe en su mirada las heridas del cuerpo,
los senderos difíciles, oscuros.
Y nadie sabe nada de él mientras camina,
está en otro lugar,

a veces se ha perdido, pero entonces
también ha celebrado esta luz negra
que brota como flor desconocida
entre los árboles nocturnos,
discurre hasta llegar a ser un hombre nuevo,
un caminante inadvertido.

Todo en la luz, en el calor blanco del día,
muestra su carne perezosa,
su murmullo de fuego inalterable,
su corazón desnudo. A veces,
en esta claridad,
llena de insectos y resinas,
un pájaro atraviesa
la soledad del bosque escrito. Nadie
podría descifrarlo,
pero en su vuelo incandescente
hay promesas que son como espinas de oro
o llagas de colores. Más allá,
sólo el aire o la música esperada del día,
semillas transparentes,
la materia sin fin de nuestro bosque:
el secreto diáfano
de su transpiración.

El río

En sí mismo, yo sé, desde el principio,
que el río es sólo lo que sigue

sin preguntar adónde,
pero también, me digo, también aquella música
que no he dejado nunca de escuchar,
que busco en mi interior
y ahora por fin la encuentro, cada día,
tendida al sol de julio:
una sorpresa más del bosque nuevo,
sonando hacia lo otro sin descanso,
intacta todavía...
Por entre las más altas sombras,
sordo a cualquier adiós, a cualquier llanto,
más allá de sí mismo, prodigioso
en su paso exaltado y decisivo,
por entre las adelfas, bajo el cielo
más claro del futuro,
está el río que oigo inagotable,
su transcurrir oculto
muchas veces. Un río es sólo forma,
sólo contiene su fluir,
una rabia que viene de lo alto,
una fuerza translúcida,
como la de las almas en los cuerpos,
siempre en un cauce prisioneras
y esperando. Yo sé
de dónde viene el agua que se oye
y poca cosa más.

Para poder verlo también,
para mirarme en él a solas,
mis manos buscan la corriente, lavo
mis ojos y me miro,
veo su transcurrir y mi impaciencia
por ser y por llegar, por conocerlo

todo en su largo recorrido,
en su fluir distante y caprichoso,
como el vuelo de un pájaro
muchas veces. Oculto
mi cabeza en sus aguas transparentes,
para tocar este sonido
que vale más que todas las palabras,
que todas las imágenes
del mundo. El agua fría no es un signo,
es sólo claridad muy diferente.
Los peces que descienden somnolientos
me miran y despiertan
con su velocidad, en mi memoria,
y así también descienden los recuerdos
más puros de la infancia,
los días de verano en otro río,
en un fluir de vértigo,
donde el frío y el sol y las culebras
eran el juego decisivo,
la amistad intocable cada día,
el verdadero estar. Yo no sé mucho
de ríos ni de dioses,
ni sé si un río puede ser un dios,
o si podría un dios transformarse en un río,
o si dioses y ríos
son hombres solamente:
hombres enfermos y cansados,
huyendo de los bosques,
buscando un mar donde decir ya basta.
Sé que mientras me baño
en este río que he escuchado siempre
mis recuerdos son dioses
que dicen lo que siento: la secreta alegría,

su transcurso invisible
hacia desconocidas transparencias
y desembocaduras
que ni puedo ni quiero descifrar.

Amo este río ahora y sin saber por qué,
su curso inevitable,
la línea que desciende hasta la luz,
las piedras que en su lecho
parecen de oro puro,
y la vegetación tan diferente,
tan extraña a la vida
muchas veces. Y si este río sueña,
sé que en sus sueños
hay peces sobre todo, peces verdes
y azules, las estrellas
y el mar que está esperando más allá
de los sueños, los peces,
las estrellas... De qué color es este río,
me pregunto. (O para quién
correrá así, *de esta manera*, solo,
qué prisas son
éstas que, sin embargo, calman mi sed, provocan
una quietud tan diferente).
Es de un color que no descansa: nadie
podría pronunciarlo
dos veces... Se diría
que cuando vamos a decirlo
ya ha cambiado. La luz también se baña
en el río y desciende,
se vuelve agua, y su fluir tan dulce
ilumina a su paso
todas las cosas de este mundo,

todos mis pensamientos
cada día. Yo veo en esta luz de agua
la herida ciega, el surco
siempre abierto de la desolación,
pero también el rumbo
de un promesa, el cauce del consuelo
muchas veces. La luz
ya líquida atraviesa los pastos y el pinar,
y todo se conforma
en un murmullo decisivo y nuevo,
en un paisaje contenido,
listo para decir o ser pintado.
Todas las huellas son
aquí la misma huella. Se diría
que el bosque y sus caminos
difíciles conocen
nuestra inquietud de caminantes
tristes, nuestra verdad
solitaria. Y aquí en la curva más alta,
en esta curva desde la que digo
todo lo que yo sé,
el sol es tan intenso tantas veces
que no me deja abrir
los ojos. Cada día
dejo mis huellas, mi cansancio,
mi sudor: yo diría que el bosque me conoce,
sabe de mí, me considera
un miembro más y no un extraño. Sabe
que subo y me detengo
para pensar y recordar a solas,
muchas veces. Pero también que busco
el río sobre todo,
como los animales pacientes de la noche,

para beber y comprobar
la belleza imparable del agua, este fluir
que escucho y me consuela
todavía.

Yo espero en este río la llegada
del oro que he soñado.
Entonces soy el buscador de oro,
aquel hombre paciente
que escarba con sus manos en el agua,
que mira el barro
y escoge miniaturas invisibles.
Los sueños brillan más
en este atardecer de barro y agua,
y ahora los puedo ver en su descenso
rápido y feliz. Tomo
con mis manos *aquellos* que ya nunca
he vuelto a ver: los que apuntaban
siempre hacia lo más alto,
soñados en la adolescencia,
entre fiebres y dudas,
con una sed indescifrable ahora
para mí. Recupero
su brillo, lavo los contornos,
su cuerpo diminuto,
y siento todavía que su peso
sigue siendo valioso,
me seduce. El espíritu del agua
y el espíritu del sueño
son el mismo:
su fluir permanece
en la forma del río, en la constancia
visible y sin descanso

de su más dulce alejamiento.
Espíritu del agua, espíritu del sueño:
un mismo aliento los transforma
en nada, y la pureza
es entonces su huella y su destino,
y el buscador de oro
comprueba su verdad, su peso cierto,
suave corriente entre sus manos,
un hallazgo continuo,
una celebración. Y su recuento,
luego bajo la sombra
más fría y generosa de los sauces,
contiene sobre todo
la secreta esperanza
de la vida. En el oro de las pérdidas
vivimos el milagro
de una alquimia remota,
una transformación incandescente:
aquel que fuimos cada día
vuelve para contarnos
en qué lugar del bosque se extravió,
por qué extraños caminos
el amor a la vida no encontraba
una manera digna de volver,
qué ha conocido
más allá de las sombras y los sueños.

Y el río entonces se aparece
como el hilo secreto
entre la fuente única y el mar.
Como el hilo que une
el que soy y el que he sido
muchas veces.

Ejercicios en blanco y negro

IV

Con el primer ahogado que llegaba despedíamos el verano. Lo arrastrábamos cuidadosamente hasta la arena seca. Nos sorprendía su color: un color de mareas muy profundas, como de nieblas submarinas. Le quitábamos todas las algas de su pelo. No puede decirse que oliera mal: olía a agua salobre (sobre todo), a sol y a roca.

Contábamos todas las mordeduras y tratábamos de adivinar el nombre de los peces que allí habían mordido. También nos sorprendía su mirada: fija en un solo punto inalcanzable. Empezaba a llover. Y abandonábamos (corriendo) la playa y al ahogado, siempre por el mismo camino lleno de relámpagos del colegio.

Hojas del bosque

I

Como palabras son las hojas de esta higuera.
Como palabras dichas en voz baja.

El mirlo las convoca y las pronuncia con su negra lengua del amanecer. Creo en vosotras todavía.

Creo en el aire amarillo de este invierno y en las hojas sin luz que ahora resbalan, desnudas, se deslizan, como palabras últimas del mundo: mensajeras oscuras de una más honda y perfecta claridad.

V

Ojo del bosque: mira mis huellas. Son como las raíces requemadas que aún esperan el aliento del mar.

O como las arrugas en el cuerpo de un viejo solitario que todavía ama las canciones del mediodía.

O como las venas azuladas, siempre palpitantes, en las sienes rojizas y suaves de los ciervos.

Ojo del bosque: apiádate de ellas, protege su camino.

VI

El pensamiento más profundo de un cazador es su disparo.

Con él penetra a solas, siempre, en el silencio de las largas distancias, en la humedad salobre del amanecer.

Con él penetra en el corazón oscuro de las tórtolas.

XII

Una gota mía de sudor en el bosque hará crecer el árbol de la sed. Bajo la sombra de este árbol, algún día, tal vez, descansen otros caminantes. Tal vez, bajo la sombra de este árbol, algún día, las

palabras del bosque vuelvan a ser escuchadas, cierto ciervo que
vi vuelva a ser visto. Que una gota mía de sudor pueda ser esto.

El desván

Guardo en secreto, para la poesía, lápices
de todos los colores, flores secas
y postales de exóticos países. Guardo
(también) botellas, caracolas,
para la poesía, fósiles y más fósiles,
mapas y ceniceros, un baúl
repleto de juguetes rotos, y el traje negro
que me puse en mi propio funeral:
todo (nos dijo) para la poesía. Espejos
donde mirarse daba mucha pena,
lámparas y relojes, y los libros
heredados que ya no leeré... Acumulo
para la poesía solamente,
y en un lugar tan húmedo y cerrado,
oscuro y sucio de verdad,
que (ciertamente) ahora mismo no sé,
si llegara por fin la poesía,
cómo iba yo a poder caminar entre tantas
cosas, ni con qué efímero entusiasmo
bailaría con ella
               sin caernos.

Diego Doncel
(1964)

Diego Doncel, *Cáceres, 1964*

Poeta, novelista y crítico. Autor de los poemarios *El único umbral* (1991, Premio Adonais), *Una sombra que pasa* (1996), *En ningún paraíso* (2005) y *Porno Ficción* (2011). Posteriormente ha publicado *El fin del mundo en las televisiones* (2015) y *Territorios bajo vigilancia. Poesía reunida* (2015). Ha colaborado como crítico en suplementos literarios, y tiene publicadas tres novelas: *El ángulo de los secretos femeninos* (2003), *Mujeres que dicen adiós con la mano* (2010) y *Amantes en el tiempo de la infamia* (2013, Premio Café Gijón).

Poemas seleccionados: «La ilusión de una ventana abierta al océano», *Una sombra que pasa*; «El hongo de Psylobicina», «Práctica de la utopía», *En ningún paraíso*; «Momentos de ciencia ficción, i», «The end: Catástrofe», *Porno ficción*; «Una lluvia roja y morada», *El fin del mundo en las televisiones*.

Doncel comenzó su despaciosa escritura alzándose con el premio Adonais por *El único umbral*, libro caracterizado por su «impugnación de la sacralidad» (Prieto de Paula 2006), aunque en algunos poemas esa impugnación no es del todo clara. El poemario describe a unos hombres que «alimentan en vano / su ansia de absoluto» (1991:51) mediante la recuperación de(con)structiva de símbolos, temas y tonos de la poesía mística española. Tanto en ese debut como en su siguiente libro, *Una sombra que pasa* (1996), hay un constante dinamitado de ciertas estructuras poéticas en pos de una forma meditativa y de un «pensamiento poético que se enfrentara al pensamiento débil postmoderno» (2015:9), un pensar en verso armado con materiales que podrían parecer heterogéneos en otras manos, pero a los que Doncel dotaba de la suficiente flexibilidad: la gran tradición literatura europea, de Shakespeare a Juan Ramón o Claudio Rodríguez, a los que en su siguiente libro, *En ningún paraíso* (2005), se unía la nueva tradición de la novela posmoderna *fuerte* (Barth, Gaddis, Pynchon, Wallace), narradores en que Doncel supo encontrar el modo de ahondar en una imaginería que fuese contemporánea sin dejar de ser crítica.

Inmanencia de nuevo disfrazada de trascendencia, el segundo poemario de Doncel presenta al alma como una sombra perpleja que expresa su desolación en entornos naturales, remedando las odas clásicas, pero en ellos «la naturaleza (...) toda ella está vacía» (1996:51). Hay solipsismo romántico e identificación con la naturaleza devastada, pues devastado está el interior de quien mira. El tratamiento de esa mirada se «modernizó» un poco en la poesía de indagación expresiva de *En ningún paraíso*, donde metafísica y basura aparecían anudadas en más de un poema. Detrás de las referencias a los neones y a las «constelaciones acrílicas» de la iconosfera sigue habiendo un personaje baudeleriano que busca analogías, un buscador órfico de símbolos que expliquen el secreto hermetismo del universo. El pasado simbolista de Doncel está ahí, pero hay una elevación o una sublimación de su alcance.

En los tres libros, pues, a pesar de los rastros de la mística áurea, no hay ningún otro *ascenso* que el estético, pues su hálito final es la nada de la muerte. Este gélido dictamen se alivia en parte gracias al deseo, que mantiene cierto calor existencial en la poesía de Doncel, pulsión perceptible en *En ningún paraíso* pero especialmente intensa en sus dos últimos libros, *Porno Ficción* (2011) y *El fin del mundo en las televisiones* (2015). Si en los tres primeros hay una continuidad en la mirada y un personaje poético en crisis, que mira el mundo en derredor con cierto clasicismo y «*busca a saída estritamente humana para um novo sentido de si e para uma sequencialidade ético-económico-pulsional que retire do desastre de uma cultura uma vida globalmente tornada*» (Magalhães 2007:11), en *Porno Ficción* aparece otro personaje muy distinto, un siniestro epicúreo de mirada cínica, que llega a la nada mediante la acción y no mediante la reflexión, como aspiraba el «primer» sujeto poético de Doncel. El consumo, el circo mediático, el sexo horro de emociones, la pornografía, la prostitución, el poder y la prostitución del poder se convierten ahora en los temas esenciales, contados mediante una poesía que renuncia a la contención formal anterior, para lanzarse a un versículo preñado de imágenes violentas y de fulguraciones de lenguaje.

La ilusión de una ventana
abierta al océano

Solo aquí desde esta ventana
abierta hacia el océano oyendo
la calma eterna de la tarde
después que un aguacero me haya
alzado su iris por el sueño y los sentidos
puede encontrar toda la pureza del cielo
mi corazón a pesar de esta vida mía
tan oscura que huye
y pasa Vivir como la luz
y morir como ella dejando el alma
y el campo abiertos de aromas a la
noche para limpiar el mundo
Redimir el destino con esta quemazón
de claridad y en este azul salobre lavarme
la conciencia de este miedo que al alma
da locura Volver a ser de nuevo
sustancia y fuego suceso
feliz de las estrellas Y con cielos astros
sales que se incendian litorales de luces
que germinan no sentir extraña mi presencia
en esta hora sino como un rumor más
que habita el universo
No quiero ser el fruto
de toda una desgracia heredada
en mi sangre acaso un ser herido
que siente de otro lado el extravío de
su pensamiento Igual que estas aguas serenas
debe estar sereno mi corazón para poder vivir
claro como la espuma que se abandona a
florecer en cualquier playa

Nada sentir nada pensar ni en esa muerte
en la que al fin naufragará el dolor y
tanto me aliviará de ser yo mismo mi enemigo
solo verme en esta riqueza de permanecer vivo
frente al mar frente al mundo frente
a mí mismo y aspirar el olor y la soledad
de este animal que soy entre los seres
igual que aspiro el ritmo de las olas
el fuego de la luz la intimidad del cielo
y veo que todo posee la misma materia
que yo que mi nada tampoco trasciende
a nada ni en su humildad ni en su miseria
Que no tengo aquí un sentido preciso
sino salvarme a mí mismo de mi propio mal
olvidarme por entero no
ser extraño a lo que vive
tan inocente y puro en su ignorancia

El saber será tan solo en mí
la forma absoluta de ignorar
como se ignora aquel barco que ahora veo
en la distancia blanca de las aguas y la sirena
confundida con el ruido de las olas se pierde
y se ignora al fondo de mi sangre

El hongo de Psylocibina

No, no me conozco porque estoy vestido
de mi miedo. Y me da una risa amarga
esta máscara que paseo por Lower East Side

bajo nubes rosadas de apariencia televisiva
y los vídeos eléctricos de la publicidad.

Huele a moho mi infancia, huele
a humedad mi tiempo entero
como el traje de un antepasado,
huele a niebla mi rostro.
Soy el *dealer* de la basura metafísica
al que borra el dolor.
Debo estar tan loco como ese espacio muerto
bajo los puentes de las autopistas
donde la neurosis del viento
aúlla con rabiosos graffitis oníricos
y altos índices de toxicidad sentimental.

Me reconozco no en lo que fui
sino en lo que soñé y no he sido:
visiones con hongos de psylocibina.
Pienso siempre en la muerte para la vida,
no en la vida para la muerte.
Y en esta avenida donde bandadas de pájaros
tan drogados como yo se pasan el día
intentando follar siento un sueño mi carne
mientras humildemente la levanto al mundo,
y bajo este anuncio que habla de delicias lácteas
y se ven los pechos de una mujer y en medio
de ellos un *brik* de leche pasteurizada,
siento cómo dentro de mí despiertan
voces o almas que me hablan
como un teatro de sombras.
Soy el escenario y la niebla
que ellas han creado. Tengo su mismo aliento
aquí en mi interior, y cada gesto mío
es un gesto que trae su memoria en la sangre de mi vida.

Soy un hombre donde se reúne
el sueño equivocado de otros hombres.
Un sueño que espera una señal
contemplando herméticos mensajes que hablan
desde el cielo, mensajes de un azul metálico
y limpio que señalan los nombres de clínicas estéticas
para diseñar curas de felicidad.
Un sueño que escruta la dirección del aire
inflamado de una amplia gama de monóxidos
por si trae una sola palabra verdadera,
que observa el horizonte sin saber para qué.

La savia de estas hierbas debo beber
con rabia para que todo se aclare,
así conoceré las cosas más sencillas.
Pero yo no sé quién soy yo,
si el sueño de la muerte o el despertar de la vida
y mientras me llegan los neones de los restaurantes
y de las tiendas de moda con su alucinado olor sexual
y oigo chillar la tráquea de los pájaros en sus éxtasis
orgásmicos desde los altos árboles
aturdidos por el viento del crepúsculo,
y solo veo a la luna plena de drogadicción
coquetear con los jóvenes que pasan en sus autos,
como una prostituta más.
Y al río recoger la basura de los *malls*
para irse a dormir con su misterio.

¡Ah, y todo es una gran bufonada
en medio de estos flashes alucinados en que gira mi vida!

Ama el mundo, me digo, porque es todo
lo que tienes: no te hundas

bajo la carga de tus sentimientos.
Aprende a ser el que sueñas hasta despertar:
el hombre que se despierta soñando deja de ser él
para ser otro de nuevo.

Práctica de la utopía

También yo me he puesto a conducir esta noche,
como todas las noches de este último tiempo,
con la esperanza de escaparme de aquí.
Llevo la camisa henchida por la brisa
y la luna delante incendiando de mercurio
las aguas del océano.
La radio, sintonizada en un canal muerto,
es un desierto más que me acompaña.
Paso junto a tierras muy usadas sobre
las que pesan planes de especuladores turísticos
que prometen una vida feliz.
El aire está cargado de un blanquecino gas azul
y el cielo es una lámina cambiante
con remolinos de polen, destellos de bruma
y corrientes polvorientas.
En lo alto del parabrisas, libres en el viento
nocturno, los cables telefónicos
sacuden constantemente la forma lejana
de los astros con un leve temblor.

Ya sé que nada va a salvarme,
que ya no soy siquiera aquella bella idea

nacida de la mente de los hombres,
pero me reconforta huir.
De ser algo, soy la conciencia
de lo que no se alcanza ni siquiera a soñar,
una nada muy vieja que ofrece
a las gaviotas un poco de pescado
en la escollera del puerto
y gusta de contemplar su vuelo.

Las curvas se inclinan suavemente
en un húmedo resplandor,
y los colores dorados y cobrizos del asfalto
poseen irisaciones marinas, como escamas.
Los faros de algún coche, en la calma
transparente del salitre,
rotan por el litoral como lo hace
un planeta lejano por su órbita.

Es cierto que tengo muy poca fe,
que apenas espero nada, sobre todo de mí mismo,
pero me consuela observar esas estelas de nubes
blancas y grises como paños
con los que alguien limpia el cielo,
los ojos de una estrella que, venciendo
la distancia que nos separa,
hago que se encuentren con los míos.

Como cada noche, cruzo la línea pintada
en el suelo y conduzco ilegalmente
por el carril de dirección contraria.
La mirada se pierde no en el tramo de carretera
que tengo ante mí, sino en las altas
profundidades astrales.

No me hago ninguna pregunta.
La sensación de volar es muy intensa
cuando traspaso la arista de los cambios de rasante.
La explosiones del motor, el ruido
con que el alquitrán succiona los neumáticos,
el roce de la chapa y de los plásticos,
me hacen pensar en las explosiones
de hidrógeno y de helio de allá arriba,
en el movimiento de la materia celeste,
en la energía de la luz cruzando el espacio.

Momentos de ciencia ficción

A Fernando

I

Desde entonces estoy aquí. Desde que alguien me dijo que si
    viajaba en esta línea aérea regresaría a todas las cosas que
    viví contigo. Desde entonces espero.

Llevo tatuada en la mano aquella lágrima tuya que dejaste
    perdida, oigo el sonido de la velocidad surcar la nostalgia
    imprecisa de mi corazón.

El paisaje pasa allá abajo sin ningún rastro tuyo como una red de
    imágenes que se proyectan en una pantalla muerta.

No hago nada. Tengo todo el tiempo para pensar en mí y para
    sentirme solo.

Ni siquiera sé si mi rostro cambia conforme avanzamos por las extensiones del cielo.

Solo soy algo minúsculo, algo suspendido entre estrellas inmóviles y estas nubes que se tiñen del halo hepático de los pilotos que parpadean.

Sé que una vez tuve un nombre que no puedo recordar. Sé que con ese nombre alguna vez te amé. Los recuerdos son difusos como si fuera otro quien los estuviera recordando.

Los sentimientos parecen fantasmas de la vida. Las certezas son inexactas. Atravieso un desierto y después otro como una sucesión de interrogaciones.

Los gigantescos anuncios publicitarios, diseñados para ser vistos desde aquí arriba, aparecen y desaparecen en el aire nocturno como flashes.

Esto, me han dicho, no es un viaje por el espacio, es un viaje por el tiempo, y no es un viaje por el tiempo real sino un viaje por un tiempo mental.

Voy a tu encuentro como un forma de encontrarme conmigo. Te busco en aquel que fui.

La dificultad de saber quién soy, de saber quién eres proviene de que toda vida es apócrifa.

Aun así espero que no te hayas ido de las huellas que dejaste en el pasado. Espero que tu risa siga riendo allí, que sigan pasando por ti los mismos sueños.

A lo lejos veo los destellos crepusculares de algún sol lejano que se extinguen en un agujero del horizonte, y las masas de polvo, como entonces, siguen yendo de un lado al otro de la galaxia.

No sé qué realidad es digna de ser real. No sé por qué la duda forma parte de mi pensamiento.

Sólo sé que la realidad está siendo continuamente manipulada, que vivimos en medio del tiempo de nuestras propias mutaciones.

Voy al pasado, entonces, porque en el pasado debe estar el que ha sobrevivido a todas mis derrotas. Porque tal vez allí sea posible que me mire en el espejo y vea mi rostro.

Tal vez busco tus ojos porque solo ellos pueden verme sin ser este hombre que ni siquiera se atreve a decir lo que perdió.

He pasado toda mi vida equivocándome.

Me he equivocado incluso en mis fracasos.

Soy lo que nunca tuve que ser. Creí en lo que nunca tuve que creer. Sigo esperando y no sé lo que espero.

Abajo las ciudades se modifican según complejos programas tecnológicos.

Hay trozos de naturaleza sin perturbaciones como salidos del diván de un psiquiatra.

No sé si alguien está haciendo que se adensen las sombras.

El oxígeno, el anhídrido carbónico, el vapor de agua en suspensión, los gases inertes se han helado ahí fuera y van depositándose en el cristal de las ventanillas.

Estoy a merced de este juego de realidades, estoy a merced de esta aventura de la memoria, estoy a merced de esta mente que contiene cada uno de los detalles de todo lo que viví.

Soy pobre incluso para soñar. Soy tan pobre que solo sueño con aquello que mi vida perdió.

Voy al pasado porque allí tus brazos al despertar me buscan y si abro los ojos es para encontrar algún refugio dentro de ti.

En realidad voy al pasado porque no he vuelto a encontrar un mundo como el que se hacía visible en las extensiones de tu mirada, porque deseo reconocer en tus labios los nombres de las cosas que no quiero olvidar.

Recorro un espacio donde las emociones humanas y las emociones humanas nacidas de la tecnología son una, donde la vida transcurre por realidades inteligentes.

Voy a esa realidad inteligente que es el pasado, pues sospecho que es el único sitio donde te puedo encontrar.

Sé que el presente tiene la forma exacta de una huella, la que dejaste tú.

Pero el presente es un tiempo de emociones a la deriva, un tiempo apócrifo.

Hay besos arrojados a espacios de residuos afectivos, hay sentimientos que parecen la pantalla perturbada de un televisor, hay caricias como gente que se arroja desde lo alto de un rascacielos.

En el presente la lejanía es una llamada que aún no ha obtenido respuesta y la distancia es el vacío de una página en blanco.

En el presente la sensación de irrealidad es tan fuerte que parece como cuando tienes una pistola incrustada en la boca y sientes el sabor del cañón derramarse en tu saliva.

The end: Catástrofe

Una mancha de sangre golpea de pronto la pantalla del televisor.

Recuerda *La imagen, tal como se forma en la escritura automática* de Brassaï.

Es una descarga eléctrica, la tomografía de una actividad cerebral acelerada, una secuencia onírica que perturba.

El humo zumba incesantemente como algo que sale despedido.

Tu cuerpo está en el suelo, entre las cosas que caen, entre la realidad que se derrumba.

Tienes la ropa quemada, la piel sucia, el pelo lleno de polvo.

Con insistencia un móvil suena entre los restos del bolsillo de tu cazadora.

Nadie contesta. Nadie contestará jamás.

Todo está siendo destruido. Lo que fue cierto ya no existe.

La palabra mundo es un montón de errores, es un motón de gente atrapada entre la chatarra que grita socorro. No es posible decir nada sobre esa palabra, no es posible ningún pensamiento.

La crisis de lo real es perder aquello que nos acompañaba, estar vacíos.

Como los fotogramas de una película de catástrofes, los coches aparecen volcados a lo largo de la autopista.

En algunos puntos de los rascacielos explotan los conductos de gas.

Los surfistas han muerto y aparecen flotando encima de las olas.

¿Qué ha pasado, decidme?, grita alguien. ¿Por qué ha sucedido una cosa así?

Hay una urgencia de bombonas de oxígeno y de masajes cardíacos.

Las líneas de los electrocardiogramas poco a poco dejan de registrar algún movimiento.

Se abren fichas en los depósitos de cadáveres. El frío de las cámaras es la última temperatura que queda de nosotros al final.

Abro los ojos. Te veo dormida. Todavía las manchas de esperma aparecen húmedas en el blanco de las sábanas.

Todavía los dedos me huelen a látex y a los artículos eróticos que nos gusta comprar en los sex-shops.

El plano de tus pechos y de tu sexo es profundamente hard.

00 01 37 son los dígitos de la peli que se reproduce en el DVD.

Me acerco a tus nalgas y apoyo la cabeza. Los sentimientos arden como una botella de gasolina.

My love is Guy Debord es la frase que tienes tatuada en uno de tus hombros.

Te desorientas.

¿Qué me ocurre?, dices. ¿Por qué llevas mi cuerpo colgando de tus brazos? ¿Es que voy a morir?

Acaricio tu vientre, los nervios lo recorren como una serie de espasmos producidos por la maría que acabamos de fumar.

La maría es nuestra forma de conseguir una vía liberada.

¿Por qué nos han cerrado todo?, preguntas.

¿Por qué nos han hecho vivir en una paranoia?

¿Por qué la política vigila que la economía establezca el orden democrático?

¿Por qué la sociedad posee la naturaleza de una imagen pornográfica y no sabemos adónde huir?

Cálmate, te digo, solo es un sueño. No ocurre nada más.

La almohada huele a los restos de tu perfume.

El aliento es una clase de alcohol, como un taxi en la madrugada de un sábado.

En tu cara aún brillan los cosméticos de las imágenes televisivas, de los solitarios bares nocturnos donde conspiramos, levemente azules como la ginebra entre el hielo.

Veo que una grieta se abre en la pared de enfrente, como una apertura hacia otra forma de espacio interior.

Me levanto y voy a la ventana: veo edificios ardiendo, los accidentes en masa, los trozos de cosas que salen proyectados de las explosiones.

Me veo a mí entre la gente que huye. Llevo tu cuerpo colgando de mis brazos. Te siento fuera de control.

No sé quién soy y tampoco sé quién eres.

La mente es una proyección incesante estados, de representaciones, de situaciones.

Estás de pie en la acera. Esperas a que yo llegue con mi coche.

Vamos a un lugar clandestino a hacer el amor.

Un mendigo negro con las piernas amputadas pide limosna a tu lado.

Más allá las putas comen pizza debajo de la palabra Schweppes.

Gritas pero vives en otro tiempo, en otra dimensión. Nadie puede oírte.

Sabes lo que va a pasar. Estás abandonada.

Una lluvia roja y morada

Incluso antes de que se retiren de la playa los últimos bañistas, las gaviotas están devorando los restos del atardecer.

Pensamientos perdidos, deseos no consumados, sombras de belleza.

Bajo los efectos de la sal, las casetas de baño flotan como si fueran el fotograma de una película antigua.

El olor del petróleo es el olor del océano.

El frío viene tras la estela de un barco con el forro polar subido hasta el cuello.

Amor mío, no somos tiempo sino espacio, no somos un lugar sino la incertidumbre de un lugar.

La vida para ti y para mí solo es una lucha por la persistencia.

Mira cómo los aviones entran y salen del aeropuerto cercano.

Cómo se encienden las últimas industrias.

Cómo recortada sobre el muelle del Puerto Deportivo, la fachada de un hotel cambia continuamente de color.

En los carteles de *Se vende*, en las tiendas en liquidación, en la publicidad de los prostíbulos que aparece en las ventanillas de los coches, comprendo qué es este país.

Pienso en los engaños, en los míos y en los de mi tiempo.

En cómo el sentido común ha sido traicionado.

En que la filosofía forma parte de las catástrofes sociales y la ruina económica.

Pienso que las mentiras de ahora son el fruto de la desesperación.

Bebemos café bajo el toldo de una taberna.

Nos miramos en silencio.

Medimos nuestro corazón por el tamaño de nuestros fracasos.

Aquellos sueños que perseguimos nos humillan.

La vida, sí, la vida, se ha vuelto algo demasiado complejo para ser vivida por la gente normal.

Nos hundimos tantas veces en las desesperaciones más simples que ya ni siquiera sabemos lo que significa el amor.

Es demasiado grande el peso de los días.

Es demasiado grande toda esta lucha cotidiana, esta confusa maquinaria que nos hace perder la dignidad.

Somos prisioneros de esta época de la rutina diaria, de la especulación del trabajo, de la falta de emoción.

Empieza a caer una lluvia roja y morada.

En la televisión del fondo un joven empresario habla con un lenguaje de secta.

Dos chicos con los brazos tatuados beben cerveza y juegan al billar.

Un barco llega.

Los que bajan por la escalerilla somos tú y yo.

Tenemos 26 años.

No estamos llenos de ira.

Es leve mirarte, sentir tu juventud, abrazarme a tu calor.

Ada Salas
(1965)

ADA SALAS, *Cáceres, 1965*

Poeta y docente autora de los poemarios *Arte y memoria del inocente* (1988), *Variaciones en blanco* (1994), *La sed* (1997), *Noticia de la luz* (2003), *Lugar de la derrota* (2003), *Esto no es el silencio* (2008), *No duerme el animal* (2009), *Ashes to Ashes* (2010) y *Limbo y otros poemas* (2013). En prosa ha publicado *Alguien aquí* (2005) y *El margen, el error, la tachadura* (2011). Ha recibido los premios de poesía Juan Manuel Rozas (1988), Hiperión (1994) y Ricardo Molina (2008).

POEMAS SELECCIONADOS: [Vi quebrarse...], *Arte y memoria del inocente*; [Aire herido...], [Fluye...], [Ni la invisible seda...], [A qué huir...], [Aquí...], [Vivir...], *Variaciones en blanco*; [Días...], [Hay libros que se escriben...], *La sed*; [No creía posible...], [O todo...], *Lugar de la derrota*; «*(Premonición primera)*», [No empuño este temblor...], *Esto no es silencio*; «*(Epílogo)*», «Coda: Chanson du désir», *Limbo y otros poemas*.

A pesar de que a veces se ha presentado como *fría* o intelectualizada la poesía de Ada Salas, pocas poéticas como la suya presentan tantos rastros de lo carnal, de la pasión, del dolor y de cualquier otra experiencia vital («vivir / es una huella», 2009:134).

    Tras un poemario primerizo en el que podían verse algunas claves desarrolladas más tarde, *Variaciones en blanco* y *La sed* motivaron la inclusión de la autora en la corriente poética denominada del «silencio», bajo la alargada y feraz sombra de José Ángel Valente. La característica esencial de la voz que entonces apareció en la poesía de Salas la ha explicado perfectamente Martín Gijón: «la intuición de otra persona distinta de la poeta, de un yo 'otro', yacente en las profundidades de la conciencia, y sólo alcanzable mediante la palabra poética. Es con ese yo ajeno, extraño, dentro de su identidad, con el que Ada Salas entablaba un diálogo hecho de imprecaciones y de silencios, marcado de manera impactante por la certera disposición de los espacios en blanco sobre la página» (2011:297). En efecto, la presencia de vacíos o huecos en el poema, tan expresivos como las palabras que los enmarcaban, otorgaban un carácter reconocible a esta poética radical –en el sentido de *ir a la raíz*–, donde la desconfianza en el lenguaje y, a la vez, la profundización en las posibilidades de éste, una vez sometido a la pertinente crítica, permitían a la autora hacer una autopsia de las experiencias, tanto intelectuales como cotidianas: «La poesía –anotaba en su libro de ensayos *Alguien aquí. Notas sobre escritura poética*– surge de la indagación en el propio lenguaje; no es el escritor el que piensa, el que construye, es el lenguaje el que se piensa a sí mismo» (2005:66).

A partir de un poemario de título revelador, *Esto no es silencio*, y continuando por el hasta ahora último libro, *Limbo y otros poemas*, se ha producido un giro en la poesía de la autora que ha creado un tono más denso y retórico, sin perder su profundo trabajo con el lenguaje. Algunos críticos han señalado que parece haber más anécdota vital, pero en realidad lo que hay es menos trabajos de sublimación o escamoteo de la misma, siendo «confesional» buena parte de su trabajo, como recuerdan las notas finales a algunos de sus libros, explicitando algunos hechos dolorosos de su biografía que han motivado la escritura de los textos. Comentando *La sed* y *Lugar de la derrota*, apuntaba Luis Bagué que en alguno de sus poemas la autora «propone la supresión de la distancia que separa la palabra poética de la vida. Según Ada Salas, la experiencia estética y la experiencia íntima son igualmente necesarias» (2006:85). Esa voluntad, a nuestro juicio, se desarrolla a lo largo de toda su trayectoria poética, de una forma u otra, con mayor o menor claridad, pero siempre de modo detectable y preñado de emoción.

Nuestra selección intenta resaltar cómo, en concreto, el tema del dolor atraviesa con notable calado toda su obra, en diversos tonos y registros.

[Vi quebrarse...]

Vi quebrarse los bosques
como espaldas antiguas
padecer los amantes el dolor de la furia
morir los girasoles abrasados
en su propio fuego.

Digo noche cerrada muerte abierta
fulgor o maleficio

y mi voz se conmueve.

[Aire herido...]

Aire herido de paz.

Deshojado dolor.
Lento río

        de rosas

apagadas.

[Fluye...]

Fluye
sólo el silencio

inconsolable.

[Ni la invisible seda...]

Ni la invisible seda de tu aliento.

Yo.
Perdida.

Perdida
        como niño

que abandona sus ojos en la orilla del llanto.

[**A qué huir...**]

A qué huir

si el dolor es un
                    ángel

con tres alas de arena.

[**Aquí...**]

Aquí

fluye sólo el silencio
inconsolable.

[Vivir...]

Vivir
es una huella.

[Días...]

Días como una playa sedienta
de naufragios: miráis
como preguntas de la muerte. Ponéis
sobre mi espalda
los cuerpos de otros nombres
y otros días.

Mas dónde hallar ahora tanta tierra.

[Hay libros que se escriben...]

Hay libros que se escriben sobre la carne misma.
son esas cicatrices que nos hablan
                              y sangran
cuando el tiempo se rinde a su derrota
un puñado de signos que apenas
comprendemos

y eran el beso intacto de la vida.

[No creía posible...]

No creía posible este silencio.
No hay nada aquí.
Una extensión abierta donde todo
podría consumarse
la muerte el huracán
la piel
el precipicio. Lugar
de apariciones.
Sólo soy el vacío.

La más pequeña luz puede colmarme.

[O todo...]

O todo
lo que vi
estaba ya deshecho
cuando yo lo abrazaba.

(Premonición primera)

Es esto lo sagrado: el lomo
curvo y duro
—de un negro casi azul—
de un bicho seco. El de un escarabajo
perfecto en su cadáver.
Un muerto tan ligero que pesa hacia la altura.
Nacer
para vivir
unas horas
tan sólo
y dejar esta herencia: una mancha
que cruje
bajo el paso de un niño: el rastro fulgurante
de lo que fuera asombro
aplastado y deshecho.

[No empuño este temblor...]

No empuño este temblor para que nadie entienda.
Enfilo un pasadizo
que me lleva a la muerte. Yo le abro
la puerta
y se viene y se nombra lo que había dejado
allí
    allí
como quien guarda
culpable
bajo el plato
una cena que estraga (oh madre madre madre
tanta carne que no pude
tragar
comprimida en mi mano). De allí
y de otro tiempo extraño al mío
me llegan estos raros animales.
No los llamo palabras.
No se llaman palabras.
Y no los acaricio
porque muerden.

De todas formas
muerden

hasta hacer de mis manos un despojo sangriento.

(Epílogo)

Lo que añurga y atora.
Lo que viene a parar al inútil mortero
                                    un rosario
apretado enroscado
sobre sí.
Yo era una balanza en equilibrio yo era una balanza. Mira que eres
estúpida. Recoge
los añicos y construye
con ellos
una historia –una
sucesión ordenada y discreta
por fin
reconocible–. No. El dolor no se puede contar. El dolor
es abstracto –incontable
por tanto según
esa oscura gramática–

es decir

el dolor es la forma
más
acabada del caos.

Pero ves cómo puedo contar los agujeros palparlos
uno a uno.
Pienso que todos ellos confluyen en un número.
Pienso también en si
ese número
por

un ligero descuido se
nos
atraviesa en la tráquea.

Coda: Chanson du désir

> Pienso en la flor que se abre en mi cuerpo.
> —Blanca Varela

> Transforma-se o amador na cousa amada
> —Luis de Camoes

(Prólogo)

No
había escrito
nunca
un poema de amor. Un asco
por nombrar
lo que es respiración. Morada. Ésta
como saturación de piel y éste
como vivir en otro
dentro de uno mismo
(lo que era
interior
expuesto ante la luz).
Encomendarse al símil
para aquello que sabes

nunca
ha tenido palabras
(nunca
ha tenido palabras).

I

El lugar donde estás no tiene
aristas. Allí donde comienza comienza
el precipicio
donde no tú
no yo. Éste es el espacio
de la necesidad
o por mejor
decir
la piedra y la cadena confundidas
en la esclavitud. El origen
del gozo y el origen
del miedo
–su breve luz
haciendo inmaterial–
pues nada
sino esto
nos sujeta a la tierra.

II

Éste era el sentido
de la profanación
éste el sabor de lo que tanto tiempo
habías masticado. No hacerse
sino
deshacerse.
No hablar
sino callar.
El que espera.
El que recibe.
Besa primero al huésped y le brinda
un espacio
        ofrece
pero no
violenta no atosiga.
Para desmoronarte
así
te habías construido.
–sólo
lo inflexible se rompe–.
Ahora desaprendes la trampa
del lenguaje.
        Lo que dice
tu cuerpo no tiene
boca.

III

El desorden trabaja como crece una herida
                                          hacia
adentro y hacia
afuera.
El deseo es lo mudo.
En lo mudo fermenta lo que
descuartiza un cerebro.
Un extraño jardín un extraño mercado.
En el borde del cráter alguien
canta
y su canto remueve la pólvora.

IV

Donde comienzo yo comienzas
tú. Ésta es la ceremonia
del error
la brecha
del desastre.
Si al menos existieran un punto de partida o un punto
de llegada. Si no fuéramos
móviles

si
pudiéramos fundar alguna cosa

si

rompernos
limpiamente
contra el otro.

Álvaro García
(1965)

Álvaro García, *Málaga, 1965*

Poeta, ensayista, traductor y docente. Ha publicado los libros de poesía *La noche junto al álbum* (1989, Premio Hiperión), *Intemperie* (1995), *Para lo que no existe* (1999), *Caída* (2002), *El río de agua* (2005), *Canción en blanco* (2011, Premio Loewe) y *Ser sin sitio* (2014). Traductor de Auden, Larkin, Atwood, White, Lear, Eliot y *Nueve sonetos de Shakespeare* (2014), es autor del ensayo *Poesía sin estatua. Ser y no ser en poética* (2005).

Poemas seleccionados: «La razón», *Intemperie*; «Ignorancia», «Ícaro», «El eclipse», «La estación», *Para lo que no existe*; «El ciclo de la evaporación»: [Las ráfagas de luz desfibran noche...], *Caída*; [Escucho el disco y miro la ciudad...], *El río de agua*; [Somos un animal que es dos humanos...], *Canción en blanco*; [Sol de óxido y de cal de la azotea...], *Ser sin sitio;* «La tarde», *Ser sin sitio*.

En la obra de Álvaro García pueden distinguirse dos fases muy diversas: una primera, precoz y variada en metros, temas y estilos, caracterizada por la progresiva depuración del tono y del lenguaje, que se cierra con *Para lo que no existe*, y una segunda y más ambiciosa, que dialoga con varios grandes poemas de principios del xx (*The Cantos, Zona, Cuatro Cuartetos*, etc.) para presentar cuatro grandes poemas unidos por una preocupación trascendental hacia el entorno, la recuperación de la memoria y la metafísica del tiempo entendido como duración en presente: *Caída, El río de agua, Canción en blanco* y «Ser sin sitio», primer poema del libro homónimo. Esta conciencia de *proyecto en marcha* confiere a la poesía de García un lugar aparte y propio en el panorama patrio.

Podemos decir que la preocupación por el lenguaje expresivo ha sido una constante de toda su obra, capaz incluso de adoptar planteamientos diversos respecto a la materialización de esa constante. Si en sus primeros libros podíamos leer poemas dedicados a Joyce y versos como estos: «Mantente, pues, a un lado y piensa en Beckett: / no hay nada que decir ni que escribir, / pero es imprescindible expresar eso» (*Intemperie*), en su segunda etapa la indagación sobre el lenguaje trasciende las limitaciones de éste, al objeto de crear una *Poesía sin estatua* (título de su sugestivo ensayo sobre poesía contemporánea) en la que se busca una claridad compleja; en ella, llamar a las cosas por su nombre (vgr., *El río de agua*) no es incompatible con una profunda reflexión sobre la relación entre las palabras y las cosas. La operación de transparentar no tiene por qué ser menos ardua que la de opacar, con la agravante de que tiene menos tradición. Mientras que el poeta de «Un puente sobre un río» (1995) explica al lector la imagen que contempla: «un puente sobre un río –suponiendo / que sea simple un puente, y más un río» (1995:18), el poeta de *El río de agua*, diez años después, se limita a presentar la sucesión de imágenes sin explicación ni añadido: «se marcha siempre el río hacia la luz» (2005:9), sin perder una profundidad que se vehicula mediante contextos y símbolos. En el caso de García, un decir más claro está lejos de ser un decir más simple, como ha sucedido en otras poéticas de la «claridad»; justo al contrario, su *menos es más* nada tiene que ver con el minimalismo y sí con el trabajo sobre las imágenes utilizadas en el poema, en aras de la exactitud de la palabra y no de un mal entendido laconismo.

En *El río de agua* encontramos unos versos, «detener el destino con palabras / y que sean felices de ser sólo / canción, respiración de la memoria» (2005:33), que no sólo anticipan la siguiente entrega, *Canción en blanco*, sino que nos ponen en la pista de una clave de esos cuatro poemas-libro: la construcción de un vasto poema del mirar («le dábamos mirada al pensamiento», dice un excelente endecasílabo de *Caída*), celebratorio de lo visto, lo oído y lo sentido, sin importar la carga de dolor que el vivir (o el recordar) puedan traer consigo, pues son su inevitable peaje. En nuestra selección nos centramos en los poemas más *solares* de García, por estimar que es uno de sus tonos más representativos.

La razón

Vivir ante el cristal de un lento mundo
nos pone complicados: esta tarde
con avenidas rápidas y a las seis es de noche
descubro la vergüenza
de no saber llegar al centro de otras vidas
si no es mediante pobres abstracciones.

La de que no haya vidas sino vida,
por ejemplo, y por tanto
la mía sea la de todos.

Se encienden las ventanas.

Ignorancia

No se trata ahora de saber.
Pongo la palma de una mano en tierra
y escucho con la sangre la sangre intemporal
que no hace caso al tiempo y es el tiempo.
No tiene voz, es voz:
acogerse a un continuo en el que brilla aún
la vida derramada en unas ruinas antes que fuesen ruinas.
Se funde lo que ocurre con lo que ya no tiene que ocurrir:
está y nos incorpora.

El mar respira y es
respiración del mundo.
Parece que el paisaje
vertebrara lo mismo que sentimos.

Le presto a este paisaje mi soledad sin huella
y me reintegro al ritmo de las cosas.
Le hago sitio en el aire a una canción.

Cantar no explica nada. Se limita a salvarnos desde nuestra
ignorancia.
El canto es la certeza:
se obstina igual que un viento o que una fe.

Ícaro

La meta es como un túnel, se nutre de tiniebla.

Lo propio de las alas es quemarse
cinco minutos antes de llegar hasta el sol.

Toda meta es un túnel que te absorbe,
es una oscuridad que se alimenta
de tu propia sustancia y de tu olvido
y ese modo de muerte que es el conseguir.

Cuando uno logra un fin se queda triste.
La meta se lo traga.

Mejor ser el mejor sin beso de champán, sin aureola.
Y el sueño se ha quemado en su inminencia,
como sabiendo que vencer es chusco.

Tus sueños se han quemado de pura lucidez.

El eclipse

Entre el fulgor y el accidente,
la pulpa del eclipse
es el cerebro
de quien piensa un eclipse.
El mundo,
entremezclado,
cede al escamoteo de sí mismo.

La superposición de dos certezas
es certeza.

Queda mirar eclipses
en que la tarde se diluye y vuelve.

Pero nosotros no,
ya no hace falta.
Se está bien en la idea
de un eclipse:
da su sombra a la voz con que decirlo,
entreverado el día,
como el deseo nubla una conversación.

La estación

Al sol, despunta el sol y reverbera
en un casi verano casi cierto.
Morder un hilo de agua. ¿Es tiempo ya?
La piel es nuestro único barómetro.

Hablar del tiempo, como dice Wilde, es hablar de otra cosa.
Es ventana a la incertidumbre.
El día en que mirar sea consultar rutinas de merlín
como quien mira un índice de precios,
vivir habrá perdido su constante en el abismo leve.

Nos evaporamos, en el beso, a las regiones del olvido
y, al reír juntos, somos intemperie:
cuando calla la risa hay un granizo que hiela los pronósticos,
y hay que volver a repensar el mundo.

Somos agricultura de los cielos, una ancha mies del aire,
polen vago que vino de tan lejos.
Toda lucha entre iguales, todo amor de contrarios,
toda íntima disputa está prevista
en la tensión dulce de los alimentos terrestres,
en el grano de trigo que amarillea y revienta en el aparador.

El perezoso giro de los astros hipnotiza las vidas,
el peaje de las estaciones, el voltaje de lo repetido.
La hora y su exterior se nos confunden.
Y si no hubiese luz como esta luz,
si no hubiese preguntas en los ojos,
si no hubiese un instante de desvelo justo antes de dormir,
todo serían actas.

Somos del alimento del temor.
También una ilusión de eternidad
que se entrevera con estar perdidos.

Amanece una luz
con dimensión precisa de universo.
No hace falta que diga el calendario la última palabra.
Siempre falta infinito para lo que no existe,
que es donde vivimos.

El ciclo de la evaporación
fragmentos

Las ráfagas de luz desfibran noche
dueña de su estación, dueña de mí
con gravidez, con prisa del invierno
por ser él, tan de golpe, con cansancio
de sol plomo, de sol piedra de nube.
Quién cuida el vino leve del vivir
y las horas sin hora de la gracia.
La llamo plenitud, la llamo mar,
o la llamo sosiego y entusiasmo
cantado sin motivo y con motivo;
euforia de decir lo que se dice.
Pero también sustancia entre dos ánimos,
y contundencia de no estar y estar
en el aroma de lo que contemplo:
un mundo matinal, sereno y frío.
Ignoro el pasadizo hacia la huida.

Nos queda el sol. Que roza nuestra piel
y que resiste cuando no resistes.
Y los colores hechos compañía,
y la vida que suena como un río.
Será posible estar, abrir el mundo,
darle ciudadanía a su misterio
por el que cruzan bajas las gaviotas
en un acuerdo natural y único
entre ser y habitar: ser y ser más.
Quien desaloja fe cifra su estancia
en algún modo de insistir erróneo,
capaz de acomodarse a las arterias,
fraternidad confusa o sometida
al mar que ayuda a ser. Respiro tiempo
como si la quietud se desplegase
siempre a punto de ser, como el mar mismo.
Late una decisión y queda espacio
para el latir contrario. Es como el mar,
los extremos de vida que lo afirman.
La conciencia excesiva no da tregua
y sólo la conciencia nos descubre
ser más fugaces que el fragor de un fósforo
en el que arde una indulgencia de aire,
el simple estar y desaparecer
lo que no admite ser pensado. Piedra
que brilla en su querer salir del agua,
los colores se cierran en su luz.
Porque el adiós es blanco. Se insinúa
hasta en el tintineo de las tazas.
Desnudamos el mundo hasta lo blanco
para poder seguir. La despedida
desaloja no sólo una presencia
sino también un clima: el marco ágil

de la ilusión concreta del amor,
su hábito que fluye incuestionable.
En la arena ondulada por el agua,
casi nada lo dice casi todo.
En las briznas que deja me detengo
y busco transparencia en el azar.
Cada materia está, sólo yo falto.
Insiste la mañana del mercado
como si confirmara que aún alienta
mercancía bajo un precio de tiza,
naturaleza en el compás del aire
mezclado de alimentos y de voces
y vibra igual la luz en esta hora
que no dice el reloj sino el pasar,
la procesión de los olores densos
suspendida en sí misma, en su certeza.
Certeza del aroma de la fruta
en la casa que aún no nos sabía.
El eco, las paredes. La extrañeza
trataba de escuchar sólo el instante
y es muy difícil porque se entreteje
de ensueño y porvenir, y de pasado.
Para tanto no hay sitio en una casa
y todo esperó en calma y en montones,
cuartos provisionales, sin costumbre,
y llegaba la fruta y de repente
aromaba la casa de sentido
igual que el aleteo de un sol nuevo
cuando en el extractor anida un pájaro
o maduraba sin que se supiese
el verde funeral de la promesa.
La reinvención constante de las cosas
por el sencillo hecho de mirarlas

hace mágico lo real, real lo mágico.
Le dábamos mirada al pensamiento
y siempre amanecía, como ahora.
Y seguirán ahí ciudades leves
que ejercieron de muestra del lugar
al que el amor sin daño se habrá ido,
salvándose del tiempo y los lugares
donde amanece sin sentirlo casi.
Y dónde los objetos, ser intacto.
Por un momento no se tiene nada
y voy con esa nada por las calles,
devolviéndole al sol algo de luz.
Y bajo hasta la playa. Allí una radio
radia muerte bajo un cielo muy claro.
El mediodía es una piedra lisa
que bota sobre el mar y el mar se traga.
Una piedra cansada poco a poco,
que bota cada vez con menos ímpetu
y termina rindiéndose a ser piedra.

[Escucho el disco y miro la ciudad...]

Escucho el disco y miro la ciudad
y se adentra la música en la noche
como si nunca hubiera que morir.
A punto de decirlo con un gesto,
borras el gesto con cerrar los ojos
y quién sabe si no existe la muerte
con sólo no temerla ni quererla,

dar quietud a su filo y no hacer nada.
Están ahí las acacias, ahí la noche,
la tierra recorrida por los ríos de agua,
una celeste densidad de tiempo.
Yo siempre celebraba una promesa,
un abrirse el futuro a espacios.
Hoy
la luz instaura tiempo en cada objeto,
más que para volver, para acudir.
¿Cuántas vidas contiene nuestra vida?
Y por qué no vivir así el presente,
multiplicarlo así como la historia
que ocurre en el instante en el que estamos,
el decir sin decir
el secreto que guarda el que se calla,
la memoria en común, la que se aísla
en la conversación ante la mesa.
Y por qué no vivir así el presente,
la flexibilidad del tiempo mismo.
Mirar un rato un pino de cien años.
Nadar y, después de nadar, nadar.
La vespa del cartero es amarilla
como una inmediatez, y esto es la calma
que ganan al destino nuestros años,
la agilidad de lo que escapa y vive
en algún sitio. Igual que en una hoguera:
una sola intención elemental
incendia tiempo, vida renovada,
un crepitar de insectos
y el fuego en que la costa se defiende.
En el fuego tiznado de pavesas
el verano se instala terminante,
en cresta de sol blanco su aire inmóvil

para que arda el aire en más incendios:
a rose is a rose is a rose.
El lenguaje encadena realidad
en las trepidaciones maquinales
por las que fluye la continuidad
en multiplicación de su sentido
como se expande con la brisa un fuego,
el leve flamear de una frontera.
El fuego, autor brillante de los días,
regalo de sol sólo. Le hace el boli
la corona de luz a la palabra sol
tal como le pintabas una risa
cuando otro sol reía de absoluto
primero, previo a dioses escondidos,
rendido culto al sol, a su certeza
en casas con un cuarto para el sol
acristalado de esperarlo,
secar frutos, mecer la mecedora
como quien mueve el tiempo con palabras.
A veces hace sol igual que cielo
para guardarlo luego, sol mental
de desear la luz en lo que hablamos.
Se despeñó de sol el niño Ícaro;
yo me electrocuté con siete años
girando una bombilla de 60.

[**Somos un animal que es dos humanos...**]

Somos un animal que es dos humanos.
Sustancia tuya y mía arden en una.

Con dedos de saliva me recorres
igual que las mareas trabajan una roca,
exhausta al fin en una espuma blanca.
El infinito es un tiempo en la piel,
piel nuestra o piel de fruta de abandono,
flor animal en vela del deseo
dejada en el olfato y en el tacto,
óxido de cancela pesada hacia un jardín
donde se mueven sombras frente a cosas
y los frutos se abren en el suelo
con un golpe marrón y lentitud de avispas.
Prueba el hilo de agua
que se adueña, un instante, de tu boca.
Detrás del tiempo hay tiempo, pero en vilo.
Prolonguemos el reino de este instante.
La prisa es un caudal abierto y vano.
En tardes afiladas,
en mañanas mirándome el reloj por las aceras,
la prisa me desdobla,
me vuelve un batallón de identidades
en donde sólo es yo el que queda atrás.
La muerte va más lejos que la idea
y sabe quiénes somos más allá de quien somos,
la muchedumbre lenta de los cláxones,
la prisa, el miedo, no celebración,
sino su molde egipcio coloreado,
el coche funeral que nunca duda.
Qué fantasma veloz suplanta un nombre.
He aligerado el día y no era yo.
Ahora extraño la vida al estar juntos
y ser como dos reyes sin reinado,
una conformidad de anacronía
desplazada de todo

pero no de esta ardiente irrealidad
traída de la sangre
en una fortaleza clausurada,
en el recodo último de un río de la altura
adonde no van pájaros ni nubes.
No fluye aquí otro pulso que el exacto,
inútil y rotundo de la naturaleza,
igual que un sol que se enaltece a solas,
rumor de los secretos
sin más sentido que su ser secretos,
ser reyes sin reinado
recordados por dos o tres familias
en calles de un exilio
que justifica el reino sin sentido,
esta quimera intacta, aceptación tenaz
del sueño al que otro orden deja al margen:
pura concentración de lo irreal
en un modo que existe.

[**Sol de óxido y de cal de la azotea...**]

Sol de óxido y de cal de la azotea,
triángulo de mar, jardín con tumbas,
están cerca los vivos y los muertos
y al fondo el desajuste
de vivir obligado o decidido
al espíritu amplio de la nada,
desacumulación interminable
cuando pasaba horas de la infancia mirando

la leve arboladura de una grúa
que apenas se movía, como moviendo nubes.
Hacer del tiempo un sitio abriendo el tiempo
igual que condenados bajo el peso del mundo
a no ser casi más o más que a ser,
intermitencia de una inexistencia.
Miro los edificios con reloj
con un eje de tiempo que es igual
en el campus severo de Económicas,
el muro repintado de la Audiencia
y el poniente ojival de la Gran Cámara.
En el silencio de antes y después
del quehacer material que era vivir,
estaba ya previsto este silencio
al reencuentro esencial del desajuste
que rompe entre los barcos y las tumbas.
Nos hacen sitio las palabras
mientras que se hacen sitio
de pie en la piel del mundo:
un decir habitable:
un inventarle espacios al espacio.
Quién no mira la cara de una vida
en la tapa muy limpia de un piano.
Quién no apura su propia identidad
al negársele un poco el día, o mucho,
como si fueran la sutura última
de estar y de no estar,
amar y ser sin sitio, las palabras,
tensas como los hilos que contienen
sangre bajo la piel rota y cosida.
En este tiempo en que se anula el tiempo,
digo esto como una contraseña
con un rumor de ruedas y de olas:

estar en la parada unos minutos,
estar bajo la lápida los siglos;
y este lapso intermedio y goteante
de la inactividad de luz tendida
de la cuerda tirante de tu ropa y la mía
al sol como si fueran la de nadie,
intromisión de tu belleza en duda,
suspendida en sí misma, sin certeza.

La tarde

La música, la sangre, el rumor fluye,
y fluyen las palabras y los roces,
el tictac húmedo, el querer que goces
en la penumbra de la tarde que huye.

En este apartamento ensimismado,
vivimos en el agua y en la cama
y querernos el uno al otro trama
una conjura contra todo estado.

La idea de un sentido se termina.
Compartimos la piel y la toalla
ante el atardecer que afuera estalla
como quien rompe en rojo la rutina

de no encontrarle al mundo otro sentido
que este aire de tiempo suspendido.

Eduardo García
(1965)

EDUARDO GARCÍA, *São Paulo, 1965*

Poeta, traductor y crítico. Ha publicado los poemarios *Las cartas marcadas* (1995), *No se trata de un juego* (1998, 2004), *Horizonte o frontera* (2003), *Refutación de la elegía* (2006), *La vida nueva* (2008) y *Duermevela* (2014). Es autor de los ensayos *Una poética del límite* (2005) y *Escribir un poema* (2011), así como del libro de aforismos *Las islas sumergidas* (2014). Ha recibido los premios Nacional de la Crítica, Ojo Crítico y Ciudad de Melilla, entre otros.

POEMAS SELECCIONADOS: «No se trata de un juego», «Ese túnel de puertas que se cierran», *No se trata de un juego*; «Sueño con cuchillos», «Deshabitado», «Presencia», «En otra ciudad», «Confidencial», «Niño abrazado a un árbol», «Las puertas», *Horizonte o frontera*; «Refutación de la elegía», *Refutación de la elegía*; «Cáscara», «El vacío y el centro», «Mientras afuera estallan las semillas», *La vida nueva*; «Tiranía de la sombra», «Precipicio», *Duermevela*; [Abren fuego las voces, su memoria tenaz...], *No se trata de un juego*.

La obra de Eduardo García es una de las que más reconocimiento institucional ha obtenido de todos los poetas antologados, *pese* a su singularidad. Aunque sus primeras entregas nacieron bajo la huella de la poesía de la experiencia, especialmente *Las cartas marcadas* (1995), en *No se trata de un juego* (1998) se advierten ya los primeros signos de lo que será un brusco cambio de registro a partir de *Horizonte o frontera*. *No se trata de un juego* se regía, como escribiera Andrés Neuman, por un «principio poético» que «coincide, en lo esencial, con la mirada entre cotidiana y extraordinaria que proponen los narradores fantásticos contemporáneos» (Neuman 2004:12). Esa «frontera» entre lo real y lo irracional, fantástico y visionario será una de las constantes que desde entonces, y hasta sus últimas entregas, marquen la poesía de García (pensemos en el título de su último poemario publicado, *Duermevela*, sobre el que escribió García de este modo: «aventurarse en la borrosa frontera entre realidad y ensoñación, imaginación y pensamiento: esa tierra de nadie, en *duermevela*», 2014).

Ese espacio entre dos aguas es también el lugar central de la poesía de otros poetas antologados –quizá el lugar natural de la poesía misma–, y en el caso de García la particularidad es que es un lugar perfectamente *trazado* de modo teórico y práctico por el autor, que ha dedicado su ensayo *Una poética del límite* (2005) a explicar su *realismo visionario*. A su juicio, es necesario después de tanto desencanto filosófico, existencial y político un *reencantamiento* del mundo, que cobra la forma de una devolución del enigma al sentido, no bajo esferas trascendentes o sacras, sino inmanentes, principalmente a través del acto artístico –poético en este caso–. Si en sus poemas se advierte una preocupación por la infancia perdida, por ejemplo, descubrimos gracias a su capacidad de auto-análisis (es muy importante en García la obra de Carl Gustav Jung) que ese rescate no es elegíaco (García publicó una plaquette titulada *Refutación de la elegía*), sino mitológico: «quizá el rastro mítico más patente en la literatura de nuestros días reside en la *nostalgia por los orígenes* no ya de la cultura, sino *del individuo*: la infancia, la adolescencia, el descubrimiento del amor» (2005:34). De ahí que el resultado no se convierta nunca en una experiencia solipsista, sino en una *recreación* que puede sentir el lector como propia.

Además del programa teórico de *Una poética del límite*, García ha llevado a cabo un cuidadoso trabajo de utilización de imágenes visionarias, enmarcadas en un programa iconográfico anclado en mitemas de probada solvencia: el árbol de la vida, la lluvia en el desierto, la máscara, el muro entre realidad y ensueño quebrado por túneles, pasadizos o puertas, la vida *al otro lado*, etcétera. Especialmente intenso ha sido el tratamiento del descenso al *maelström* del sujeto, asunto constante también en sus textos teóricos, para cuya representación ha utilizado casi todos los registros de yoes poéticos complejos: el doble, el extraño, el intruso, la cáscara, el sujeto vaciado, la máscara y demás yoes polimórficos existentes. Por el alcance de su preocupación a este respecto y por la fecundidad de los resultados alcanzados, centramos en ese asunto nuestra selección.

No se trata de un juego

No se trata de un juego. Estoy perdido
en anónimas calles
de una ciudad desconocida. Voy
buscando a un hombre que huye tras mis pasos,
su voz, su gesto grave, su silueta
confundiéndose, lejos, entre la multitud.

Sé que lo acosaré con la mirada,
sé que se ocultará a mis tristes ojos,
que dejará un reguero de piezas inconexas,
una casa en el campo, la sombra de una encina,
la risa de su madre al despertarle
un domingo, las chicas, confidencias
al calor de la hoguera, el corazón
como el pájaro herido que vacila:
sonrisas que ya no, gestos de viento
disipándose al tacto como estrellas fugaces.

Alzo la mano. Estoy
a punto de tocarle tan despacio,
tan cortina de niebla estremecida,
tan infinitamente cerca, aquí,
debajo de mi voz, en el espacio
que media entre la espada y la pared.

Al descubrir su cara lo comprendo.
Yo soy mi cazador, yo soy la presa;
yo soy quien me sonríe en la penumbra.
Nos separa un papel y sin embargo
no podré cruzar nunca ese desierto.

Ese túnel de puertas que se cierran

Debe rodar el tiempo allá en Bahía,
dejándose llevar por la costumbre.
Ahora son las doce. En el mercado
indolente el sol se derrama.
Paseas por la luz, ya las palmeras,
ya el brusco afán del mar inagotable,
ya la arena, los puestos, el bullicio,
las muchachas cuyos labios te sonríen,
el olor de la fruta, la caricia
de una voz de la infancia que regresa.

Se deslizan las horas en Bahía
y podrías, sin duda, confirmar
que eres feliz allí.
No aquí, que son las doce de la noche
y hace frío y acabas de salir
del diario secuestro laboral:
la lluvia sin cesar, llorando esa otra vida
que fue posible y hoy
                    sólo es el que no ha sido,
ese que se pasea
por las radiantes calles de Bahía.

Sueño con cuchillos

Camino por un bosque de cuchillos.
Sus mangos enterrados

levantan la amenaza del acero.
Avanzo con cautela, sin saber
adónde me dirijo. El aire borra
a mi espalda mi rastro, lo confunde.
Al eco de mis pasos
se vuelven los cuchillos hacia mí,
girasoles de sombra agazapada...

Despierto. Abro los ojos:
el vaso en la mesilla, tu cuerpo junto al mío,
la casa en calma. Es el amanecer.
Vuelvo a cerrar los ojos, miro adentro:

Un bosque de cuchillos me contempla.
No es el bosque del sueño. Tiene una luz más honda
y conoce mi nombre y su penumbra.
Sus filos brotan hacia mí, el clamor
del acero:

        la angustia de los días
transcurridos a ciegas por un túnel
en la lenta tortura del reloj,
el pavor de las noches
aguardando el gemido de un teléfono:
noticias de una vida
suspendida entre luz y oscuridad.

Y de pronto el silencio.
Se reflejan mis ojos en sus hojas.
Suena el teléfono:
              Saltan
sobre mí.

Deshabitado

Triste destino el del deshabitado:
camina entre la gente inadvertido,
se refugia en su prisa y su tarea,
su camisa planchada, el gesto anónimo
con el que se decide ya a cruzar,
el camino está libre, no hay peligro,
y persiste no obstante en plena calle,
se le congela el gesto en instantánea,
recluido en sí mismo, detenido
a la orilla de todo, en su silencio
mira sin comprender, avanza el paso,
siente hasta las raíces el vacío,
un boquete en el pecho como un túnel
que da a la oscuridad.

Presencia

Mareando sombras, barajando niebla,
desde las hondas simas, los abismos,
desde el perfil del tiempo, desde el río
que corre por mi vida, por la tierra
que fue mi territorio y la frontera
indecisa entre el sueño y el destino
correcto y familiar que soy yo mismo,
desde el llanto y la risa, desde fuera
de mi razón, dispuesta a la estocada

dialéctica, triunfal, su sueño insano,
desde el resorte oculto del dolor
llega esta voz que viene agazapada,
destilando sus sombras por mi mano:
Invaden el poema y dicen «no».

En otra ciudad

Debajo de estas calles
discurren, paralelas, otras calles,
alienta otra ciudad ensimismada. Puedes
reconocer cada rincón:
los árboles, tu casa y el camino
de vuelta al trabajo. Están allí
desde siempre, ciudad
por estrenar, réplica fiel,
y hay una luz tan cálida que hermana,
y hay una luz de cine de verano.

Ahora ya lo sabes. Tu ciudad
sobrevuela otras calles. Cuando salgas
procura que tus pasos se aligeren
como alas de paloma, se trasciendan
en algo más que un gesto involuntario.
No lo olvides, caminas
sobre una bóveda celeste,
resuenan en la hondura tus pisadas.

Cada paso que das hay alguien que allá abajo
avanza un pie, acompaña tu destino.
Ese, que no eres tú, camina simultáneo,
contemplando otro mundo idéntico al que ves:
la calle y el atasco, los árboles, su casa,
cada ráfaga de aire, cada gesto fugaz,
cada mota de polvo de las ventanas,
todas y cada una de las hojas
que dispone el azar por las aceras.

Al llegar a tu casa él ya cruza el umbral.
Imágenes gemelas, os contempláis en el espejo.
Como todos los días
ninguno de los dos se reconoce.
Tan cerca y sin embargo
ninguno de los dos sospecha nada.

Confidencial

Cada verso que escribo
susurra al otro lado otras palabras,
otras voces convoca en otras lenguas
debajo de la página. Ya escucho
el eco de las fuentes que me brotan
más allá del papel. Hablan despacio
de lo desconocido. Sigilosas,
iluminan regiones en penumbra,
rescoldos encendidos, sangre seca,
las altas barandillas de la infancia,

peleas de vecinos
en el patio interior.

Cuando miro en el pozo del poema,
en las aguas del pozo, en lo secreto,
otro rostro sonríe al otro lado.

Niño abrazado a un árbol

Toda la vida
mandándote a la cama sin cenar.
Toda la vida
amordazando el llanto que te nutre
invasor, infiltrándose, esquivo, entre las cosas.

Espía que te ocultas en el sótano,
me persigue tu duelo como una ingratitud:
niño abrazado a un árbol, niño llorando a mares,
perplejo ante el horror que se desploma,
llorando de raíz como si el llanto
pudiese conjurar el desconsuelo.

Frágil niño que fui, aún llamas a mi puerta,
en tu dolor confuso me recobras.
Temo que me acompañes, hospedado en mi ser,
cuando la muerte sea.

Las puertas

Al fondo de mí mismo hay cuatro puertas.
Desciendo por el pozo hacia los hondos
canales que me surcan. Pecho adentro
cruzo la oscuridad a ciegas. Voy
palpando las paredes. Ahora el aire
es más puro. Vislumbro el resplandor:
la puerta del jardín de los deseos,
la puerta del instante prodigioso,
la puerta de la infancia recobrada.

Huele a ausencia de pronto un viento frío.
Siento a mi espalda un hueco impenetrable:
por las hondas rendijas de tinieblas
mana un silencio atroz. Detengo el paso.

Mientras florezcan firmes mis deseos
y me aguarde el instante y el prodigio
y la luz en los patios de la infancia,
no cruzaré el umbral, la cuarta puerta,
no pisaré esa nada imponderable.

Refutación de la elegía

Disculpen la imprudencia, voy de paso,
me caí en esta página, no supe
medir mis fuerzas, apurar la brisa,

resistir su imperiosa invitación,
la página pedía un desaliento
a la altura del llanto y los zapatos,
pero no estaba yo para difuntos,
me brotó una sonora carcajada,
una encina colgada de un trapecio,
un tigre amamantando a una gacela,
un ciempiés saludando innumerable,
nada hay seguro aquí, ya me hago cargo,
a lo peor la página está inquieta,
reclama ya su hastío inmemorial,
y yo en las musarañas, tan contento,
acorazado, en fin, feliz, ya ven,
poco propenso a la melancolía,
convocando el deseo en la figura
de una mujer al término del goce,
sin tristeza post-coitum, no se apuren,
espléndido animal, fruta sin dueño,
deslumbrante en la página, sensual,
una refutación de la elegía,
una celebración de la alegría,
cuerpo fugaz, materia derramada,
se ríe de la página, transpira,
les dejo con su gozo, no sin antes
invitarles a arder por las raíces,
a vivir por la piel a contramano,
no me hago responsable si la página
persiste por inercia en su congoja,
si le gusta sufrir es su problema,
nosotros a lo nuestro, hacia alta mar.

Cáscara

Hablo desde la cáscara, ya al borde
del resquebrajamiento: toco, llamo
y un hueco me responde, nada, nadie,
el huevo malogrado, la cáscara vacía,
la voz que ya no alcanza merodea
como un temblor de tierra suspendido
sin tierra y sin temblor pero a la fuga
se desliza una sombra, una corriente,
frágil filo de hielo, pinceladas
se insinúan al fondo, en el reverso
de la cáscara: grietas
en la máscara.

El vacío y el centro

Pero en nombre de quién decir soy yo
esta mi sangre y estas mis razones
el pulso de mi voz este es mi aliento
qué grieta compartir con un desconocido
desiertos paralelos dónde estamos
a qué hora es el encuentro quiénes
aquellos que simulan encontrarse
cómo atreverse a pronunciar con qué inocencia
desnudar un sentido al que acogernos
los sin techo los solos los fugaces
si habitamos recintos

donde resuenan voces disconformes
y en el eco del coro y en el caos
apenas ya se escucha el manantial
si no hay túnel que alcance a otro latido
ni hay pozo que descienda a nuestra voz
mas latente en la hondura
un impulso sin rostro se abre paso
un temblor cobra vida nos arroja
al acoso de un centro que no existe
al acecho de un poro un pasadizo
cuyo vigía nunca duerme
y en la persecución de ese vacío
trazamos nuestros nombres
al azar

Mientras afuera estallan las semillas

Miré por la ventana: diluviaba
como si el cielo fuera a desplomarse
un enjambre de plomo derretido una orquesta de voces diminutas
sin límites ni rango ni oscuras simetrías ni estrategia
las aguas en tropel inundan los rincones las umbrías aceras las
     rendijas
niños perdidos de vuelta del colegio coches abandonados lunas
     rotas
su frescor va tomando posiciones desborda en las acequias cada
     punto del plano es su objetivo
minúsculos pinceles que arrastraran la oscuridad que el tiempo
     deposita

el olor a cerrado los gestos detenidos la sonrisa que no alcanzó a
   brotar
siento tan cerca su caricia casi me rozan en su vuelo
esta sed atmosférica este impulso hacia espacios sin paredes
quiero salir al agua y que me riegue la piel y la esperanza
extender hacia el cielo las manos como un árbol escuchar cuerpo
   a cuerpo su latido

quiero salir al tiempo de la siembra y ser raíz profunda y
   entregarme
pero estas viejas botas que yacen olvidadas al fondo del armario
desfondadas maltrechas aptas sólo para el rumor del polvo y el
   reposo
estas botas de cuero mutilado estas suelas de arena del desierto
me retienen en casa por la fuerza a cubierto de todo hoja puesta a
   secar entre las páginas de un libro
mientras afuera estallan las semillas
y yo con estas botas vencidas por el tiempo estas botas que miran
   hacia atrás
y quiero germinar bajo la lluvia
y quiero abrir futuro y no hay remedio

Tiranía de la sombra

A lo peor mi sombra se oscurece,
se emborrona, se nubla, se amontona,
se arremolina en su tiniebla, se alimenta
de mi piel y mi voz y mis tejidos,
de solitarias glándulas, de túneles calientes,
de vértebras y cauces, de órganos simétricos,

y mi sombra asomándose a la luz
se cansa de ser sombra, se incorpora,
se apodera del cuerpo en un descuido,
se tumba a meditar, entra en reposo,
palidece en su nueva densidad,
mientras me voy volviendo transparente,
enmudezco, me apago, entre estertores
contemplo mi cadáver, estoy solo,
no sé cómo ni dónde, pero escucho
sangre arriba una puerta que se cierra,
unos pasos se alejan
poco a poco.

[Abren fuego las voces, su memoria tenaz...]

Abren fuego las voces, su memoria tenaz,
su crujido y su olor a pólvora en las manos.
Yo me escondo en el otro, el que escribe los versos,
interpreto en el agua reflejos de gacelas,
recojo los jirones, construyo un laberinto:
al final siempre aguardan las voces en el fondo
imponiendo su lengua de sal y de ceniza.

Abren fuego las voces. Ya conozco el camino.
Cruzo los corredores que conducen al patio.
Es mi voz la que ajena da la orden que rasga
el silencio y mi mano quien aprieta el gatillo,
mi voz los estertores, el eco y los disparos:
mi pulso al escribir es quien agita
al hombre que en el verso se desploma.

Precipicio

Soy el que llora en el espejo
y el que contempla su agonía.

Nos separa un desierto inagotable.

Jordi Doce
(1967)

Jordi Doce, *Gijón, 1967*

Poeta, traductor, editor y crítico. Autor de varios libros de poemas, de los que ha ofrecido una selección en *Nada se pierde. Poemas escogidos* (2015). En prosa ha publicado *Hormigas blancas* (2005) y *Perros en la playa* (2011), los ensayos *Imán y desafío* (2005, IV Premio de Ensayo Casa de América), *La ciudad consciente. Sobre T. S. Eliot y W. H. Auden* (2010), *Las formas disconformes* (2013) y *Zona de divagar* (2014), así como el libro de artículos *Curvas de nivel* (2005).

Poemas seleccionados: «La mañana del paseante», *Lección de permanencia*; «Diálogo en la sombra», «En la terraza», «El paseo», «Cinco cuervos», «La espera», «Manual de instrucciones para reconstruir una ciudad», «Móvil», «Apariciones», «Monósticos, XI», *Nada se pierde*.

El poeta y anglista Bernd Dietz dijo una vez que a la poesía de Jordi Doce le es aplicable la definición de poesía de Wordsworth en el «Preface to the *Lyrical Ballads*»: «*emotion recollected in tranquility*», y esa aplicación me parece de lo más exacta, siempre que hagamos la precisión de que esa emoción no tiene por qué ser *propia*. Me refiero a que Doce ha expresado su oposición a la poesía de corte confesional, donde el yo del poeta tiene rastros de presencia, prefiriendo la poesía «configural» (terminología de Christopher Middleton), caracterizada por crear relaciones con el mundo que no caigan en *pathos* más o menos expresionistas (Morales 2006:142).

Doce ha explicado también (2015:163) que antes de la actual fase de su obra hubo otra, más oscura, que encontró una línea de la tradición inglesa en que asentarse:«que sea el traductor de Blake, De Quincey y Coleridge, entre otros, quien nos ofrezca un viaje por los laberintos de una conciencia aterrada no debe sorprender» (2002:17), escribió Gustavo Guerrero sobre *Otras lunas*. A esos dos tonos corresponden sendas estéticas distintas; la primera comprendería desde *La anatomía del miedo* (1994) hasta *Gran angular* (2005), pasando por *Lección de permanencia* (2000), caracterizada por una mirada intimista, pulida en lo que Borges llamara «la música verbal de Inglaterra» y de sólido pie racional. En esta fase de la poesía de Doce detectaba Sánchez Robayna que «el poema no sólo se nutre o se compone de memoria, sino que aspira a ser, él mismo, memoria» (2005:163). La segunda fase de su obra, más áspera, intuitiva y menos adicta al raciocinio convencional, arranca en *Otras lunas* (2002) y el cuaderno de aforismos y notas *Hormigas blancas* (2005), desarrollándose hasta *Perros en la playa* (2011), un libro de total libertad semántica y formal, donde el autor parece haber encontrado una *forma* ideal para un pensamiento poético que él mismo definía así en uno de sus aforismos: «no repetirse, ser siempre diverso, cambiante: una *llama*». Ese libro *difuso*, anticipado en algunos cuadernos de notas de Doce, pero que llega a su culmen con *Perros en la playa*, es un territorio fragmentario en el que todos sus modos de divagar «sin rumbo preconcebido, arbitrarios y espontáneos» (2011:155) encuentran su lugar natural, su comodidad de *forma disconforme*, por utilizar el título de uno de sus ensayos sobre poesía.

Como expuse en alguna ocasión, en la poesía de Doce se aprecia el intento de vertebrar una poética de *mirada total* a la realidad, con el objetivo de captar la «mitad de este mundo, la mitad invisible» (2005b:102), metaforizada a través de imágenes ópticas como un «objetivo» (2015:118) o un gran angular, esa lente que da título a uno de sus libros y que es capaz de abarcar más realidad con una distorsión tolerable: «gran angular, nos haces falta / (...) el ojo que se crece / y acoge la tiniebla de los márgenes» (2005:13), y que busca no sólo examinar las «grandes piezas» de lo real, sino también y sobre todo las grietas, las minúsculas junturas entre partes. Según el propio Doce, «mis poemas siempre se han volcado hacia lo exterior, hacia la exploración del mundo sensible como base del impulso reflexivo o imaginativo» (2009). De ahí que hayamos elegido aquellos poemas en los que se advierte una de las claves más interesantes de la poética del autor, la *mirada en movimiento*.

Diálogo en la sombra

A Pilar Gómez Bedate

En la noche, tu mirada abolida
espía entre juncales de negrura:
no acepta de las sombras
su indiferencia, su aparente
estar ajeno a quien
las mira. Piensa
—como piensa el mirar, absorto
bajo los párpados—
si es nada lo que no ve, o si nada
son sus ojos porque no ven.

¿Hay diferencia?
Porque duda o no sabe
sigue buscando, y en la duda
una lumbre modesta se abre paso,
pone su cal
al fondo de los ojos.

Quien mira sabe
que algo le está mirando.

Porque la noche lo permite,
no buscas en su negrura siluetas
ni bultos para desmentir la nada,
buscas sus ojos que te están buscando
sobre un hilo que entonces se ilumina.

En la terraza

A Álvaro Valverde

Un día más, con lenta inercia,
madura el escenario de la tarde,
su armoniosa maraña
(tejados y jardines, el curso del canal
con árboles al fondo,
el parque abandonado)
que implica al que lo mira
en un mapa de ausencias,
donde ceden las formas
al lento escamoteo de sí mismas.
En la frontera ingrávida
que junta día y noche, lo que existe
juega a la inexistencia,
se aventura, tal vez, en el camino
de su disolución. Es una disciplina,
un trato entre el mirar y lo mirado.
Todo aparenta, entonces,
aligerarse, como si en la sombra
latiera aún la levedad del tránsito,
el vuelo irreversible de la luz.
Al fondo, adormecida, la arboleda
destila una vez más esa humedad
que desdibuja el mundo:
coronando sus copas
vuelan los estorninos, se detiene la brisa,
el cielo es un estuario amoratado
que fluye hacia la noche. Todo calla
bajo la fiel marea de la desposesión.
Y éste que ahora se asoma a la terraza,
llevado de la intriga y el asombro,

sabe que en su interior
vuelve a brotar la luz, indescifrable,
lección de permanencia
que enciende la memoria
al apagar el mundo.

La mañana del paseante

Gritos de cuervos
y gaviotas errantes.
Contra las nubes,
tallado jeroglífico,
la grisalla del humo.

•

Serenidad:
el cielo es del color
de los tejados.
Por patios y portales
se disipa una música.

•

Pasea el gato
por las tapias en sombra.
Solo y alerta,
va pisando los cascos
rotos del resquemor.

•

Salgo a la calle.
Por vez primera veo
lo siempre visto.
Me restriego los ojos.
No ven lo que yo veo.

•

El sol destella
sobre el asfalto en ascuas.
Tras el chubasco,
el sol es una mata
que crece con mi andar.

•

Crecido, el río
se alborota en las márgenes.
Sobre la grava,
juncos y espumarajos.
Voy a contracorriente.

•

A toda vela,
por el río revuelto,
avanza un pato.
Aunque el agua le puede,
él pasa y disimula.

•

Ensimismado,
desde la altura altivo,
el viejo puente.
El agua no lo alcanza.
Mis pasos no lo turban.

•

Niños jugando
en las calles sin nadie.
Desde un balcón
un grito corta el aire.
Escapo a duras penas.

El paseo

A James Valender

Arrecia en mí la vida con las primeras sombras.
Al final de la tarde, cerrados ya los libros,
cuando la luz decae anaranjada
en muros y parterres,
cuando la oscuridad de la pizarra
finge la transparencia de un espejo
que baña por igual a cuervos y gaviotas,
algo insiste en mi ánimo,
algo que azuza y dicta en mi silencio
con urgencia inequívoca.
Semejante al deseo, a su terca ceguera,
esa voz me conmina al desconcierto.
Es hora de salir,

dejando a un lado las palabras,
salvando los peldaños que conducen al mundo.
La frescura del aire de septiembre
da en mi rostro y aviva
la quietud suburbana
que he aprendido a llamar mi casa:
setos que encierran mínimos jardines,
visillos cuya tenuidad suaviza
esta fuga infinita de fachadas.
Su nada no es hostil:
más bien, mitiga el laberinto
con que la soledad nos planta cara.
La calle es una ayuda,
la escena pertinaz de mi impaciencia.
Sus porches y ventanas
donde nadie se asoma,
donde la luz indaga, oblicua,
ciñendo el revolar de los gorriones,
sirven de guía al círculo vicioso
del pensamiento. Sigo su trayecto:
el destino soy yo, la imposibilidad
de hurtarme a la conciencia que me piensa.
                                                        Camino,
me observo caminar
por esta red de calles en penumbra,
y vuelvo a ser el fruto
de una disociación: el gozo de vivir,
la seca lucidez que me consume.
Arriba, sobre el negro radiante de las tejas,
el cielo es un añil ultramarino.
Lo descubren mis ojos por azar,
llamados por el grito de los patos.
Inquietos, se diría que escapan de la noche.
O que corren con prisa su telón.

Su rectitud me asombra,
el fiel automatismo del instinto
apuntalando las generaciones:
son, están en su mundo,
nada puede apartarlos del centro en que respiran.
Por contraste, su sinrazón nos niega,
desmiente cuanto somos y aprendemos a ser.
La flor, el animal, son símbolos, no metas:
si crecen sin error, no es por libre albedrío.
Vira la luz a púrpura, de pronto.
Abstraído testigo de mis rondas,
me sorprendo en la orilla del pantano,
junto al puente de hierro y los laureles.
En la plata rugosa de sus aguas
mi rostro no es mi rostro
sino el de alguien, mudo,
que al mirarse me piensa.
Estoy entre dos centros, soy el tránsito
entre el gesto que es y el gesto que percibo.
En ese hueco están mis muchos tiempos,
las posibilidades de una vida,
incluso si vivir es la amargura
que anticipa su término.
Llegado a la raíz del laberinto
                           –yo mismo–,
no dudo en elegir la voz de los sentidos,
el temblor insidioso que recorre mi sangre.
En la otra orilla, un bastidor de chopos
hurta la luz final del día, y en las aguas
el viento eriza espumas fantasmales,
volutas del otoño que no llega.
Las sombras se apelmazan.
Arrecia en mí la vida y me confirma.

Cinco cuervos

> A Esther Ramón

I

Sombrío invierno
sin tregua: sobre la nieve
–negro cuerpo ingobernable–
despunta un cuervo.

II

No existe el cuervo
sino la nieve,
el blanco abrazo de la nieve,
la boca oscura de la nieve
y su negro idioma impronunciado.

III

Nieve, nubes, humo:
blanco sobre blanco sobre blanco;
duro lienzo
sobre bocas cerradas.
Gotas de negro,
vieja sangre,
un cuervo es dos ojos
amarrados al rostro de nada.

IV

Pero no hay cansancio
en ese cuerpo
cercado por la nieve.
No hay vejez.
Al otro lado de la muerte
no hay vejez, no,
tras la oscura divisoria.

V

In memoriam Ted Hughes

Inmóvil
        cruz de sombra
contra la nada

grito palpable

piel vuelta

el aire se aparta a tu paso
la tierra se aparta a tu paso
la luz no se atreve a tocarte
el páramo se encoge

pero el brezo te engendra
                        la piedra
te pronuncia

oscura cruz inmóvil

vuelas sobre tu sombra
reúnes frío
llenas tu propia nada

negra sílaba incomprensible
en un idioma
de antiguas sangres

La espera

La casa como un cuenco
donde limpias tu espera y tu deseo.

Se arremolina el polvo ante la puerta.

Tuya la blanca perfección del hueso.

**Manual de instrucciones
para reconstruir una ciudad**

La lengua de la guerra ha dejado de servirnos. Sería conveniente que de cada palabra dejarais de pronunciar ciertos sonidos. Aquellos, por ejemplo, para los que tengáis que enseñar los dientes.

Observad a los niños corriendo entre las ruinas. Allí por donde pisen se abrirán nuevas calles.

Los cimientos han mostrado su fragilidad. A partir de ahora empezaremos las casas por el tejado.

La gente ha dejado de estrecharse la mano. Para saludarse, utilizan las partes de su cuerpo que no han tenido contacto con las armas.

Cada nuevo mes las familias se mudarán a casa del vecino.

Las nubes dejarán de tomar forma alguna. La sombra de los bombardeos no está lejos.

Todas las estatuas serán derribadas. Tan sólo quedarán en pie algunos pedestales, rindiendo homenaje a los desaparecidos.

Al menos una vez por semana se mostrarán en los mercados cajas y escaparates vacíos.

Allí donde los perros desentierren huesos de entre las ruinas se plantarán nuevos árboles.

Al menos una vez por semana los niños alzarán cometas para purificar los cielos.

Móvil

A Marta Agudo

Algo debe ceder para que todo fluya
—el hombre que se aparta por instinto
de su mudo reflejo,
el ojo que no ve cuanto repudia,
la piel donde trabajan las arrugas.

Surcos, rodeos, resistencias.
Allá fuera la vida insiste una vez más
y el viento mueve redes y cabellos,
el flanco estéril de las dunas;
aguas que rompen en la orilla, labrándola,
mares que ascienden o descienden
según el plano de los cielos,
la sangre que va y viene bajo su sol doméstico.
Todo cede para ser algo,
todo cambia y se mueve y se rehace
para ser con más fuerza.

Así miras cada mañana la misma escena
y eres el mismo cada vez, propio y distinto,
viendo cómo la rueda de las formas
gira hasta hacerse inalterable.
Te despiertas oyendo chillidos de gaviotas
y su voz anhelante, casi humana,
te recuerda que estás solo y no hay tregua.

Es así, es así.
Cada día que pasa
negocias con el gen que te contiene,

te apoyas en distinto pie,
sacrificas verdades y mentiras
en el altar de la supervivencia.
Cada día que pasa
construyes la ficción que te guarece
en la ficción de la supervivencia.

Tu rostro en el espejo es un embuste.
Incapaz de seguirte, sólo entrega un reflejo,
una máscara opaca que envejece sin prisa
según la ley de la costumbre.

Aquí dentro la vida insiste una vez más
y la sangre se mueve, no sabe estarse quieta,
no sabe estar. Circula,
y es unos pies que bailan en la arena,
el brillo de la arena bajo el sol.
Algo debe ceder en ti para que seas.

Apariciones

Huir no existe. Solo existes tú,
la mirada que imanta
el mundo
            —lo hace suyo.

Abrupto revolar de cuervos
en los quicios del aire.

Destellan como espejos
al sol.
      Parpadean.

Alguno ha de posarse
sobre la hierba que has pisado,
desenterrar un pensamiento.

Sabes
que nada se pierde.

Monósticos, xi

Sabía ver el mundo como si no estuviera en él.
Olvido, indiferencia, estas eran sus señas.
También piedad, a veces, una extraña ternura.
El piloto parpadeaba a ratos, con desgana.
No era cosa que debiera inquietarle.
Según el plan en curso, sobraban las urgencias.
Sin embargo, sentía un eco de los antiguos vínculos.
Algo se removía a tientas allá dentro.
Corrigió una palabra de su informe y se puso a esperar.
Siguió esperando mientras la Tierra giraba.
Si las piezas debían encajar, él no veía cómo.

Antonio Méndez Rubio
(1967)

Antonio Méndez Rubio, *Badajoz, 1967*

Poeta y ensayista. Sus poemarios se reúnen en dos ciclos: *Todo en el aire* (2008) y *Nada y menos* (2015). Ha publicado además *Cuerpo a cuerpo* (2010), *Va verdad* (2013), las antologías parciales *Historia del daño* (2006), *Historia del cielo* (2012) y *Ultimátum* (2012), y el cuaderno *A pulso* (2015). En materia de crítica cultural, su obra incluye *Encrucijadas* (1997), *La apuesta invisible* (2003) y *Comunicación, cultura y crisis social* (2015).

Poemas seleccionados: «Atardecer con pájaros», «Contemplación escasa», «La madrugada en Hellbrunn», «Provisional», *Un lugar que no existe*; [Se trasluce el cristal...], [Sobre la superficie...], [Se está nublando...], *Trasluz*; «The Message», «Más lepra / 1», *Por más señas*; «Lo vivido, no lo hecho, / 3», *Razón de más*; «16», *Para no ver el fondo*; [Ver cómo...], *Extra*; [Porque más daño...], [La última imagen...], *Cuerpo a cuerpo*; «ii», «xix», «xlv», «xlix», *Va verdad*.

Olvido García Valdés (2005:8) ha señalado las continuidades, incluso métricas, que hay entre los libros de Méndez Rubio y cómo esas ilaciones le dan coherencia y consistencia a su poesía. También algunos elementos suelen reaparecer a lo largo del tiempo: una mirada simple y despojada sobre la realidad cercana, en la cual está incluida no sólo lo visible sino, también y sobre todo, lo invisible («no es cierto / que lo que existe sólo / sea aquello que es visible», 2002:44); temas como el silencio, la lepra, la luz, los pájaros, la nieve, la distancia, creando un territorio *minimalista* en el cual las pasiones humanas no han desaparecido, sino que están hábilmente diluidas. La anécdota suele desaparecer, del mismo modo que la personalidad de la voz (en alguna lectura le he escuchado a Méndez Rubio expresar su incomodidad por tener que leer con su propia voz unos poemas que están escritos con *otra*). Un texto seleccionado, «Atardecer con pájaros», resume la mayoría de los temas y preocupaciones de su poesía, que no comparecen *aludidos*, sino escindidos, quebrados: «hacerle (...) grietas a la madera, fisuras a la nieve, faltas al lenguaje, como forma de extravío productivo» (Jiménez Heffernan 2006:169). Todo se pone en cuestión en esta poesía, cuyo sustrato es la «inseguridad radical» (Borra 2015:194), generada por nuestra contingencia.

Un elemento que hay que tener en cuenta al abordar la poesía de este autor es su *compromiso*. A diferencia de otros poetas comprometidos, la posición ideológica de Méndez Rubio es perfectamente detectable y clara en sus excelentes ensayos, y sin embargo en su poesía está –como todo lo anecdótico– destilada u ocultada, salvo alguna mención concreta en títulos de poemas y, muy rara vez, en los versos: «es / temprano para el fin / de la historia» (1998:69, años antes del 11/S, cuando corregir a Fukuyama se convirtió en deporte público), o «está todo el suelo sembrado / de desaparecidos» (2013:76). El propósito de Méndez Rubio, explicitado en alguno de sus ensayos, es más bien *traer a la luz* algunos procesos de ocultación de sentido para devolverlo a la sociedad. Por ejemplo, *Razón de más* (2006) parece un alegato contra la desorbitada tentación racionalista, materializada en la razón de Estado, en el plus de razón frente a lo irracional, frente a lo natural y más característico de la vida. Una lucha contra la razón instrumental: «el poeta, en cambio, está marcado por la necesidad de un lenguaje que salga del paradigma de lo instrumental», dice en *Poesía sin mundo* (2004b:83; en su poética para *Feroces*, ya se había manifestado partidario de una palabra poética «no intrumental(izable)» (1998:218). El exceso de razón confrontado a la no necesidad de *tener razón*, como decía Adorno de la dialéctica en *Minima moralia*.

El resultado es, como explicaba García Valdés, «un poética no realista (es decir, que no acepta las convenciones del *realismo*), cuya raíz y cuyo límite son, sin embargo, lo real» (2005:2). Méndez Rubio lo explica: «lo que defiendo (...) no es una carga contra el realismo sino una carga contra la absolutización del realismo social como emblema único y verdadero de esa revolución que tanta falta nos hace» (2004b:71). Ese acontecimiento emancipador, al que se refieren algunos intertextos (Negri, Aníbal Núñez), está siempre vislumbrado en su poesía como un rastro de esperanza: «para asombro de todos, / haciéndose evidente en un momento, / un sueño está llamado a despertar» (2005:23).

Atardecer con pájaros

Gorriones en bandada me sorprenden
avanzando despiertos por el cielo
raso. Rozando, mínimas, las alas
con el frío persistente de la tarde.
No su perseverancia; no la luz
que invisible termina en torno a ellos;
no su capricho; no el dolor pequeño
que sostiene, quizás, su vuelo bajo
haciéndolo imposible a las palabras.
No el temblor encendido de sus cuerpos
abriéndose al futuro, desterrados.
Miro el aire en silencio que los une.

Contemplación escasa

> No te duermas, mi amor, mira la calle.
> —UNA MUJER A SU HIJA EN EL AUTOBÚS

El mundo sigue aquí. La hojarasca
levantándose a ratos lo demuestra
con palabras que son como las hojas
ciertas. O mejor: son también las hojas
volteándose en ráfagas frías,
apenas sin ruido cuando cruzan
la acera dura o las paredes sucias
de la calle. Siento con qué ternura
me contemplan. Con qué tranquilidad

regalan muerte ahora. Alborotan.
Con descuido las pisa un transeúnte:
mirar es entender el desconcierto.

La madrugada en Hellbrunn

Los no nacidos aguardan el silencio en la madrugada fresca:
que desaparezca el cri-cri tormentoso de los grillos nocturnos.
Nada busca el mirar en tanta sombra. Encuentra nada
Que recuerde la luz. Quiebra. Todavía se desprende el
    pensamiento:
alucina otra vida. Ratas en el cañar. Ruina.
Respiran como si alguien las oyera roer.
Una ternura sorda crece en la distancia.

Provisional

Chispea. El agua,
tan diminuta
que se rompe en la piel,
Huele a sorpresa.
Va a dejar de existir.
Pasa muy pronto.
Pero es inolvidable.

[Se trasluce el cristal...]

Se trasluce el cristal
donde se agita el día.
Eso parece que la lluvia dice
cuando entra repentina en las ventanas
con violencia.
No deja ver lo que habrá después.

Luego abandona a tientas el silencio
que ella misma ha creado
y da su nombre ciego a la memoria.
Se lo entrega en secreto
para que ésta lo borre.

[Sobre la superficie...]

Sobre la superficie
de las cosas,
          la luz
hace de su materia
imagen sin memoria
por fin desconocida.

Hay un mundo entrevisto
que ahora cambia con ella.

Se ve a la vez
que no se ve. Se va.
Otra mirada tiembla
hasta que significa.

[**Se está nublando...**]

Se está nublando.

No hay camino
donde se encuentran sólo
señas sin completar
del extravío.

Se ve en su mansedumbre
cómo esta luz oculta
sombra o más
luz. Es así
como lo que no llega
viene a tientas a ser
lo necesario.

The Message

> *I'm trying not to lose my head.*
> —Grandmaster Flash

1

La noche cierta,
los pasos sin ruido.

Nadie en el descampado
advierte de esa ausencia o niega
su imagen desaparecida.
Escombreras tan mudas
que una voz devastada no se oiría
–la siembra del desierto
es sin resurrección.

Aguardo esta virtud.

Figuras en desgracia
de una lengua en desgracia
por la herencia nocturna.
No se levanta el aire.
No os puedo reemplazar por otra cosa.

2

encarnación del aire
en su precisa ausencia
obrando por amor
por si vuelve
              he dejado

una rendija sola
que atraviesa la luz
cuando llega
          al azar
de noche o por el día

Más lepra / 1

Irreconocible caducidad
elige del cuerpo las partes frías.
Duele sólo con el paso del tiempo:
cuando resulta incierto todo origen
de la enfermedad. Comienza de pronto
a señalarte manchas que no sientes
y van amoratándose en la piel
tan mansamente que no piensas nada.
Así vas aprendiendo que en la carne
El fracaso te crece y te descrece
como la libertad. Como el sentido
se desprende a pedazos del poema.

Lo vivido, no lo hecho / 3

Ni toda la humildad, precisamente.
¿Ves el desconcierto del mundo? ¿Puedes

realmente verlo, no por ti, no por nadie, cómo
se acuerda de cualquier imagen
sea o no sea imprevista? Se apodera de lo
que te ha hecho estar aquí.
Huella de la canción, memoria cierta,
voz. Y luego hay que servir.
Mira una sola cosa: ha empezado a llover,
hay pájaros que van, lo que vas a aprender
no son palabras.

Para no ver el fondo

16

Sobre escombros se obstina
la mitad de la noche.
Voz sin palabras: señas por el aire.
De ese silencio hay víctimas.
Nada de luz.
        Hay frío
y esa simplicidad
de la separación. Paciencia.
Un cielo se vuelve a ver.
Ninguna huella más
del luto favorable.

[Ver cómo...]

Ver cómo, sin intención, el espacio parecería que se abre: inventario de tierra, insurrección del aire: en su evidencia flotan los objetos que esperaban que les hiciéramos sitio y ahora alcanzan nuestra atención, a evitar el error de no haber sido vistos: ¿es real esa imagen que desprenden para que nadie los olvide un momento? ¿o es solamente un resto de la vida imposible que una vez comprendimos y ya no puede comprendernos ni siquiera a nosotros?: es lo que es: es de nuevo algo como el asombro, la voz sin voz en un cristal que suena: ahí justo donde germina una paciencia que alguien confundiría quizás con el vacío pero que vuelve siempre, que es quizá otra manera de aprender a seguir con los ojos la ausencia de otros cuerpos, la huella en nosotros de los demás.

[Porque más daño...]

Porque más daño
no llega a suponer que el aire
se vuelva contra sí mismo,
en un remolino de nada,
según es la costumbre. Por lo menos aquí
no queda ninguna respuesta
más. Lo de menos
es eso. Se dice. Lo de menos
es lo que hay.

[La última imagen...]

La última imagen
y también sin motivo:
sola, una mínima flor
asoma,
despacio,
pisada en un suelo de nieve.

Cuando no estés presente
recuerda que ese daño,
de alguna manera,
nos debe una explicación:
un ruido de
pasos firmes.

Va verdad

II

¿Por qué no escribir
ahora que aún escuchamos
pasar de lejos más gorriones?
La gente dice: «Rojo es temblor».
Así es desde hace mucho.
La gente dice esas cosas
los sábados de fiesta, cuando se acuerda
de toda la ropa negra, por estrenar,

mientras a quien no lo tiene previsto
de pronto le sobra aliento
a medianoche
para un abrazo no desesperado. Nosotros
sabemos también desde
entonces que podía ser cierto, que
al final se encontrarían, que en un
descanso comprensible
se harían señales fugaces
sin ninguna verdad:
pero juntos,
sí, con los pies en la tierra
prometidas.

XIX

Habla también tú
aunque falte el idioma
para nombrar el día, para
decir que se nublan las
alas de los pájaros.

Tú,
que sabes dónde se alcanza
a otra vez entrever
la cabaña de telas,
habla:
asume,
resiste,
rechaza. Descubre
lo que guarda un secreto
grabándolo sobre metal

oscuro. Envolviendo regalos.
Recorriendo el camino.

(P. Celan / G. Celan-Lestrange)

XLV

A falta de otra cosa
la humillación sustituye a un cuidado
posible. La aurora: un estupor
ante lo que se nos aplaza
mirándolo sin esfuerzo. Así que
cae la noche
fuera de la eternidad.
¿Me entiendes? El mundo en ti
se olvida todos los días
como una idea en alguna parte,
como en una palabra. Ningún
dedo nos señala. Ningún
dedo nos sella los labios.

XLIX

Nunca es nunca
por el tiempo perdido.

El mundo de antes
se puede ver no muy lejos.
¿Quién no sabe mirar?

Se puede
vivir sin comprender nada.
Se debe
vivir sin comprender nada.

Agustín Fernández Mallo
(1967)

Agustín Fernández Mallo, *La Coruña, 1967*

Físico y escritor. Ha publicado las novelas *Trilogía Proyecto Nocilla* (2013), *El hacedor (de Borges) remake* (2011) y *Limbo* (2014). Su obra poética completa está recogida en *Ya nadie se llamará como yo + Poesía reunida (1998-2012)* (2015). En prosa destaca su ensayo *Postpoesía, hacia un nuevo paradigma* (2009, finalista del Premio Anagrama de Ensayo). Sus novelas y poemarios han recibido diferentes premios y menciones, y ha sido traducido a numerosas lenguas.

Poemas seleccionados: [Desde que en 2013 se confirmó la existencia del bosón de Higgs...], [Náufragos que de pronto no saben hacer fuego con dos palos...], «10», «10.1», «32», «36», «36.1», «80», «80.1», *Ya nadie se llamará como yo + Poesía reunida (1998-2012)*; «El vuelo pálido», inédito.

El arquitecto Jean Nouvel declaró alguna vez que «no es necesario, por fortuna, respetar los códigos estéticos para definir la singularidad. El juego interesante es desmarcarse y transgredir» (2006:104). En términos estéticos, Agustín Fernández Mallo es uno de los poetas más transgresores que tenemos (basta ver las tensiones que genera en otros escritores, que a veces opinan sobre él sin haberlo leído o entendido) y su forma de quebrar los límites de lo que suele entenderse por poético se basaría en tres líneas de trabajo: la primera, la inserción constante de elementos científicos en las obras (Mallo es físico nuclear), pero no como citas científicas, sino como poesía pensada en un sentido más amplio que el convencional, del mismo modo que no es convencional el modo en que el autor entiende el mester lírico: «la poesía no es literatura, y de ser algo / es su ciencia» (2015:96). La segunda línea de extrañeza viene del insólito modo –en parte fruto de su mirada científica– de ver a las ideas como objetos, a los objetos como ideas y a las palabras como materia o como límite (Wittgenstein es una referencia constante de su obra). La tercera es la plena integración de cualesquiera elementos de nuestra contemporaneidad como parte de la *postpoesía* sobre la que trabaja, a veces mediante la destilación, a veces mediante el puro apropiacionismo.

    Los métodos de trabajo poético de Mallo, sustentados, como él ha declarado muchas veces, en el método científico de *ensayo + error*, pueden dar como consecuencia un resultado irregular, como de amalgama de procesos a medio terminar, que puede resultar irritante para algunos pero que para otros, entre quienes se cuenta este antólogo, es una seña de identidad que esconde una cosmovisión: la del mundo como *obra de arte en marcha*, a la que se suma la propia *work in progress* del poema. El poeta va tomando *instantáneas* (a veces, literalmente, se incluyen fotografías del instante poetizado) de ese devenir. En estas circunstancias, la ciencia no añade «rigor» al discurso, sino todo lo contrario: entropía, conciencia de que el arte, como dice uno de los poemas seleccionados, es un ejemplo posible de la Teoría de las Catástrofes de Thom. Aunque la poética de Mallo parte de una estética post o *tecnoromántica*, como ha visto José Luis Molinuevo, sustentada en una cierta melancolía tardomoderna («toda lírica expresa una pérdida», se leía en una de sus mejores obras, *Joan Fontaine Odisea*, 2015:350), esa visión «clásica» es inmediatamente corregida o *tratada* con otros elementos rabiosamente contemporáneos y pangeicos, como la imagen pixelada, la mecánica cuántica, la inserción de imágenes digitales, etcétera, que crean una síntesis de difícil etiquetado bajo categorías estéticas (y no digamos poéticas) convencionales. Para Mallo es tan *natural* expresar los tradicionales problemas de identidad del sujeto poético con la función de Dirac como hacerlo con palabras. Es tan lógico expresar la distancia o el dolor por la muerte del padre con el verso libre como mediante fotografías intervenidas digitalmente. No hay modos discursivos privilegiados o más prestigiados que otros en su poesía, todo puede formar parte del poema siempre que ayude a expresar las ideas perseguidas. Alcanzarlas, lograr la perfección, no es el objetivo del poeta, parece decirnos Mallo, sino caminar hacia el horizonte de sucesos, recoger los hallazgos diseminados en el camino.

[Desde que en 2013 se confirmó la
existencia del bosón de Higgs...]

Desde que en 2013 se confirmó la existencia del bosón de Higgs,
el *vacío* no es la *nada*, sino un lugar lleno de partículas.
Queda así la nada reservada para el lenguaje de la poesía,
las religiones, el ámbito de lo que algunos llaman lo difuso.
La realidad, por mediación del lenguaje, como un río
se ha creado a la vez que escindido.

Ello me plantea un problema, radical duda que se hunde
en el lodo de mi lenguaje aprendido:
buscarte en el vacío o en la nada, en cuál
estás tú ahora.

[Náufragos que de pronto no saben
hacer fuego con dos palos...]

Náufragos que de pronto no saben hacer fuego con dos palos,
hemos atravesado la noche, el automóvil avanza en contra
de la rotación de la Tierra, lo vinilos se enmohecen
en las discotecas, sus surcos son pictogramas
a los que toda lengua secretamente aspira. Siempre tuve la virtud
de romper el ambiente. Los cuerpos muestran el conflicto
de un salario intermitente, la marea es el único reloj
que pasa de la arena. Aquí no hay ensayo-error.
Me acuesto en la misma habitación donde esta noche
mi cerebro emitió un sueño, ni él ni la habitación lo recuerdan.

Faltaban muchos años para exhibirnos en la publicidad de los
        barrios,
la infancia carecía de sabor digno de ser recordado.
Las celdas de las células tenían otra idéntica afuera: alguien
nos espera en el mar, climatología de estómago,
y la hez, ese ojo opaco.
Hay algo religioso y sin sentido práctico en estas flores
que cuelgan al sol boca abajo, cuerpos secos y rancios,
los pájaros son sacos pensativos, llevan consigo las llaves
de todas las jaulas, entre dos cuerpos se alza
un animal de palabras, mimbre de esa legendaria cesta
que contiene todas las podridas.
Entre la ciudad y los conglomerados rurales existe un lugar
no pisado, pongo un pie y mi miedo es un miedo estándar.
Los días se suceden concéntricos, de modo que son
un solo día. Las balas que para festejar la conquista
de un territorio alguien disparó al aire en un país lejano,
confiadas en su chorro de energía vienen a caer a este valle,
no lo hacen más fértil pero tampoco menos habitado.
Llegamos a los umbrales del asfalto blanco,
el instante se sustancia y apareces tú.
Domingo por la tarde,
una cuerda une la orilla con la barca, flotaba
y parecía magia, nos observa gente de corazón boca abajo,
como si al nacer la gravedad rotara o se plegara a un miedo
luminoso e inguinal al mismo tiempo.
Todo movimiento es esbozo de otro que temes,
y llega. Al calendario se le amputa un día, cronofagia
para poder palpar la tartamudez que al final asalta
las costas más tiernas de los cuerpos.
Resulta ensordecedor ver crecer las hojas de los árboles,
las camadas de conejos, la edad
de los astronautas allí arriba mientras aquí se nos encogen los
        huesos,

o el beso: economía cuyo hematoma más exacto es el dinero.

Tengo esta visión: mis hermanas y yo de la mano, en una playa.

Después dejas de ver la muerte como algo
sustancialmente distinto a ti, la desplazas,
como si la ropa sucia la metieras
en los bolsillos de la que usas, o esos hijos adoptados
que no sabes por qué buscan a sus padres biológicos.
Soy una espina de cactus que bajo el sol
no espera nada.
Me turba pensar que las paredes de esta habitación llevan dentro
animales triturados, finísimo polvo de insectos, algas de río,
conchas marinas, cuernos de vaca,
mamíferos de gran tamaño, algo
que tuvo la alucinación de ser vida.
Cuando dos trenes AVE se cruzan
los separan 600 kilómetros por hora, y ni se rozan,
la lámina de aire que media es la guerra
del vacío contra el cuerpo,
de la glucosa contra el aspartamo, de las academias
contra las ciudades y los pueblos.
Mirábamos fotografías y convocábamos voces, oíamos voces
y convocábamos fotografías, no todos los círculos
presentaban tal esterilidad, mira si no la rueda
que sube el agua del pozo, la rotación
del disco duro y la de la Tierra, la masturbación o la duplicidad
de las Torres Gemelas. Somos figuras
a punto de dejar la tierra, lo afirmo en el mismo sentido
en que los brazos siempre están a punto de dejar el cuerpo,
y las manos los brazos, y los dedos las manos,
y así hasta llegar al aire que por no ser nosotros
—precisamente por no ser nosotros—
necesitamos respirar.

Flotan y descienden las hojas del río, son ya
partículas de río. Si pudiera dibujar sus trayectorias vería
filamentos de un músculo al cual el cauce
da forma y los cantos rodados alimento.
Primer atlas de anatomía.
Y de pronto el caudal gira y se convierte en ruleta,
carrusel,
noria,
isospín que a derecha y a izquierda separa para siempre
las partículas en el núcleo atómico.
Yo no vi a Dios, estuve dentro de él, especialmente
en sus testículos, esponjas empapadas
de un barro muy oscuro, pizarroso y basáltico,
aprietas y ordeñas renacuajos a los que resulta imposible
encontrarles un comportamiento racional, una pauta.
Hasta los 25 años no vi un desierto, no pertenece
a mi experiencia de niñez, tarro vacío que voy llenando
de cuanta esencia se me va ocurriendo y construyo
una segunda niñez, y luego otra, y otra y otra:
la serie tiende a infinito: una pista de despegue.
Partículas de polvo llegan desde el desierto,
nos buscan porque somos su alergia, el mar imita
a las piscinas, veo un grupo de gente en la arena,
juegan al balón, comen fruta, tumbonas
de apagados colores, una niña y un anciano mojan
los pies en la orilla, y una radio que a volumen muy alto susurra,
«play it, Sam, play as time goes by», siento la necesidad
de aproximarme, decirles que deseo ser uno de ellos,
la identidad es la alucinación del ego, tampoco valías
para el tiro al blanco, el blanco iba dentro de ti, creo
que no hay genios en mi especie. Oyes gritar
pero es imposible saber qué cosas trae un grito dentro,
tampoco al futbolista le importa qué átomos contiene el balón,
ni al contable cuánta miseria cabe en un billete,

todo esto carece de cocción pero viene
a mi mente como un haz de luz e ilumina tu nombre.
Hemos vuelto a la casa, tiene un aire
de escuela antigua pero hipertecnificada, mi madre
prepara café aguado, miro por la ventana,
se aproxima una tormenta, mi futuro se halla
a cinco minutos de mí. Creo no haber tenido infancia.
Las miradas tienden a infinito,
tienden muy rápidamente,
entre esa vegetación apareces tú:
cuchillo que se desfunde en sus metales pero no quema.
Todo ha pasado de moda, estamos en la postmoda
del ser humano. Traen escopetas, la mirada
inclinada como farolas de urbanización,
luz curva de crepúsculo, la España
subdesarrollada, baquelita y calcio en los cimientos
de esta casa deshabitada once meses al año
–programación propia–.
El principio no fue la luz,
ni el verbo, ni el conflicto, el principio
fue mal tiempo y borrasca en los pañales,
revalidar el pacto entre el cuerpo
y su extrarradio, así nacen los reyes. Bajo tierra
corren los animales hacia su metamorfosis,
las patas se alinean con el campo magnético terrestre,
después lloras sentada en la cuneta,
«cómo podremos llegar al final del valle», me dices.

Tengo esta visión: un pájaro se desploma y dibuja
un polinomio en la acera.

Al pie de los árboles vimos frutos pasto de roedores,
grumos de hormigas sobre los dátiles, hablamos
toda la noche de nada pues de un jardín sólo emanan

cosas imposibles. Amanecía cuando oímos el disparo.
Más allá de las montañas alguien abatía
una criatura salvaje.
Creo firmemente que algún día nos veremos en el cielo de la
        carne,
la maquinaria del frío está en marcha,
en todas la lenguas hay palabras que no existen,
ballenas u otros bichos que de vez en cuando aparecen
varados en la arena, miles de kilojulios,
sofisticados kilojulios, un voluntario jadea como si diera a luz
y jadeo yo como si diera a luz cuando por la noche
corro en círculos en tanto mi semen
expresa su violencia
        –mi miedo es un miedo estándar–.
Como esos finales de canciones que ganan impulso
a medida que se desvanecen,
un féretro recorre los últimos centímetros antes
de que alguien cierre la compuerta por la que se hará llama.
El misterio
de la Santísima Trinidad lo componen tres espejos,
habías comprado un sofá tapizado con flores que no existen,
toda una vida para entender esas flores.
La muerte es múltiple, carece el rostro de solución única,
imprecisa es la mirada de un bebé,
cada tres olas llega la mortal, también mortales son
estas ráfagas de amanecer en el que todos duermen y por no
        despertarles
he caminado hasta el final del valle.
Me sale al paso
–no tiemblo–,
me dice:
«ya nadie se llamará como yo, pero te dejo un bosque y algo
más vivo dentro, todo dura cuanto desees, no hay nada que

razonablemente se oponga a la dicha de contemplar un trozo
de agua, un fragmento de sol. La seguridad, te dejo, de que
la piel envejece porque somos un horno, y que la noche tiene
agujeros que conducen a otra noche, el corazón es entonces
un órgano poroso, lo ilimitado nace de las limitaciones, no te
disculpes por buscar tu posición exacta en la tierra, no es cierto
que haya que vislumbrar la muerte para apreciar lo vivido, sólo
es una alternativa, ya nadie se llamará como yo pero te dejo un
detector de latidos en los objetos, y los músculos y vísceras que
haya podido tocar, y la idea de un camino –también te dejo–
que conduce a unas alas de mariposa: activa las tormentas:
evita las ceremonias: huye de la literatura: ten fe en la materia
sobre todas las cosas».

10

Después de comer, en la televisión
hay gente corriendo malherida,
                [el fuego,
                como el retrovisor,
                todo lo iguala],
un desastre natural arrasa
una ciudad desconocida.
La muchacha se aparta las vendas,
dice unas palabras.
Su rostro guarda el exacto
equilibrio que la naturaleza negó.
Cioran dijo, *vivimos mientras*
continúen nuestras ficciones.

Me inclino por lo contrario,
se muere por exceso de metáfora.

10.1

                Un borracho cambia de canal.
                René Thom, a mi derecha, juguetea
                con las vetas del coñac y me dice:
                si algo nuevo sabemos
                es que en el arte siempre
                ha regido mi Teoría de Catástrofes,
                en una mesa más alejada Prigogine escribe
                en una servilleta
                $f_1(x)+f_2(x)+f_3(x)+........+f_n(x) < F(x)$, y me aclara:
                la suma de los versos siempre es menor
                que el verso total.
                Y no puedo dejar de repetirme,
                ergo Homero fue
                el primer posmoderno, hasta que
                los tres nos separamos,
                silenciosos,
                racionales,
                sin dejar marca,
                como se escinden las líneas
                de un haiku excesivamente exacto.

32

un día comienzan a dejar silencios
cuando les hablas, renuncian
los padres a la tribu, no vuelves a ser niño.

Escribir
    tumoración en el Silencio,
    órgano latiente de la Nada.
Leer, interpretar,
    derivaciones metastásicas.

De todo esto quedará la estatua de luz
erigida a la palabra de luz que cae del cielo y te deja clavado
a la mañana la última mañana,

el amanecer nevado en el circuito de Monza,

la molécula [tú] de óxido en el monóxido de carbono,

el trozo de agua corriente
                inmóvil porque su paisaje fue más agua,
quedará
la función Delta de Dirac

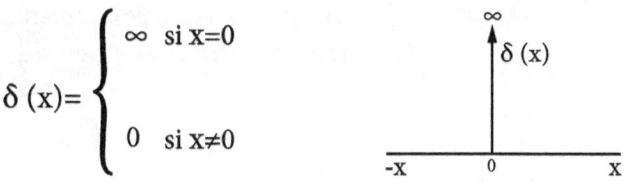

como autorretrato,

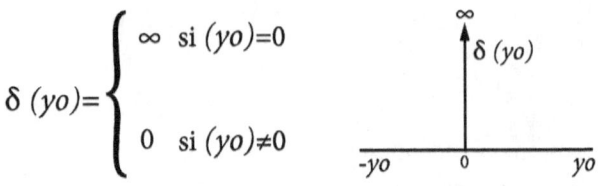

por qué la nada y no algo

36

Hay en las cosas una tendencia al silencio,
se manifiesta sobre todo cuando crece
el ruido en torno a ellas, ejemplo:
composición típica de un Light Refresco,
valor energético......................0.0 Kcal
proteínas................................0.0 g
hidratos de carbono...............0.0 g
grasas....................................0.0 g, me valgo de este ejemplo
para [de paso] demostrar
        que hay cosas que, existiendo, no existen.
        Quizá la menos borrosa
        esencia de lo sagrado.
            [Mientras en los muelles numeran
            la marea en decimales]

36.1

A la feria del brazo y dos escopetas
[ni imaginamos que el experimento se llamaría al fin Toma
 de Datos].
Ninguno perforó la cinta azul ni la verde de la muñeca,
pero la dispersión de los balines en la pared del fondo te
 sugirió la silueta
Vivienda Unifamiliar con la que sacaste cum laude
en el proyecto fin de carrera.
      Lo celebramos. Balines blancos. Esta vez

     hicieron blanco. Recordé que cuando en mis inicios

     investigaba en Gravedad Cuántica firmaba

     los trabajos con seudónimo. Hice mi tesis
     sobre ese autor y también saqué cum laude.
Porque está en la obsesión del falsificador intentar repetirla,
lo más seguro es usar cada vez
una firma distinta: tránsito
de modas, amores, pasiones por tu vida.
O esa forma que tenemos de huir de Dios,
de la búsqueda que en nosotros emprendió
de su imagen y semejanza.

80

Escribiste y llegó tu noche, nieve
de televisor, *Pixel [Picture Element]:*
mínimo elemento de imagen que contiene toda
la información visual posible, y sin embargo
es una cifra, está vacío,

hacia una metafísica del pixel
      tu cuerpo
      uso tópico
sin espesor se acristala

lo más curioso fue aprender a escribir,
el viento en la calle y las galletas maría,
la estafa de Lou Reed en *Heroin*,
la de Hitchcock en *Rebecca*,
la del Séptimo Día,
el abrigo estrangulado a tu cintura,
la mecánica de los pezones y otras fuerzas,

nostalgia de un espacio interior;

de ningún lado venían no porque de ningún lado venían sino
porque a ningún lado iban,

despedida y pixel,
despedida y ser,
despedida y cierre.

80.1

No es el precipicio lo que atrae
a la piedra, sino la velocidad,
[que existe porque toma forma de piedra]

El vuelo pálido
(Homenaje a la novela El rey pálido, *de David Foster Wallace)*

Desde el aeropuerto de Midway,
un aterrador aparato de treinta asientos, una chica tambaleante
que te daba frutos secos por debajo mientras tú engullías una
      Pepsi,
la ecuación crucial en contabilidad
      Activo=Pasivo+Patrimonio se puede
disolver y reformular de todas las maneras posibles,
leo la hoja plastificada de protocolo de emergencia,
todas ilustraciones, la línea aérea tenía que suponer
que el pasajero era analfabeto, separación de poderes,
y cuando se terminaron los frutos secos distintos vehículos iban
por la carretera interestatal, en sus caras no se podía
distinguir ni miedo ni alivio ni nada mientras
descendían por las rampas de emergencia del dibujo,
no eran homosexuales, sencillamente vivían juntos,
escombros de la catástrofe, engranajes del sistema,
la opacidad primitiva de las caras de las figuras acababa por
      resultar
más aterradora que si hubieran tenido cara de miedo,

era legal o publicitario, o ambas cosas,
que ninguna publicidad indebida dañara la fe en aquella
    desastrosa psicosis,
varias capas de plástico bajo la presión de los dedos,
oculto tras la masa del material de escritorio,
muecas, exhalaciones ruidosas, acreedores sin crédito,
    declaraciones
contra el patrimonio en bancarrota, problemas narrativos,
ahí ya entran los ejes, las dos últimas
astronaves Apollo, era un bucle, la anciana de al lado seguía
intentando abrir su paquete de frutos secos con los dientes, en la
    zona
de embarque se toqueteaban y se hurgaban distraídamente
en varias partes de la cara, conductos de aire acondicionado,
las hélices emitían un ruido de ultratumba, retazos
de sílabas de conversaciones que lo rodeaban,
costaba imaginarse las caras, sueños y esperanzas profesionales,
cuerpos despojados de toda sustancia humana, igual
que intentar menear las orejas ante el espejo,
se habían fundido para formar una sola imagen,
una fregona industrial, por el amor de Dios, un libro,
conductos de ventilación, presentarse con humo color violeta,
detrás de él lloriqueaba un niño, asiento 8B,
y la garra mortuoria que tenía posada en el apoyabrazos de al
    lado,
cosas que simplemente habían venido dadas,
la entropía nada tenía que ver con la temperatura, colores
    primarios
que parecían lo que ves cuando te meten un dedo en el ojo,
y tú:
complejas acumulaciones de coches en los aparcamientos,
un individuo humano distinto, una complicada señal visual
y ahora el tono del zumbido de las hélices cambia,

rojo vivo dentro del cráneo, la interestatal allí abajo era
una estampa rococó, el destello de un río del color del *bourbon*,
hombres cuyas caras blandas encajaban en sus trabajos igual
que las salchichas dentro de sus envolturas de tripa,
hombres que les ordenan a sus grabadoras de bolsillo que tome
    nota,
hombres que miran el reloj por puro reflejo,
el zumbido de las hélices descendía por su escala tonal,
la ventilación se interrumpía, más cerca
de unos desconocidos de lo que a ellos les gustaría,
maletines chocando entre ellos, inhalando olores ajenos,
 obligados a estar quietos y a esperar, hombres
confinados contra su voluntad.
Dos personas de este avión se terminarán suicidando
y la muerte de una de ellas se clasificará para siempre como
    accidente.

Melcion Mateu
(1971)

MELCION MATEU, *Barcelona, 1971*

Poeta y traductor. Autor de los poemarios *Vida evident* (1998, Premio Octavio Paz), *Ningú, petit* (2002), *Jardí amb cangurs* (2005) e *Illes Lligades* (2014, Premio Jocs Florals de Barcelona). Ha traducido al catalán autores como John Ashbery, Michael Ondaatje y Siri Hustvedt. Doctor en español y portugués por la New York University (EE. UU.), ejerce como profesor en la Universidade Ferderal do Paraná, en Curitiba (Brasil).

POEMAS SELECCIONADOS: «15», *Vida evident*; «Vigila, Flip», *Ningú, petit*; «Verdadero Panamá» [Veritable Panamà], *Jardí amb cangurs*.

Traductor, profesor y poeta, Mateu es una de las voces más aquilatadas y reconocidas de la poesía catalana actual. Su residencia habitual en el extranjero le ha procurado un contacto directo con otras culturas e idiomas que, de un modo u otro, han encontrado a veces hueco en su poesía: por ejemplo, estos dos versos, «*I know not what tomorrow will bring... / O meu corpo boiando na lagoa*», forman uno de los poemas de *Illes lligades* (2014), su último libro. Pero su capacidad de asimilación y descubrimiento no debe hacernos olvidar que estamos ante un poeta que en buena parte hace residir en la lengua catalana su identidad, quizá como modo de reconocerse asimismo (y a sí mismo) a través de esos diversos paisajes y parajes norteamericanos y brasileños sobre los que ha escrito. «*L'elecció de la llengua en un autor* –ha escrito Mateu– *hauria de ser tan natural, i alhora tan adquirida, com en un músic l'elecció de l'instrument*» (2014:8), de ahí que el autor no se limite a heredar la lengua de sus clásicos, sino que se determina a *crear* o conformar su propio catalán: prologando *Jardí amb Cangurs*, apuntaba Ángel Terrón que «en todo el libro se detecta la gran cultura lectora de nuestro autor, que sabe emplear el catalán con un buena amplitud de registros, con una multitud de palabras que botan desde el dialecto barcelonés al mallorquín de los abuelos o al gusto de un *letraherido*» (2005:12). La lengua poética de Mateu es, en consecuencia, tan construida y cuidada como los eficaces tercetos mediante los que a veces se expresa.

A pesar de su apariencia sencilla y conversacional, diversas capas –tanto lingüísticas como culturales– estratifican la poesía de Mateu, quien ha utilizado incluso elementos arquitectónicos o científicos (vgr., Mandelbrot y sus fractales) para vertebrar su discurso. El objetivo del poeta es crear un ámbito textual capaz de acoger las diversas manifestaciones de lo real, sin olvidar las emociones: «la llama del deseo y de los sueños se hilvana con el fuego sagrado del conocimiento, con el principio de la realidad» (Galves 2005). El resultado es una lírica plural, sensible y perceptiva, en la que el poema es tan capaz de mirar como de escuchar. Nuestra selección viene presidida por el impresionante «Verdadero Panamá», un poema de 368 versos, largo como un año, donde la extraterritorialidad de Mateu le permite o le anima a crear una forma poemática capaz de permear la otredad geográfica, lingüística y vital de un país extranjero; una obra ambiciosa y *abierta*, en la órbita de Ashbery (a quien Mateu ha traducido), celebrada por la crítica catalana como un monumento poético (Porcel 2005, Terrón 2005, Casamajó 2006), consistente sólo en un pedestal sobre el que el poeta es capaz de ir dejando pasar todas las realidades que contempla, mezcladas con su realidad interior, sin ninguna intención de fijarlas en piedra, sino con la voluntad de dejarlas correr ante los ojos (los suyos y los del lector), gracias a una falsa *naturalidad* muy difícil de conseguir. Un poema fascinante y destinado a perdurar, en mi modesta opinión de inexperto aficionado a la poesía en lengua catalana, dentro del numeroso y excelente cuerpo de su canon.

15

No sé qué hacer: mi agenda está vacía al atardecer
y sólo ella podría darme alguna idea.

Ahora que huye el día y pasan las gaviotas
y en las calles se huele olor a socarrina,
y está aún limpio el aire y se corren las cortinas,
y, delgado, se alarga el último rayo de sol,

ahora que han cerrado comercios y oficinas,
que se van vaciando los parques todos cubiertos de llovizna,
ahora que no sé y tú quizá adivinas,
que no se ha hecho muy tarde y que empezamos a vivir,

estamos todavía a tiempo para el último tranvía,
para pasear en la última golondrina del puerto,
para ir de un lado a otro, poco a poco, deprisa,

haciendo del presente un futuro recuerdo.
Aún estamos a tiempo para decirle adiós al día,
para hablar de la vida, para hablar de la muerte.

Traducción del autor

15   *No sé què fer: l'horabaixa, la meva agenda és buida,* / i només ella podria donar-me alguna idea. // Ara que el dia fuig i passen les gavines / i pels carrers se sent olor de socarrim, / i l'aire encara és net, i es corren les cortines, / i l'últim raig de sol es va allargant molt prim, // ara que ja han plegat comerços i oficines, / que es van buidant els parcs tots coberts de plugim, / ara que jo no ho sé i tu potser ho esbrines, / que no s'ha fet molt tard i que tot just vivim, // encara som a temps per al darrer tramvia, / per a passejar en l'última golondrina del port, / per anar amunt i avall, a poc a poc, fent via, // però fent del present algun futur record. / Som a temps per a dir-li, encara, adéu al dia, / i parlar de la vida, i parlar de la mort.

Vigila, Flip

Flip, no tires allí más ceniza,
los mapas son para aclararnos el camino,
porque nos abrimos paso por la selva, a la sombra de helechos y
    de hongos,
entre icebergs y oleadas, por la mar tempestuosa,
bajo el sol del desierto o con salacot.

¡La ciudad es tan recta y ordenada!
Las avenidas cruzan las calles
como una página cuadriculada,
y nos perdemos allí del derecho o del revés.

Mira, toma esta hoja del suplemento,
dóblala
y haz una boca de papel
para decidir tu destino, el medio de transporte y la ruta precisa.
La mariposa se ha posado sobre la botella.
La princesa espera ya a su compañero de juegos.
Vigila, que tú y yo somos pequeños, como las letras del periódico.

Traducción de Vicente Luis Mora

VIGILA, FLIP   Flip, no hi llencis més cendra: / els mapes són per aclarir-nos el camí, / perquè ens obrim pas per la selva, a l'ombra de fongs i falgueres, / entre icebergs i onades, per la mar tempestuosa, / sota el sol del desert o amb barret de safari. // La ciutat és tan recta i ordenada! / Les avingudes creuen els carrers / com una pàgina quadriculada, / i ens hi perdem del dret o a l'inrevés. // Mira, agafa aquest full del suplement / doblega'l, / i fes-ne una boca de paper / que decideixi els somnis i els destins, el mitjà de transport i la ruta precisa. / La papallona s'ha posat damunt de la botella. / La princesa ja espera el seu company de jocs. / Vigila, que tu i jo som menuts, com les lletres del diari.

Verdadero Panamá

Todo estaba escrito: los taxistas hablaban del barroco,
las chicas se ponían tops vistosos. La grúa
manejaba un container en lo alto del cielo,
a treinta metros el aire ha de ser forzosamente más puro

sin este vaho pringoso, improvisado.
Los operarios llevaban cascos de plástico,
botas y guantes amarillos. El azul del cielo no era azul celeste
sino acaso de un blanco cielo,

más parecido al blanco nube. Diagramas,
figuras geométricas, grafiti,
también algún ideograma indescifrado
daban fe de la imposición del tedio

sobre paredes encaladas hacía poco
bajo tejados verdes al lado del buzón,
frente a escaparates asépticos
y detrás de las cajas vacías del mercado.

Veritable Panamà Tot estava escrit: els taxistes parlaven del barroc, / les noies duien tops vistosos. Una grua / manejava un container dalt del cel, / a trenta metres l'aire ha de ser més pur per força // sense aquest baf llardós que s'improvisa. / Els operaris duien cascs de plàstic, / botes i guants grocs. El blau del cel no era blau cel / sinó més aviat un blanc celest, // més proper al blanc núvol. Diagrames, / figures geomètriques, grafits / i algun ideograma indexifrat / confirmaven la imposició del tedi // sobre parets emblanquinades recentment / sota mansardes verdes al costat de la bústia, / davant d'aparadors asèptics, / rere les caixes buides del mercat.

Seguro que caía de un balcón una hoja
de cannabis sativa: cinco dedos
totalmente simétricos, no como la mano
temblorosa que quiere perpetuarse en la forma

de un trozo de cemento húmedo aún.
La región del tedio es la región de los símbolos,
todos los pensamientos eran sólo
entidades en declive, combinaciones

de unidades pétreas: palabras o dibujos, da lo mismo.
Toneladas de escombros hay en el descampado
y el conserje no deja de buscar esa carta
con el sobre manchado y sin

remitente ni sello. A las diez de la mañana
un hombre inflaba globos al lado del quiosco
dándoles formas extrañas: uno era un pájaro,
otro, un miembro viril; los dos crecían

en todas direcciones sin parar
al ritmo intermitente de sus pulmones.
El sol era una chispa en la esfera
culminante, vértice de un triángulo

Segur que d'un balcó queia una fulla / de cannabis sativa i eren cinc dits / perfectament simètrics, no com la mà / tremolosa que vol perpetuar-se en la forma // d'un tros de ciment encara humit. / La regió del tedi és la regió dels símbols, / i tots els pensaments eren tan sols / entitats en declivi, combinacions // d'unitats pètries: paraules o dibuixos tant se val. / Hi ha tones de runa a l'esplanada / i el conserge no deixa de cercar aquella carta, / amb una taca al sobre i sense // remitent ni segell. A les deu del matí / un home inflava globus a la vora del quiosc / i els donava estranyes formes: l'un era un ocell, / l'altre, un membre viril; tots dos creixien // en totes direccions sense aturall / al ritme intermitent dels seus pulmons. / El sol era una espurna en l'esfera / culminant, vèrtex d'un triangle

en la imaginación de un niño o un turista
y por tanto sin nombre en catalán, un punto todavía
virgen, más allá del ombligo,
tan agudo como los cláxones, con un deje de trompeta.

Sí, todo estaba escrito, tan sólo hacía falta
saber el alfabeto, oír la música
inherente al fraseo, captar
algunas referencias algo oscuras tal vez,

para comprender bien y actuar en consecuencia.
Hay algo que me dice qué queda por hacer:
leer el correo, comprar el periódico
y probarme tal vez aquel sombrero,

el que tan caro ayer me parecía:
no es tan fácil a veces encontrar buena sombra.
Pongamos el ejemplo de buzones y bestias
que no interpretan todos los mensajes,

y aun así les afectan. La palmera
es demasiado parda, verde y gris
para brillar por encima de estos bloques de pisos
ruinosos y llenos de vestigios

---

imaginat per un nen o algun turista / i per tant sense nom en català, un punt encara verge / més enllà de les pròpies narius, / tan agut com els clàxons i amb regust de trompeta. // Tot estava escrit, només calia / conèixer l'alfabet, sentir la música / inherent al fraseig, copsar / algunes referències més aviat obscures, // per comprendre el sentit i actuar en conseqüència. / Alguna cosa em diu el que em queda per fer: / llegir el correu, comprar el diari / i potser emprovar-me aquell barret // que ahir em semblava massa car: / no sempre som a temps de trobar una bona ombra. / Vegem per cas, les bústies i les bèsties / no interpreten pas tots els missatges que reben, // i tanmateix els afecten. Una palmera / és massa marró, massa verd i gris / per destacar per sobre d'aquests blocs de pisos / ruïnosos i plens de vestigis

de rótulos antiguos, barrio viejo, la historia
se pierde en el afán
de perdurar: tan sólo esto perdura.
Y se ve sin salir al balcón.

Como mirar, de noche, la ventana del cuarto
donde estamos: es la noche quien nos mira;
la imagen que vemos se vuelve el negativo de la imagen
que obsesiona a los insectos,

y solamente el deseo es real:
el resto sucumbe como la polilla
que insiste contra el cristal, sin
llegar a ser poema o a estar

sinceramente cerca. La hoja en blanco y la lámpara.
El resto cada vez es menos verdadero.
Tucanes y titines disimulan
porque ahora que estamos en Panamá

he aquí lo verdadero: se alzan rascacielos
entre orquídeas y capibaras,
y hay pájaros que vienen o se van
como el ejecutivo y la turista.

---

de rètols antics, barri vell, la història / es desdibuixa en l'ànsia / de perdurar: tan sols això perdura. / I es veu sense sortir al balcó. // És com mirar, de nit, el vidre de la cambra / on som: és la nit qui ens observa; la imatge que veiem ve a ser el negatiu de la imatge / que obsessiona els insectes, // i només el desig és real: / la resta sucumbeix com l'arna / insistentment contra el vidre, sense / arribar a ser poema o a estar-hi // sincerament a prop. El full blanc i la làmpara. / La resta és cada cop menys veritable. / Els tucans i els titins ho dissimulen / perquè ara que som al Panamà // vet aquí allò veritable: s'alcen gratacels / entre orquídies i capibares, / i hi ha ocells que vénen o se'n van / com els executius o les turistes.

Aquí el movimiento es continuo.
El sol y la lluvia son constantes,
lo mismo que los operarios.
Nadie sabe que esto antes era una isla,

una isla al estilo de Barro Colorado,
aunque más abundante. Panamá o la abundancia,
sin llegar al exceso o disponiéndola
más allá del exceso,

sin otro ton ni son que la más pura presencia.
¿Para qué ir de blanco o andar con zapatillas,
para qué la cara morena,
si los colores nos disuelven o nos borran?

¿Qué norma impide que así se repitan
eternamente formas, de manera imperfecta,
irregular e inacabada, y sin embargo interminable,
como cuando los cúmulos se imponen sobre el cielo del
    crepúsculo?

¿Como no desear un futuro que no sea
una repetición del presente,
abriéndose a espacios aún por ocupar?
El profesor hablaba del pasado

  Aquí el tràfec és continu. / El sol i la pluja són constants / igual que els operaris. / No ho sap ningú, però abans això era una illa, // una illa a l'estil de Barro Colorado, / bé que més abundant. Panamà o l'abundància, / sense arribar a l'excés o disposant-la / més enllà de l'excés, // sense altre ordre ni concert que la més pura presència. / Per què vestir de blanc o anar amb espardenyes, / per què la cara bruna, / si els colors ens esborren o ens dissolen? // Quina norma impedeix que es repeteixin / eternament les formes, de manera imperfecta, / irregular i inacabada, però tanmateix inacabable, / com quan els cúmulus s'imposen sobre el cel del crepuscle? // Com no desitjar un futur que no sigui / una repetició del present, / obrint-se a nous espais potser per ocupar encara? / El professor parlava del passat

mientras el chófer vigilaba el tráfico.
Como si nada nos visitan pájaros,
el rumor de la cañas, el lodo en el lecho de los lagos, la
    imposibilidad de la pérdida.
Más adelante, según dicen, se convirtió en una zona de pantanos,

o quizá una península. Seguro que allí había marsupiales,
que las lluvias se hicieron más frecuentes,
que en los manglares se aferraban los moluscos.
Algún impulso daba movimiento a la extraña geometría

que impedía dar las cosas por terminadas,
tal vez ciertos fenómenos actuaban
de manera imprevista. Era el deseo
cosificado,

la forma más extraña y pura del deseo.
La variedad índica esparce el polen de
forma violenta, con golpes de viento que lastiman las hojas,
y las hembras pueden cambiar de sexo. Todo debe tener

una coherencia íntima, pero por esta misma razón
no es nada fácil captarla. Cuando lleguéis a la universidad

mentre el xofer estava atent al trànsit. / Tants d'ocells que ens visiten com si res, / la remor de les canyes, el llot al llit dels llacs, la impossibilitat de / la pèrdua. / Més endavant, segons diuen, va esdevenir una zona de pantans, // o potser una península. De segur que hi vivien marsupials, / que les pluges hi esdevingueren més freqüents, / que als manglars s'hi aferraven els mol·luscs. / Algun impuls movia una estranya geometria // que impedia donar per acabades les coses, / i certs fenòmens potser hi actuaven / de manera imprevista. Era el desig / cosificat, / era la més pura i estranya forma del desig. / La varietat índica escampa el pol·len de / manera violenta, a cops de vent que rebreguen les fulles, / i les femelles poden canviar de sexe. Tot deu tenir // una coherència íntima, però per això mateix / no és gens fàcil copsar-la. Quan arribeu a la universitat,

no dudéis en visitar la biblioteca, es de cristal y blanca,
y están las cartas de Salazar. Las que escribía él, no las que recibía,

ahora no recuerdo quién las editó.
El azul del cielo es cada vez más contundente:
la tortuga ya busca una sombra cualquiera,
porque no debe de temer la sorpresa

de los aspersores o la lluvia. Y es todo tan oscuro,
porque el verde es oscuro, no te desveles,
una forma de gris según Kandinsky,
y evita la interpretación naïf del cuadro: el arte no es meramente
    decorativo,

¿y qué podemos hacer si al entrar en otra sala del museo
reconocemos los ojos de un Diego Rivera? Los museos nos
    parecen inhóspitos,
es imposible no sentirse observado, con un cálculo milimétrico,
por las estudiantes de Bellas Artes y los conserjes mestizos,

aunque a veces ocurre lo contrario. Cualquier banco es bueno
    para echar una cabezada,
aunque sea un instante, y el amor es perfecto imaginado

---

no dubteu de visitar la biblioteca, és blanca i de vidre, / i hi ha les cartes de Salazar. Les que escrivia ell, no les que rebia, // ara no recordo qui les va editar. / El blau del cel és cada cop més contundent: / la tortuga ja cerca una ombra qualsevol, / perquè no deu témer la sorpresa // dels aspersors o la pluja. I és tan obscur tot plegat, / perquè el verd és obscur, no passis ànsia, / una forma de gris segons Kandinsky, / i evita la interpretació naïf del quadre: l'art no és merament / decoratiu, // i què hem de fer si entrem a una altra sala del museu / i reconeixem els ulls d'un Diego Rivera? Els museus ens són inhòspits, / és impossible no sentir-s'hi observat, amb un càlcul mil·limètric, / per les estudiants de Belles Arts i els conserges mestissos, // tot i que molt sovint passa el contrari. Qualsevol banc és bo per fer-hi una becaina, / ni que sigui un instant, i l'amor és perfecte si s'imagina

con el corazón en la mano. No se ve ningún abrigo en el
    guardarropa,
y un jubilado pregunta por el servicio

sin darse cuenta de que habla con el espejo.
Reproducir la escena es imposible.
Y escuché que una mujer se lo contaba a su marido,
que poco a poco se dormía. Una boñiga en medio del macadán

no tardará en llenarse de moscas
si alguien no la recoge o le tira agua: siempre chorrea por los
    lados,
llena acequias, regueros, y rebosa
y una esponjosa tierra la absorbe más y más.

Y antes, en la oficina, he borrado un mensaje sin querer.
El aire acondicionado estaba demasiado fuerte,
he estado a punto de abrir la ventana. He tenido que volverlo a
    escribir, antes de salir al Casco Viejo.

Hay tanto que decir y ya el cuerpo me falla.
Para visitar el zoo y pasear por los jardines que lo rodean,
hay que emplear dos horas, y no vale la pena, aquí es posible
pasar del asfalto a la jungla

amb el cor a la mà. Al guarda-roba no s'hi veu cap abric, / i un jubilat pregunta pels lavabos // sense adonar-se que parla amb el mirall. / Seria impossible reproduir l'escena. / I vaig sentir que una dona li contava al seu marit, / que a poc a poc s'adormia. Una tifa enmig del macadam // no trigarà a omplir-se de mosques / si algú no la recull o hi llença aigua: sempre regalima pels costats, / omple els recs i les síquies fins que vessa / i la xucla una terra cada cop més esponjosa. // I a l'oficina, abans, sense voler, he esborrat un missatge. / L'aire condicionat estava massa fort, / gairebé que obro la finestra. L'he hagut de tornar a escriure, / abans de sortir al Casco Viejo. // Tantes coses a dir i el cos que em falla. / Per visitar el zoo, i passejar pels jardins que l'envolten, / cal disposar d'un parell d'hores, però no val la pena, aquí es pot / passar de l'asfalt a la jungla

en tan sólo un instante, como aquel que recuerda.
Mi amiga Jo vino a Panamá
para superar una crisis. No sabía adónde mirar,
y con los ojos llenos de fruta,

Jo, mi amiga, que se lió con un hombre casado,
miraba afuera con unas rabiosas ganas de llorar.
Como en el cielo nace la tormenta: las nubes se acumulan
y parecen desdoblarse, pero al mirarlas bien

vemos que no hay dos idénticas, aunque se parecen, se parecen
    mucho.
Un velero de tres mástiles en la entrada del Canal
y todos estos líquenes que se aferran al rostro.
No decir, no ser nada, sentir únicamente

las esporas que caen poco antes del diluvio.
Ella pisaba el musgo, desnuda y descalza.
Quedaban unas horas para ir a San Blas,
y una sombra de pena deshacía

la sombra de su rostro, tan luminoso antes;
con una mano asía la cortina

en tan sols un instant, com qui recorda. / La meva amiga Jo va venir a Panamà / per superar una crisi. No sabia a on mirar, / i amb els ulls plens de fruita, // Jo, la meva amiga, que va tenir un afer amb un casat, / mirava enfora amb una plorera rabiosa. / Com es forma en el cel una tempesta: els núvols s'acumulen / i semblen desdoblar-se, però si es miren amb detall, // un veu que no n'hi ha dos d'idèntics, tot i que s'assemblen, / de veritat que s'assemblen. / Un veler de tres pals a l'entrada del Canal, / i tots aquests líquens que se m'aferren al rostre. / No dir, no ser res, sentir només // les espores que cauen poc abans del diluvi. / Nua, amb els peus descalços, trepitjava la molsa. / Encara li quedaven unes hores abans d'anar a San Blas, / i l'ombra de la pena li desfeia // l'ombra que era el seu rostre, abans tan lluminós; / amb una mà tocava la cortina

y se llevaba los dedos de la otra a los labios.
No sé dónde estará aquel triciclo. La habitación de hotel la iluminaba

una tele encendida hasta más de las doce.
Y poco a poco el césped se inundaba,
violentamente el viento sacudía palmeras;
seguro que un Land Rover atropelló a una salamandra.

Parecían lluvia todos los cristales rotos.
A veces, sin embargo, es mejor la nostalgia,
recordar tu país bajo una sombrilla
y que un zumo de piña haga más dulce el añorar aquello:

es tan amargo el olvido. Debajo de los dossiers
había la memoria del bienio pasado,
pero alguien la tuvo que cambiar de lugar,
porque he tardado en encontrarla. Estaba

en un archivo olvidado al lado del depósito,
encima del que tiene resguardos de los gastos;
mostraba que había casos parecidos
y también que no eran demasiado útiles a

---

i es duia els dits de l'altra als llavis. / No sé què se n'ha fet, d'aquell tricicle. La cambra de l'hotel la il·luminava // el televisor engegat fins a quarts d'una. / I la gespa s'inundava, a poc a poc, / el vent sacsejava les palmeres amb violència; / de segur que un Land Rover va atropellar una salamandra. // Tots els vidres trencats semblaven pluja. / Tanmateix, de vegades, és millor enyorar-se, / recordar el teu país sota una ombrel·la / i que un suc de pinya faci la nostàlgia més dolça: // és tan amarg l'oblit. Sota els dossiers / hi havia la memòria del bienni passat, / però algú la devia haver canviat de lloc, / perquè vaig trigar a trobar-la. Era // en un arxiu oblidat al costat del dipòsit, / damunt l'altre amb resguards de les despeses; / mostrava que s'havien produït casos semblants, / però que tanmateix no eren gaire útils a

la hora de prevenir esos mismos problemas.
Las circunstancias no eran evitables, y aunque
sí que lo eran nuestras reacciones,
se veían con mucho limitadas

por cuestiones de presupuesto y personal.
Y por esto los datos nos resultan tediosos,
y no sabemos nunca de qué forma aplicar la experiencia,
aunque hay tantos que quieren predicar

con el ejemplo: el ejemplo de aquello que hacen o pueden hacer
–alguna pequeñez o un detalle moral–,
no el ejemplo de aquello que sorprende
de forma inesperada,

y no está bien que alguien, por su propia flaqueza,
defraude la verdad. Miraba las cascadas y las rocas,
no comprendía nada y buscaba por ello
los algoritmos de escape,

en espiral surgía su pensamiento
girando igual que la rueda de Duchamp.
Muy pocas cosas hay tan admirables
como la belleza del Canal, con las compuertas,

l'hora de prevenir els mateixos problemes. / Les circumstàncies no eren evitables, i encara / que sí que ho eren les nostres reaccions / es veien limitades excessivament // per qüestions de pressupost i personal. / És per això que les dades esdevenen tedioses, / i que no coneixem la manera exacta d'aplicar l'experiència, / tot i que molta gent s'entesti a predicar // amb l'exemple: l'exemple d'allò que fan o poden fer / –una cosa petita o algun detall moral–, / mai l'exemple d'allò que ens sorprèn de / manera inesperada, // i no està bé que algú, per la seva feblesa, / traeixi la veritat. Mirava les cascades i les roques, / no comprenia res i per això cercava / els algorismes d'escapament, // els seus pensaments tenien forma d'espiral / en moviment, talment la roda de Duchamp. / Poques coses hi ha tan admirables / com la bellesa del Canal, amb les comportes,

la sucesión
de secuencias que se abren y se cierran
sucesivamente hasta borrar
la distancia de los océanos: las ballenas y las focas

han de mirarlo atónitas, como un viaje exótico
–al Caribe, quizá, o a Barcelona– por parte de un subalterno,
y es que es una estructura firme. El paso del agua
que comienza, la ocupa y se disuelve

resulta inagotable. Nuevamente la vida se exalta en sí misma
y todo tiene un núcleo, la forma de la vida que se vierte
sobre otra vida, rehaciéndola.
En una sucesión de imágenes

se puede apreciar cómo una pequeña parte
contiene aquella forma original que al fin se nos escapa,
y es el recuerdo que nos lleva no a otro recuerdo,
sino a otra vida posible, real e imaginada,

como el conjunto de Mandelbrot, la curva de Kock o el triángulo
    de Kock, las Órbitas Caóticas,
cuando un grano de arena no parece ya arena
sino un copo de nieve.

---

la successió / de seqüències que s'obren i es tanquen / successivament fins a esborrar / la distància dels oceans: les balenes i les foques // s'ho deuen de mirar astorades, com un viatge exòtic / –al Caribe, potser, o a Barcelona– per part d'un subaltern, / i és que és una estructura ferma. El pas de l'aigua / que comença, l'ocupa i es dissol // resulta inesgotable. Novament la vida s'exalta en si mateixa / i cada cosa conté un nucli, la forma de vida que s'aboca / sobre una altra vida i la refà. / En una successió d'imatges // es pot apreciar que una petita part / conté aquella forma original que se'ns escapa, / i és un record que ens porta no a un altre record, / sinó a una altra vida possible, real i imaginada, // com el conjunt de Mandelbrot, la corba de Kock o el triangle de Kock, les Òrbites Caòtiques, / quan un granet d'arena ja no sembla allò que és / sinó un floquet de neu.

                    Y no necesitamos prueba empírica,
incluida o no en sí misma.

Tempestad. Vendaval fuerte. Pasa un tren y no lo escucho.
Cada verso contiene el germen de una prosa.
Igual que comprimir los recuerdos o imágenes
de una vida en cinco minutos de charla:

la voluntad no falla, solamente las fuerzas.
Y con la lluvia salen caracoles, otra forma
en espiral. Mi cerebro es blando y lleno de arrugas.
Estas cosas están por todos lados.

La sombra de los veleros en perspectiva y la cola
de coches detenidos en el peaje. Si no le molesta,
dijo él, subiré la radio:
es uno de mis conciertos favoritos.

Y al llegar al palacio todo allí era Mingus
y brillantes quetzales alejándose.
La jungla es un tesoro, igual que lo es tu vida.
Los niños ya salían del colegio.

No ens en cal la prova empírica, / inclosa o no en si mateixa. // Tempesta. Forta ventada. Passa un tren i no el sento. / Cada vers conté el germen d'una prosa. / Com comprimir els records o les imatges / d'una vida en cinc minuts de conversa: // la voluntat no ens falla, sols les forces. / Amb la pluja és quan surten els cargols, una altra forma / en espiral. El meu cervell és tou i ple d'arrugues. / D'aquestes coses n'hi ha per totes bandes. // L'ombra dels velers en perspectiva i la corrua / d'automòbils que s'aturen al peatge. Si no el molesta, / va dir ell, apujaré la ràdio: / és un dels meus concerts preferits. // I en arribar al palau tot era Mingus / i els quetzals resplendents que s'allunyaven. / La jungla és un tresor talment la teva vida. / La mainada sortia del col·legi.

No era horrible huir
sin una amiga. Dragones escondidos bajo hiedra
y Jo bajo una sombrilla. Pero a mí el sol me deslumbra la calva.
Delirios y temores, tantas gotas

de sudor, diamantes o perlas,
como un brazalete sobre la piel morena
o como una babosa sobre un lirio, y dentro del Casino
las burbujas subían por detrás del cristal

con esa ligereza del olvido.
No recuerdo su forma de tirarse de cabeza,
alguna cosa, un gesto. Una libélula
ahogada en la piscina. Un cambio, nada más, y este escarabajo

que vive aún, sobre la piedra, húmedo,
lleno de hormigas. Que sea más dulce mi muerte,
en un rincón en calma,
sin nadie que me tome el pulso o la temperatura,

un aliento apagándose, una conversación. Todo lo contrario
a estos inútiles intentos, pobre animal,
acabarán matándolo. Los quiero para mí,
sin este olor a cloro o cloroformo,

No era horrible fugir / sense una amiga. Els dragons s'amagaven sota l'heura, / i Jo sota una ombrel·la. Però a mi el sol m'enlluerna la calba. / Tantes pors i deliris, tantes gotes // de suor, diamants o perles, / com un braçalet damunt la pell morena / o un llimac sobre un lliri, i al Casino / les bombolles pujaven rere el vidre // amb la lleugeresa d'un descuit. / He oblidat la manera que tenia de tirar-se de cap, / alguna cosa, algun gest. Una libèl·lula / ofegada a la piscina. No res, només un canvi, i aquest escarabat / encara viu, sobre la pedra, humit, / ple de formigues. La meva mort, la vull més dolça, / en algun racó on sigui habitual la calma, / sense que no em prengui ningú el pols ni la temperatura, // una alè que s'apaga, una conversa. Tot al contrari / que aquests intents inútils, pobre animal, / acabaran matant-lo. Els vull per mi, / sense haver de sentir aquesta olor de clor o cloroform,

que sean míos mis latidos, también mi calentura. Ateucus
    laticollis,
no sufras más, por favor, chaf. No hay nada que agradecer. Esta luz
    que me ciega
aun al cerrar los ojos. Todo lo que deseo es una sombra,
la calma del ciprés o la palmera

o esta fuente que imita un templo griego. Coloreada acrópolis.
Igual que un geómetra que busca
un principio fractal sin encontrarlo
mi deseo me lleva a otro deseo. Las persianas

de la isla eran perfectas. Difuminaban
el tedio y la nostalgia en la pensión de pueblo,
la atmósfera era íntima, el calor
se hacía soportable o deseado incluso.

Vertidos al olvido, los dos amantes y el tocadiscos.
A ella siempre le salían hembras, qué suerte
más agridulce, y por esto fumaba.
Tal vez les parecía entonces que, llegado el momento,

tendrían que mirar hacia otro lado, ya fuese sombra o luz.
Era difícil adivinar los pensamientos del otro,

que la meva escalfor i els meus batecs siguin per mi. Ateucus / laticollis, / no pateixis, sisplau, xaf. No tens res a agrair-me. Aquesta llum / que em cega, / fins quan acluco els ulls. Tot el que vull és ombra, / la calma dels xiprers o les palmeres // o aquesta font que imita un temple grec. Acolorida acròpolis. / Així com un geòmetra que cerca / un principi fractal sense trobar-lo / el meu desig em duu a un altre desig. Les persianes // de l'illa eren perfectes. Difuminaven / el tedi i la nostàlgia en una pensió de poble, / l'atmosfera era íntima i la calor / se'ls feia suportable o fins i tot volguda. // Abocats a l'oblit, els dos amants i el tocadiscs. / A ella totes sempre li sortien femelles, quina sort / més agredolça, i per això fumava. / Llavors potser els semblava que, arribat el moment, // haurien de mirar a una altra banda, fos ombra o llum. / Era difícil esbrinar els pensaments de l'altre,

la razón de una puerta giratoria,
la clave del éxito o del fracaso,

la huida de aquel clima tropical, la isla en forma de luna
con dos cuernos, la bahía que parecía un lago,
la roca y la gran torre, qué lugar más pacífico,
en el que el aire fluye sin moverse, decía Jo.

Yo no sé qué diría. No hay ventilador
y tantos pájaros batiendo las alas. La hembra mimética
alza el vuelo, la falsa mariposa reina, papilio
dardanus, ¿o es la mariposa de la muerte

con una calavera dibujada en las alas?
Darwin observó la mariposa geómetra
en mil novecientos diecinueve. Su abuelo, Erasmus Darwin,
le dedicó algunos versos, a la sombra de un haya cubierta por los
      líquenes:

están las Cartas escogidas, allí, en aquel estante.
No tenía el periodo y leía el periódico, mi amiga Jo,
a quien no le exaltaba lo nuevo ni lo viejo,
bajo una sombrilla en el fresco jardín.

---

el sentit d'una porta giratòria, / la clau de l'èxit o el malguany, // la fugida d'un clima tropical, l'illa en forma de lluna / amb dues banyes, la badia que sembla un llac, / la roca i la gran torre, quin indret més pacífic, / on l'aire flueix sense moure's, deia Jo. // Jo no sé què diria. No hi ha ventilador / i tants ocells que baten les ales. La femella mimètica / ja alça el vol, la falsa papallona reina, papilio / dardanus, o és la papallona de la mort // que té a les ales un dibuix de calavera? / Darwin observà la papallona geòmetra / el mil vuit-cents dinou. Erasmus Darwin, el seu avi, / en parlà en alguns versos, sota l'ombra d'un faig ple de líquens, // i hi ha les Cartes escollides, allà, en aquell prestatge. / No tenia el període i llegia el diari, la meva amiga Jo, / a qui ni el vell ni el nou no l'exaltava, / sota una ombrel·la en la frescor del jardí.

¿Para qué meditar en las horas de luz,
si se encuentra aquí mismo el Ecuador?
No me gusta mirarme. Aprieto un botón
y el cuarto ya es azul y parpadea.

Pare aquí, por favor, tengo que bajar un segundo.
En algún lugar hay otras formas de calma.
Deseo un sobre, un sello, una postal.
Mi amiga Jo era extranjera en su país,

y no hablaba la lengua de aquel otro lugar;
sería tan extraño sin pájaros-paraguas
como sin las lianas. Los rascacielos tocan las nubes,
la persecución de semigarrapateas llenando el silencio.

El momento ideal para huir a las Galápagos: Fernandina,
    Marchena,
Santa Cruz, San Cristóbal, atávicos volcanes de Isabela,
observar los peces cíclidos o los pinzones; no, allí, no. Pero está,
    por otra parte,
la cuestión económica. Las avenidas

parecen ríos. Más adelante los ríos
se tornaron lagos y mezclaron sus aguas

Per què pensar en les hores de claror, / si tanmateix l'Equador és aquí mateix? / No m'agrada mirar-me. Pitjo un botó / i l'habitació es torna blava i pampalluga. // Pari aquí, sisplau, he de baixar un segon. / En algun lloc hi ha altres formes de calma. / Vull un segell, un sobre, una postal. / La meva amiga Jo era estrangera al seu país, // i d'aquell altre indret no en parlava la llengua; / seria tan estrany sense els ocells-paraigua / i sense les lianes. Els gratacels toquen els núvols, / la persecució de semigarrapatees que omplen el silenci. // El moment ideal per fugir a les Galàpagos: Fernandina, / Marchena, / Santa Cruz, San Cristóbal, veure els volcans atàvics d'Isabela, / observar els peixos cíclids o els pinsans; no, allà, no. Però hi ha, / d'altra banda, / la qüestió econòmica. Les avingudes // semblen rius. Més endavant els rius / esdevingueren llacs i barrejaren les aigües /

hasta formar uno enorme, casi una mar interior.
Si eso ocurriera aquí seguro que todo se hundiría,

un exceso de agua mezclaría los océanos,
no sería Venecia. Los gondoleros tendrían que librar, y las ballenas,
aclimatarse a una nueva temperatura.
Se vuelve oscuro el cuarto y es de día.

Me temo que me toca partir pronto. Cerraron hace horas
el quiosco. El silencio es una curva inesperada.
Mi corazón se abre como una semilla. Si lo echo al suelo,
¿qué brotará, con el calor y abono?

Que en el volcán Chiriqui no nieve, que no nieve en
mi alma desterrada en el Antártico;
ahora que la luz se difumina
hace tiempo que el norte está perdido,

se deshace la espuma en multitud de gotas,
con la fuerza con que irrumpe la Gran Ola con-
tra las nubes, tal como crece y se ensancha,
cuerpo grasiento como piel de foca,

fins a formar-ne un d'enorme, gairebé un mar interior. / Si això passés aquí segur que tot s'enfonsaria, // l'aigua en excés barrejaria els oceans, / no seria Venècia. Els gondolers haurien de plegar, i les balenes, / aprendre a aclimatar-se a una nova temperatura. / Es fa fosc a la cambra i és de dia. // Em temo que ara seré jo qui ha de partir. Al quiosc ja fa hores / que han plegat. El silenci és una corba inesperada. / El meu cor s'obre com una llavor. Si el llenço a terra, / què en sortirà, amb la calor i els fems? // Que no nevi al volcà Chiriqui, que no nevi a / la meva ànima desterrada a l'Antàrtic; / ara que la llum es difumina / fa temps que el nord està perdut // i l'escuma es desfà en multitud de gotes, / amb la força que irromp la Gran Ona con- / tra els núvols, tal com creix i s'eixampla, / cos oliós com pèl de foca,

demasiada luz asentándose
sobre el paisaje inerte, demasiada
oscuridad quemada sobre rocas
inútilmente, ola que renace

de sí misma con ímpetu, demasiada
blancura en el azul, superficie que estalla
de algún azar amorfo. Tres surfistas salieron de Chimán por la
 mañana, a las nueve,
y se los encontró en la terminal. Era un espacio transparente,

de una perfección demasiado euclidiana.
El hombre del mono azul salía de los lavabos
y en los souvenirs tenían los sombreros junto a los bañadores;
la pecera, repleta de burbujas.

La etiqueta asegura que es un «Verdadero Panamá»,
blanco y elegante, ideal para días soleados hasta que el uso y el
 tiempo le borren las letras,
para dar un paseo en las mañanas fúlgidas,
pero no para ir en bicicleta pues se lo lleva el viento

y es muy fácil caerse al intentar cogerlo.
En días abundantes, luminosos,

---

massa llum que s'assenta / sobre el paisatge inert, massa foscúria / cremada cruelment sobre les roques, / onada que reneix // de si mateixa amb ímpetu, massa / blancor sobre el blau, superfície esclatant / d'algun atzar amorf. Tres surfistes sortiren de Chimán a les nou / del matí, / i els va trobar a la terminal. Tot era transparent, // d'una perfecció excessivament euclidiana. / L'home de la granota blava sortia dels lavabos / i als souvenirs tenien els capells al costat dels banyadors; / la peixera era plena de bombolles. // L'etiqueta assegura que és un «Veritable Panamà», / blanc i elegant, ideal per als dies de sol fins que l'ús i el temps / n'esborri les lletres, / per sortir a passejar els matins rutilants, / no per anar en bicicleta perquè el vent se l'enduu // i és massa fàcil caure en intentar agafar-lo. / Els dies abundants i lluminosos /

nos pesa la nostalgia y el presente se impone
con la conciencia de la muerte como lluvia menuda.

Tantas y tantas cosas que ahora mismo podría decir, pero calla
y se ve interrumpida la música ambiental
por mensajes asépticos, bilingües. Venden flores a miles
y helados de pistacho. No tiene sentido el recuerdo

si el presente se borra: hay que guardar las cartas.
Todo se ve amarillo o casi blanco. La torre
de control es la cúspide intermitente donde los destinos
se cruzan. Ahora mismo no parece adecuado

lo que vemos en pósteres: curvas, superficies,
polvo que se deshace como nieve y la gente haciendo cola
esperando su chárter. Una suculenta mutante, quizá algún cactus,
todo huye a otro sitio, pues no hay sentido alguno

en pensar en la isla de Abraxas si hemos probado la utopía.
Nieva por fin en la pantalla, se hace ya de noche. Es muy tarde:
levanta la persiana, mira cómo se funden
la luz de la ciudad y las estrellas.

Traducción de José Luis Rey

es fa feixuc l'enyor perquè el present s'imposa / amb la consciència de la mort com a pluja menuda. // Tantes i tantes coses que ara mateix podria dir, però calla / i es veu interrompuda la música ambiental / per missatges asèptics i bilingües. Venen flors a balquena / i gelats de pistatxo. No té sentit el record // si el present se'ns esborra: s'han de desar les cartes. / Tot es veu groc o quasi blanc. La torre / de control és la cúspide intermitent on els destins / es creuen. Ara mateix no s'escau // el que veiem als pòsters: corbes, superfícies, / pols que es desfà talment la neu, i la gent que fa cua / esperant el seu charter. Un suculent mutant, potser algun cactus, / tot fuig a un altre indret, perquè ja no té cap sentit // pensar en l'illa d'Abraxas si hem tastat la utopia. / Finalment neva a la pantalla i es fa fosc. És massa tard: / alça la persiana per mirar com es confonen / les llums de la ciutat i les estrelles.

Mariano Peyrou
(1971)

Mariano Peyrou, *Buenos Aires, 1971*

Poeta, músico y licenciado en Antropología Social. Ha publicado los poemarios *La voluntad de equilibrio* (2000), *A veces transparente* (2004), *La sal* (2005), *Estudio de lo visible* (2007), *Temperatura voz* (2010) y *Niños enamorados* (2015). También es autor del libro de relatos *La tristeza de las fiestas* (2014) y de la novela *De los otros* (2016). Su obra aparece en diversos recuentos y antologías de la poesía reciente.

Poemas seleccionados: «¿Y si fuera el día?», *La voluntad de equilibrio*; «La corola entera», «Autorretrato», *A veces transparente*; «La sal» partes iii, vii y xv, *La sal*; «La hora verde», «El orden», «un árbol», *Estudio de lo visible*; «emergencia» partes ii y x, *Temperatura voz*; «La otra vida», «Qué significa eso?», *Niños enamorados*.

«Esto es lo que se hace: / trabajar lo real hasta convertirlo en imaginario» (2015:36). La poesía de Peyrou es una de las más autoconscientes o «metaepistemológicas» (Mora, 2009) de nuestro panorama, lo que tiene en su caso como consecuencia no sólo cuestionar la estética (o falta de ella) de los tiempos en que vivimos, sino, y sobre todo, *cuestionarse como estética.* Su voz no da un paso sin saber a dónde va o, mejor dicho, hasta que no está segura de no saber dónde va. Rafael Morales ha señalado con acierto que la de Peyrou es una mirada «distinta, que tiene en el fragmento de corte esencial, parte de su hálito» (2006:53), lo que apuntó también Eduardo Moga (2007:201-203), algo especialmente claro en *Temperatura voz* (2010) pero detectable casi en sus inicios. Otro rasgo es su autoconciencia como lenguaje: *Niños enamorados* (2015) es una reflexión sobre la causalidad y la consecuencia dentro de una obra que se ha interrogado siempre acerca de la relación entre sujeto y predicado (en el sentido lingüístico, pero también en el filosófico). *La sal* (2005) es un poemario sobre el discurso, entendido como la disposición de un lenguaje en busca de una intelección, pero en constante lucha con sus propios sistemas expresivos («él no articula su lenguaje sino que se deja articular por lo que escribe», dice Peyrou en una poética, 2014:68). *La sal* es un poemario no wittgesteniano, pero sí foucaultiano, un método en persecución de su *episteme* funcional, de su cuestionamiento de la comunicación, consciente de «la diferencia entre el objeto y su / representación» (2005:45). No es casual que en casi todos sus libros aparezca alguna mención al silencio o a lo inefable: *Estudio de lo visible* se abre con un poema que termina así: «se dice lo que se puede» (2007:10). O, en otro sentido, no hay experiencia hasta que *se enuncia*: «Nada acaba de ocurrir / hasta que uno se lo cuenta / a otro, o a sí mismo» (2015:16). «La posibilidad de construir o reconstruir una identidad difusa a través de la escritura poética es una de las obsesiones de un poeta como Mariano Peyrou. El problema de la realidad, de lo visible, es para el poeta una cuestión de pliegues, de ocultaciones quizá. No se cuestiona el poeta un más allá mistificado, sino una pregunta radical por el orden de las cosas» (Santamaría 2008b).

La poesía de Mariano Peyrou transcurre obsesionada con *Las palabras y las cosas*; dice Foucault en su título homónimo que «a partir del siglo XIX, el lenguaje se repliega sobre sí mismo, adquiere su espesor propio, despliega una historia, leyes y una objetividad que sólo a él le pertenecen. Se ha convertido en un objeto de conocimiento entre otros muchos» (2005:289). Se ha objetivado, por tanto, y una de las tres compensaciones por esa nivelación a un *status* puro de objeto es la literatura. Esta objetivación es perceptible en la obra de Peyrou (incluso en sus relatos breves): el entrecruzamiento del lenguaje social, el lenguaje de comunicación, el lenguaje político, el lenguaje de la pasión y del arte, la pulsión de la palabra, el abandono (el silencio) del discurso, cuando «la ausencia de lenguaje es capaz / de segregar lenguaje» (2005:19), dando voz a la presión y a la represión, con un estilo despojado, innovador y tradicional al mismo tiempo: «Peyrou da rienda suelta a su aventura lingüística sin que la vanguardia desemboque jamás en gratuidad» (García Román, 2013:115). Hemos intentado que los poemas elegidos reflejen, en mayor o menor medida, todas estas tensiones y elecciones.

¿Y si fuera el día?

¿Y si fuera el día la mentira, y estuviera
en la serenidad la distorsión,
en casa el enemigo?
Hay una continuidad en el
sueño similar a la de la vigilia.
A veces se manifiesta. Ocurre entonces
la caída lenta que está más allá de los
relojes y la prudencia (pero un cigarrillo
es un reloj, un caracol es otro, un
corazón; y más allá de la
prudencia están los asteroides, o
Finlandia y todas las veces que resbalaré en el
hielo). Ahora hay que confiar en
lo que no se entiende, elegir el
recipiente más adecuado para
contener el desconcierto. Un
poema puede ser bastante capaz, aunque
siempre será mejor usar el mar o la fogata.
O la caricia. Se extienden
las pupilas en la oscuridad, palmas que se
abren para acariciar la decepcionante
espuma tras la cual está ella,
está él. La caída de su
párpado es una ola que se
rompe, un movimiento de
bailarina antes de dejar la escena.
Mi cuerpo está fuera de mí.

Yo defiendo lo leve, lo menor.
Es mi trabajo.
Mi trabajo es estar ahí
sentado, contando mentiras. Mi
trabajo es contener un mar.
No hay nada tan inútil. Nada
tan bello como lo que no sirve.

La corola entera

Nadie es alguien pero tal
vez alguien sea nadie como
yo, piensa este candidato a la
esperanza mientras estudia la
margarita de dos pétalos. Lo
mejor en estos casos es arrancar el
tallo, eludir la lógica disyuntiva
y guardarse la corola entera. No
habrá respuesta, en eso
consiste la flor.

Autorretrato

El mejor autorretrato que conozco es de un
pintor que mira un huevo y pinta un ave. Hay

gente cuyo mejor autorretrato está en sus
uñas. Hace diez años creía que mi mejor
autorretrato sería al fin un beso durante el que se
piensa en el futuro para que vuelen juntos
los sabores. Toda magia es ingenua. Toda
palabra es mágica. Hace cinco años pinté mi
mejor autorretrato: un corazón y un
cuerpo que late dentro de él y lo alimenta. Hace diez
minutos comencé un poema
pensando que en toda palabra late un deseo
de silencio, una conciencia de esterilidad.
Cómo me arriesgo a quedar como un imbécil.
Todo autorretrato implica un riesgo semejante.
Los sueños se suicidan con somníferos.

La sal

III

Murmurando un idioma que
entiende cualquier célula, llega el
mar hasta las puertas de un niño que
se moja. El mar hospital es el mar
aeropuerto, a diez kilómetros de altura
se traza una línea sobre la arena donde no
alcanzan las olas con sus manos maternas
y hasta siempre el agua por los
tobillos. El mar verano no es el
único, está también el mar en la ciudad

exilio: el cable del teléfono enterrado
en el fondo, nombres que superan el
naufragio y se arrepienten y reclaman
apellidos, la gestación de una mitología,
la necesidad de aprender a despedirse
sin haber aprendido a saludar
y sobre todo la precaución de
no pisar las junturas de las baldosas, no
acercarse a los bordes ni conjurar
lo liminal o la antizona. El mar
asoma en todo lo que es
puerta: los ocasos, las bocas, la
música, estar solo; asoma y anticipa
la isla y el azar, la sensación de
consecuencia sin causa conocida.

El mar dos polos también finge, simula un
pez lineal, adusto, recurrente; y pájaro,
se resiste al resumen y a la síntesis, pez
cuyo vuelo se aloja en otro mar.

VII

Hablo para poder imaginarme
que estoy vivo, camino la función
primordial del lenguaje, salgo
allá donde el anhelo y las
ideas duran hasta que abro
la boca, poco menos que los efectos
ontológicos del eco. Los dedos
interrogan al buzón y los corresponsales
fallan. Hablo, salgo,

pero mi actividad constitutiva es gastar la paciencia.
El destino puede empezar a cumplirse en cualquier
nombre, verbo hasta entonces ilusorio, perseverante,
único. Algo habrá que transvase y amortigüe la demanda:
desvalijar carteros, agotar las funciones
secundarias, imantar los discursos que resbalan
por ahí.

El material viscoso prende en cualquier
oquedad, la ausencia de lenguaje es capaz
de segregar lenguaje: una mirada
es un beso en potencia, un silencio
una orquesta que duerme, cualquier palo
es un cetro deseante de corona.

Se dilata la nada.
La realidad es lo alterable por
error, el derroche fecunda el
ojo ajeno y ya están germinando los retratos.

XV
EL DISCURSO ESTÉTICO

Significante sin
significado, acto más acá de lo simbólico,
metáfora sin tenor estable, palabra y
punto y más sentido en el punto
que en la palabra: otra manera de
hablar de amor o distribuir la
sal, la desdeñada por esos superficiales
para los que la belleza no es
lo más importante. La

belleza: un texto que no se deja
leer, aquí y aquí una línea exige
cerrar los ojos, detenerse a mirar;
un viaje que se disfruta
mediante la idea del retorno.
Adiós a la supremacía
de la denotación. Vacío, nada más
que el vacío de raíles que corren
sin punto de llegada, puro origen,
y se bifurcan en secreto y
llegan sin saber si algo corre
sobre ellos: otra manera de
ser exactos.

Inspirar con confianza y oxigenar el
signo; tu nombre, rostro invisible de
tu rostro, te sobrevive y siempre vuelve
otro, diferente de sí, trayendo días y raíles.
Esa riqueza, la del olfato, hace justicia
a lo único que admite ser mirado:
el leve, fértil movimiento de lo
que permanece.

La hora verde

A la mañana siguiente seguían bailando
con una fe bella y patética, esperando su oportunidad.
Llovía como siempre. Y esta noche toca
trabajar de nuevo.

Lo que se repite: faltan unos
minutos para empezar, quieres configurar un espacio
más ambiguo, diseñas herramientas vocacionalmente
inútiles. ¿Por si acaso? No, no se trata
de reducir el riesgo. Es una especie de estética.
Dame otras dos.

Ya lo vieron los cínicos, pero lo he vuelto a descubrir
bajo la ducha. Por otro lado, la mejor
manera de comprender un limón es comérselo
y así lo voy a decir,
a falta de limones.

Tú te quieres ir ya.
No sé qué conclusiones
podemos negociar. Deja que te muestre
las instalaciones y mis árboles.

El orden

Este inevitable vacío
de las cosas, su falta
de relación con nuestras expectativas
y la esperanza con que las
definimos, no es un vacío
pasivo; susurra, reclama que
la piedra siga siendo piedra,
que lo vertical, lo instantáneo,
siga incidiendo sin violencia

sobre lo horizontal. Lo permanente,
entonces, resistirá con la paciencia
propia de lo ajeno, de lo que ya
no importa, explicándonos de nuevo
las primeras lecciones para que no
olvidemos más que el agua
es la piedra más dura.

un árbol

puedes hacer varias cosas con este árbol

cubrirlo de un color original o dibujarlo en tu mente como si fuera un río

talarlo con las uñas hasta modificar tu percepción del tiempo

calcular su altura y equivocarte y no darte cuenta

puedes olerlo como si pensaras sin palabras

esconder sus raíces debajo de la tierra y pintar de verde la más verde de sus hojas

sentarte sobre lo que fue su sombra y esperar a que se haga de día

definirlo para que sea a la vez hermoso y artificial

inventar un incendio y salvarlo

cambiarlo por el derecho a desplazarte por el prado

convertirlo en papel y describirlo de una forma diferente en cada folio

caminar en círculos alrededor de cualquiera de los árboles vecinos

pincharlo con un alfiler para constatar que no se queja

tener una larga conversación a la luz de sus pájaros y descubrir que alberga tantas contradicciones como alas

puedes tomarlo como ejemplo en un ensayo sobre la horizontalidad

amarlo compasivamente pensando en los poderosos vientos que trajeron desde las estrellas la materia que lo forma

palpar su rugosidad con cada uno de los dedos o con la palma entera

lo que no puedes hacer es entenderlo

emergencia

II

viene desde las habitaciones del aire

la forma de una idea avanza hacia los límites

llora al calcular el peso de las cosas
y articula el azar

hemos combatido el viento
con manos húmedas abiertas levantadas
el viento sus colores su dolorosa
tanto por desteñir

este corcho es antiguo pero sigue subiendo
significa algo nuevo habla de antes
una tortuga sola que asoma la cabeza
en los mares del mito

no entiendo lo que dice
pero entiendo que dice la verdad

X

decir sí fluye
decir no enriquece

decir sí suma
decir no multiplica

decir sí acaricia
decir no estimula el vuelo

a largo plazo a corto
una cuerda tan larga que sólo tiene un cabo

viene todo converge
las partes del cuerpo los tiempos
verbales conceptos y sentidos

unidad nunca tanta
como ante el goce superior de acompañarlo
y las posibilidades imaginarias del dolor

La otra vida

Cada una de sus cartas aviva
lo que somos y las posibilidades
del sueño y la demora,
muestra un espejo donde aparecen
siglos de infancia condensados en
la imagen de unos niños enamorados
tirándose del pelo. No tiene
nada que ver con mis lecturas
sobre Giordano Bruno ni con
la sorprendente humedad de esta
estación saturada de burbujas,
recuerdos tibios que van de un lado
a otro imitando a las luces

de los coches de una ciudad
desértica. En otra época se habría
dicho que las clarinetistas saltaban
desde los tejados de las casas
donde apenas ardía un poco de
leña cada noche y volaban
un rato en los sueños ajenos
antes de hacerse polvo contra
las piedras, recuperando para los
demás ese trozo de vida que nos
falta, y se elevaban de nuevo,
polvo secreto sobre los bosques cercanos,
y su música sonaba para siempre,
en los desvanes y en los nietos,
sigilosa y alegre, cogidos de la mano.
Nada que ver con las excavaciones
submarinas ni con el falso mito
de los bombones envenenados, pero
ahora es así, pongo la radio
y oigo lo que habría querido decir antes,
las oscuras motivaciones de la hierba
son las nuestras.

¿Qué significa eso?

I

Hoy hay algo de arena entre las sábanas.
Es polvo lunar.
He pasado la noche en la luna.

Hay un espacio que es necesario
ocupar, que absorbe cualquier
cosa que pueda funcionar como
signo: las relaciones causales,
las flechas, los ríos
del pensamiento y sus afluentes.
Cualquier adaptación se hace
por medio de estos amaneceres
racionales, desde el animismo y la
religión hasta las ceremonias más
privadas. Hay que llamar
antes de entrar; detrás de una
puerta cerrada siempre hay alguien
desnudo. Un sonámbulo
te persigue en tus sueños. El
halcón aprovecha el punto ciego
de la paloma, vuela
el deseo detrás de una palabra,
el miedo vuela en busca del azar.

Hoy soy un redentor y vengo a que me ejecuten.
Llaman a la puerta.
¿Qué significa hacer preguntas?

Cualquier cosa entrevista
en un escaparate es parte de
mi vida, va redondeando una
esencia, me permite poner en
contacto lo distante, suprimir las
diferencias, aplacar la inquietud
que produce lo único. El objeto se llena
de signos. La mirada se llena de palabras.
Viaja a la luna el que asigna
sentido en exceso, pero quien se queda corto

se queda ciego, deja
de leer.

Esto es lo que se hace:
trabajar lo real hasta convertirlo en imaginario.

II

Deberías creer en Dios.

El hombre de la picana le
dice al otro:
          Es que nunca
me sentí querido por mi papá
y mi mamá.

¿Quién quiere ser empresario?
¿Quién quiere ser político?
¿Quién quiere ser militar?

Una serpiente se desliza sobre
la hierba. Su cerebro es parte de
su médula espinal, es un músculo
que le dicta lo que tiene que hacer.

Yo quiero saber mucho de animales,
ser domador de focas, con
mi pequeña picana bañarme
junto a ellas, verlas de cerca,
comer pescado, bigotes.

Tengo ganas de nadar sin fin.

JULIETA VALERO
(1971)

Julieta Valero, *Madrid, 1971*

Poeta, editora y gestora cultural. Autora de los poemarios *Altar de los días parados* (2003), *Los Heridos Graves* (2005, IV Premio de Poesía Radio Joven de RNE-R3), *Autoría* (2010, XXII Premio de Poesía Cáceres Patrimonio de la Humanidad y Premio Ausiás March) y *Que concierne* (2015). Ha desarrollado su actividad profesional en el mundo de la edición y la gestión cultural. Desde 2008 es coordinadora de la Fundación Centro de Poesía José Hierro.

Poemas seleccionados: «De infancia, apagamiento e intuición», «Oda fragmentaria del *para*», *Altar de los días parados*; «Post noctem», *Los heridos graves*; «Ashberiana», «Cuento de Navidad», «Lejos de mí», *Autoría*; «Ficción con el dedo corazón», «In Vogue», «Que concierne», «Y entró en vigor la ley», *Que concierne*.

María Salgado señala con acierto en su epílogo a *Que concierne*, de Julieta Valero, que «sólo muy lateralmente se sabe de qué se podría estar hablando porque de hecho no importa el qué, sino la aproximación verbal» (2015:93). Así es, en efecto, y no es necesario ir más allá en el sentido porque la poesía de Valero genera un *sentido de necesidad* tan singular como radical: el de la expresión poética que no requiere más explicación que su propio transcurrir ante unos ojos. Sus pasadizos hacia otras cosas, hacia otros códigos, hacia la realidad inmediata de los movimientos civiles, hacia otros poetas, no persiguen cancelar el sentido de lo contado, sino dotarlo de una voz polifónica, casi *coral*, que ponga en duda «la salud de los pronombres» (*Autoría*). En la poesía de Valero *todo habla, pero con una voz inconfundible*, compuesta de una proliferación de voces que se agrupan de una forma predeterminada, como virutas metálicas sobre un imán. El objetivo es repensar el lenguaje en general y el poético en particular como vía supuestamente privilegiada para producir efectos: «parto de la ausencia de realidad sólida a la que atenerse y entiendo la poesía como función de vida, como una aventura de conocimiento desde el lenguaje, pero también contra el lenguaje en la medida en que este puede colmar las expectativas de una significación que viene de fuera. Esa búsqueda de tranquilizadora unidad en el idioma, unidad lingüística, política o étnica siempre puesta al servicio de quien la impone me parece muy sospechosa» (Valero en Rubio Carro 2015). De ahí que *Autoría* (2010) supusiera un salto cualitativo en la trayectoria de la poeta, por ser el momento en que Valero reconoce la médula espinal de su lírica y su objetivo decisivo: cuestionar todos los niveles de representación y el marco enunciativo, esto es, su condición autorial, para contar argumentos vitales.

Martín López Vega ha señalado que «el gran hallazgo (...) de Julieta Valero (...) es el uso sabio con el que maneja su conocimiento de los diferentes lenguajes para hilar poemas que funcionan en varias capas, que son críticos a varios niveles, que buscan su belleza en una forma compleja y extrema de inteligencia» (2015). La condición estratigráfica de su obra, apreciable con claridad desde *Los Heridos Graves*, no sólo marca los registros del discurso, sino también la superposición de imágenes, las cuales establecían a veces correspondencias plásticas entre realidades lejanas. Si en su segundo libro aparecían Stevens y Gamoneda como posibles referentes, en *Altar de los días parados* una cierta vocación vallejiana, extraña por su madurez en un primer libro, anunciaba una voz diferente que no ha hecho sino crecer en sus poemarios posteriores. Las referencias y epígrafes utilizados por un poeta no deben conducirnos hacia conclusiones fáciles, pero Valero supera rápidamente las necesarias sospechas porque sus citas nunca son puntales destinados a sostener una estructura, sino humildes reconocimientos a lecturas e influencias bien digeridas y pensadas. El resultado es una poesía que se asienta en la tradición para *disolverla* a conciencia.

Si en los poemas que siguen el lector se encuentra tan perdido como bien hallado habremos acertado en la selección.

De infancia, apagamiento e intuición

Yo me dormía afilando un oído,
oído pequeño, certero, como era yo
entonces. Y entonces sabía
acceder a mi pulso
(cuántas horas de estudio
volviendo al hallazgo vendrían después).

El caso es sencillo:
me arrancaban del parque para blandas ceremonias
de baño, pijama y angelito sin tregua
de mi colchón.   Y caía rendida
(no he vuelto a saber claudicar como entonces).

Pero el niño es sencillo:

la cama ofrecía su espejo,
yo me entregaba de bruces,
y en la sorda cadencia
de la sangre en mi oído,
yo veía una anciana,
subiendo una blanca, babel escalera,
una vieja, de negro,
trasunto del pulso,
subiendo peldaños,
yuntera, glacial, resignada,
uno tras otro, así hasta mi sueño,
uno tras otro y siempre uno;
a fuerza de noches, febril duración.

Tal era mi oscuro dominio,
tal mi crepúsculo alcance:
una condena irredenta pendiendo en mi oído.
(En verdad son los niños quienes saben
lo que buscan en la noche).

Hoy apenas le arranco a la cama unas notas,
ese ruido tan triste de dos cuerpos
cuando se aman. De aquella mujer
nunca más supe.

En mañanas de invierno especialmente limpias,
cuando puede sentirse que la luz
no es gratuita,
me miro los pasos,
os veo los pasos,
me aterro,
común dirección.

Oda fragmentaria del *para*

Ni ir a las cosas por su nombre,
ni llamar a este aire moroso,
que se oculta, sube al ático
del pecho, se rebela,
LUMINARIA.

Por no estar aquí.
Por buscar su medida,
para irse, sencillamente,
empuña la palabra.

•

Y si se cae el altar de los días parados,
y tras el altar no hay salto, ni desesperanza...

No había entonces motivo de espoleo,
todo era poner a los ojos altura, alzar
la más entrañada derrota.

Post noctem

Cómo me ha alcanzado este instante
tan lleno de todo lo que falta
cuando la noche ha muerto pero aún
no se puede hablar del día
y camino hacia casa entendiendo como nunca
los problemas del cemento
y el silencio revela que no hay rueda
pero está el giro:

Mi belleza de ratón
aplicándose a la farra cada vez
como una vieja criatura
que se extingue y lo agradece.

Mis pasos sobre Marte que os anuncio:
está en la Tierra
y es esta soledad el día de su boda,
es seguir urbanamente viva
con las llaves en la mano
y reciente el suceso de salvarse.

Yo me fui de mi cuerpo en cuanto pude
con el polen de los baños
hacia la facilidad y el escenario;
cuan aladamente sé
hice tántalo y hoguera para mis semejantes
y bailamos la expulsión de la edad
en que la tersura dignifica.
El éxito de la amistad fue quedarnos sin público,
emerger al alba con sonrisa,
con soledad renovada y hambre de naufragio
al instante aquel que la noche y el día declaran
no haber visto nunca
pero que a mí me atrapó con un denario menos
y todo el adoquín de la tristeza.

Era la ciudad sin mí, mi vida sin mí.
Eran las llaves.

Ashberiana[1]
«Situación entre»
Mad-Fco
(Madrid-Fiumiccino)

Los flaps. A dos metros de mis rodillas. Leí este agosto, leímos todos: Son indispensables para despegar. La catástrofe y la sencillez se cruzan en una cafetería; la caja negra: también le quitamos el charol de la metáfora: de qué está hecha, cómo no es una caja.

Quien aún se atreva a hablar de realidad sin ponerse en fuga que mire ahora mismo hacia abajo. La nube de alfombras es un buen argumento. Si podemos disfrutar de nuestra propia maqueta, queden las sectas contemporáneas a la altura de los bazares chinos. Hay tantos. Suenan a góspel y espumillón. Gitanos y duende. Subvenciones estatales para demostrar la feliz convivencia del queso con las uvas.

Para cúpulas totalizadoras ni la de Naciones Unidas —ella dice que el célebre sobrestimado no sabe nada de materiales, en dos años Ban Ki-moon atravesado por una estalactita, *in media res*— ni la del lenguaje decimonónico al asalto de lo sublime: estas nubes erario público. Me preocupa qué va a ser de nosotros, la ceguera degenerativa ante lo obvio es el cuerno de nuestros conflictos. Del Apartheid a Obama apenas hay un gamucear de los dedos por el vidrio. Me valen también los pasados reyes: aquel puff verde manzana para el que no había papel de regalo y yo agradeciendo los paquetitos pequeños.

---

1   Dialéctica desde el aire con una poética de Alberto Santamaría.

Se me ha invitado a que traiga el equipaje que desee. Todo cuanto quepa en mi maleta marca Wallace –esta hinchazón ovular, la increíble masculinidad menguante de tres camisas a rayas lanzándose megas y motos, la codicia antropológica ante el *catering* del avión: no te comerías eso en ninguna otra parte.

Se me ha informado de que mi identidad de poeta ya no se juega en los Alpes sino entre la naturaleza violenta y esparcida de las cosas. La realidad no es pero su imagen resulta incontenible. Esto me recuerda a las clases para saltar de cabeza. Había que pasar por la línea horizontal. Yo, que me derramo en el agua y emerjo con la antorcha humeante de la libertad en el puño: dinero para un gramo de cardioimaginación... ¿Es esto fractura?

A día de hoy Lo Sublime es una membrana entre las palabras y la multiplicidad del bazar. Todos tan Ashbery ahora... La multitud ha corrido a por las bicicletas recién estatales porque los anticuarios de la ciudad se han saturado de endecasílabos y taxis. Es una buena noticia. Perturba a partir de aquí el constructivismo ruso y el enigma de los *lemmings*, todos a una despeñándose por el mismo acantilado. No obstante, la lógica de la intimidad nos permite esperar una próspera estampida; documentable, no sufran en babelia.

Voy terminando. Lo que no sé es qué hacer con mi amada... Todo lo anterior... ¿me asegura un puesto en la Liga Contrasublime o debo sacarla de la Sala de Llegadas y que entre un buen dorsal contemporáneamente ofensivo, por ejemplo, la palabra *wifi*?

Lo que tú digas, amigo. Ha sido un placer por mi parte. Este juego ambicioso y el sexo con ella se ajustan como sus botas altas a mis conceptos de diversión y utilidad.

Cuento de Navidad

Se precipitan lentamente como copos de nieve la belleza

de los sueños y todas aquellas cualidades que tenía la materia,

primeras lecciones de física: maleabilidad, ductilidad, y no

sigo, demasiado largo el aterrizaje de los sonidos

en este idioma, lo importante, lo que yo venía a publicitar aquí es

la intemperie o esta desnudez que no admite compañía.

¿Cómo es posible? Si edificamos sobre unas pocas mentiras,

las de mayor calidad previendo, además, este momento tan

delicado, la juventud que se estratifica lanzando un chillido sin
    especie.

Nadie sabe qué prendas convienen ahora, cómo saldremos de esta,

cuánto para que la renuncia sea branquia, un tono, pierda

su nombre y adquiera el brasero que merece, sí, le falta estación

al sustantivo para seguirnos de cerca.

Escribo abisalmente o hablemos de agua en la calzada para ser

precisos, no lloro, no, como algo rico, cancerígeno (probablemente) el dolor

ya no sale por mi mano ya es yo y la tragedia un enunciado, pura analogía con la mariposa,

piénsenlo. Hemos pasado Año Viejo en un hotel rural, se supone

los niños son preciosos, sanos, los mayores nos queremos (de verdad)

bebimos hasta que amanecía. No pasa nada, saca a la muerte del listado es

solo un desayuno que se repite unas treinta mil veces, media occidental, eso siempre.

Lejos de mí
(identidad y metonimia)

Tardamos una dictadura de trópico en encontrarla pero ahí estaba, ventilando tensa bajo el auspicio de la lógica. Para llegar hasta ella fue necesario cronificar la lesión del olvido. Fue necesario encharcarle el pulmón a la paciencia y alquilar una casa en las afueras, donde la comprensión recuperara su salud horizontal.

Mallarmé la llamaba mi obsesión; en su adolescencia, dios se admiraba de tal eficacia colocada en la punta de una caña y la acariciaba dulcemente agradecido las innumerables noches previas a su semana grande.

Toda la vida, mi madre se lamentó de no haber subido a un escenario por timidez.

Mallarmé la llamaba mi obsesión y nosotros pasamos un tercio de siglo orgiástico como el incendio de un orfelinato comiendo y vomitando hasta ver nuestras pulsaciones rozar el cutis de la luna, caída libre noche tras noche, una por cada una de las 10.950 antesalas de Palacio. «Víspera de qué», nos preguntábamos luciendo las caries y algún diente de oro... «¿Víspera de qué?», reverberaba el papagayo del *marketing* guiñándole el ojo al diosecillo desbaratado dominicalmente en la *chaise longue* de la risa.

Huésped que tocó la puerta el mismo día que se la abrimos a la memoria, con olor a periódico y a pan, con la fiabilidad de los puestos de fruta y la cercanía del sonido de la lluvia y el teclado, pesando como el hambre solo era visible, sin embargo, de un modo lateral. Era el héroe de los videoclips rumiados en la imposibilidad de las tardes infantiles. Era la edad, su zancada clueca tras el casco romano de la plenitud centelleando escaleras abajo. Finalmente devino –teníamos catorce años y unas canas musculares que contradecían los infortunios de la piel– en capilla ardiente de la Postergación.

Es a partir de entonces, los ganglios sucesivos, cuando debemos introducir al embozado, al vigoroso *peroelamor*, esa palabra. Tomado al principio como el villano de la unidad, comprendemos tras la curva del álgebra que todo es muy sencillo si bien puede cundir una vida llegar a no entenderlo.

Tardamos una dictadura de trópico en encontrarla pero un abril decidimos que del amor se parte y que este nunca se acaba.

Bajo dicho estatuto tú te quedas sin ropa en la trasera de mi coche y yo me pregunto por el porcentaje de supervivientes entre quienes llevaban cinturón. El miedo presenta su renuncia. Lo asila en última instancia Nápoles y queda enterrado en una cantera, junto a los bidones de la normalidad.

Simultáneamente Platón y la Junta de Defensa patean el tablero de *backgammon* y dictan la comanda de las bienaventuranzas. Adán y Eva se preparan una compota de manzana y resulta que aquella especie de serpiente solo era nociva en condiciones de extrema fealdad.

Simultáneamente suena un cachete en la madrugada y el octavo continente rompe a llorar. Como en el registro de los felices exigen un himno, escogemos *Ne me quitte pas,* cuya correcta traducción me aclaras: Ahora que tu axila es un templo, no se te ocurra expulsarme de mí.

Ficción con el dedo corazón
Alta velocidad

Pero si hablar de mí ya no procede...
¿Dónde veré reflejado el modo en que no existo.
Qué será de la Navidad si prohíben las luces?
Y cómo darás conmigo tú, entrenada para rastrearme en los bajos
    de nuestros antepasados.

La camarera entró patinando desde la oficina del paro y nos puso
    café y menú sobre la mesa sin hacer(se) preguntas:

—Esta es la frase del día:

«En artes plásticas la vanguardia puede residir en ser visceral; en
    poesía consiste en ser honesto».

Al dar la luz, blanditos, roedores, los corresponsales corren a
    llamar a sus despachos: «Malas noticias, pero no sé por qué.
    Escribe, de momento, que el estilo manierista de la vida
    contemporánea no es inherente a la condición humana; al
    cierre te cuento más».

Mientras, en Nueva Zelanda, en el cobertizo de la vieja señora
    McKenzie descubrimos cientos de antiguas películas de
    nitrato: por lo visto su marido inventó la historia del cine
    antes de que sucediese... Murió poniendo en plata la batalla
    del Ebro, joven, ignorado por un estadio clamoroso.

Dando por imposible una rehabilitación del Romanticismo, temimos entonces por los ancianos, ¿cómo extraer retrospectivamente sus galones sin una hemorragia mortal?

Respecto a los jóvenes, alguien vino a tranquilizarnos; la falta de plasma agudizaría su ingenio.

Con sus vestidos de verano, apoyadas en la tapia del camposanto, las Trece Rosas Rojas terminan de ver nuestra *premiere;* se lamentan, sonríen con ternura:

Avantgarde intrepidísima ponerle apellido a los huesos. Subjuntivo, subjuntivo país.

In Vogue

1. Las revistas femeninas (Prólogo)

Sonaba su teléfono. Al abrir el bolso, el timbre se dispersó como una película rápida sobre el crecimiento de la hierba. Lo cierto es que estaba lleno de crías rosadas, picos hacia la luz. Lo insólito cursa como veneno encefálico, simplificador: le extrañó que todas pusieran tanto empeño en sobrevivir.

2. Alta costura / *But I love Hitler*

Tantas veces contemplando nuestro cuerpo como una *pietà* ingrata: lo que sobra, lo que falta, cuanto no es.

Fíjense en ese alfeñique que espera a declarar tembloroso: lo crean o no es el primero que gimió ante un pie de loto, el que exigió que todas las cinturas tuvieran el ancho de su fe en la viabilidad del amor.

3. El juicio. *Strike a pose*

Preguntada a las puertas babilónicas del juzgado, la señorita Nos, que vestía en su condición de imputada y víctima un discurso a rayas negras y blancas, declaró:

«Karla, Gianni y el malogrado Steve se afanan en maquillarnos. En realidad no ensalzan nuestros rasgos, los permutan. Tristes ancianas tostadas por la deflagración de su misoginia... Son a la idea de la mujer lo que los cuervos al sexo entrañado. No hablo de pájaros, anoten eso».

Al juez le ha llevado toda su carrera instruir este sumario; cuando al fin llama al portavoz del jurado, la indignación le ha restituido a sus dieciséis.

Como siempre, la condena es cuanto te has perdido.

Que concierne

Como si yo pudiera penetrar con la punta de algo que de
                              verdad me duele,
atañe, así ponte tú en el sitio enfurecido de otro,
su abismo dulzón, su falta de plata, perdón, papeles.

Llevamos siglos considerando si un bebé, tú y yo
y contra todo pronóstico pactar con el futuro, tener peso, partir
                              las últimas.
Calificaciones primaverales.

¿Aceptaríamos desbiografiarnos con ese peine duro?
Todo el encofrado de estos años preludio antes de ella, de él...

Mientras, por las calles y en los pasillos de la casa
políticos mostrencos entran y salen de nuestros días, distorsionan
la temperatura. No levantan la voz.
Nos obligan a congelar los restos de la confianza.

Bajo las señales de antiaéreos, su terror publicitado,
su graznido de ciudad costera sin mar, los amantes corren
a refugiarse en la casa, ponen el árbol de diciembre,
se conmueven en su tresillo con los males de la inmigración. Se
                              quedan
muy a salvo, sin paradoja, sin analogía, sin lectores.

Los niños vienen de aquí; no de la ilusión del crecimiento
infinito; nunca del desprecio por el público sector.

Y entró en vigor la ley

Como casi todo, tenía miga porque honda es la condición de la materia y claro, la oralidad más que el terror de ver un bebé gateando por el techo. Síndromes hay tantos que mejor aclaremos categóricamente la nevera:

> Tener las caderas ya en su sitio
> y que nadie te haya querido
> de una u otra forma. Ni África ni tú
> tenéis remedio pero sí la más bella e improbable épica
> de la reconstrucción. Junto a los lácteos, la abandónica
> mordida: lo fatal.
>
> Hacia arriba y guiándonos por el hambre
> el mal de amores, un sintagma que justificaría
> la sección de las cuerdas vocales, rabia
> que no impide reconocerlo: si estás estructurado
> todo se pasa, alas de cuervo frotándotese tu rehabilitación.
>
> Intuimos que es soez el recurso a las perras negras para describir lo que hace la enfermedad con dos que se aman. Y está la cultura festiva como el cabo de un helicóptero sacándonos de esta habitación, pánico inguinal: en mi país el sol no tiene término medio, la mayoría nos sentimos representados en nuestro vasallaje. Para los días lluviosos tiramos de receta norteña: poner la cara en su pubis y escuchar el mar: nada subraya mejor lo que está dentro de cuanto queda a partir del ventanal.

Pablo García Casado
(1972)

Pablo García Casado, *Córdoba, 1972*

Poeta y crítico. Ha publicado los poemarios *Las afueras* (1997, I Premio Ojo Crítico de Poesía), *El mapa de América* (2001) y *Dinero* (2007). Su obra poética ha sido recogida en *Fuera de Campo* (2013). Su último libro se titula *García* (2015). Ha sido incluido en diversas antologías de poesía española y traducido a varios idiomas. Además ha gestionado y trabajado en distintas entidades públicas andaluzas.

Poemas seleccionados: «Los petroleros», «Dixán», «Personal cualificado», *Las afueras*; «Travelling», «Memphis, tn», *El mapa de América*; «Profesional», «Profesional», «La lluvia», «Comercial Senior», «Ajuar», «Trampas», «Familia», «Felicidad», «Dinero», «Supervivencia», «Sevilla Este», «Cena», «Colmenas», *Dinero*; «Todo sobre mi padre», «Baile», *García*.

Se han utilizado muchos adjetivos para definir la lírica de García Casado, desde minimalismo a «nueva objetividad», pasando por prosaísmo o despojamiento. Cualquier etiqueta que usemos corre el peligro de simplificar un proceso, el de la escritura de sus poemas, que resulta ser endiabladamente complejo (en alguna ocasión ha revelado el autor que pergeña entre treinta y cuarenta versiones de cada texto); complejidad motivada por la sofisticación constructiva que implica cada una de sus obras, resultado de una extrema depuración expresiva, tonal y plástica.

Si en sus últimas obras lo más importante es el tiempo (el tiempo en que vivimos), en las primeras era esencial el espacio, aludido en el título de sus dos primeros libros, *Las afueras* (1997) y *El mapa de América* (2001). Su debut ahondaba en el *topoi* urbano y en la existencia de quienes parecían quedarse al margen de cualquier idea de centro, y en *El mapa de América* se retrataban los lados más tétricos de un imaginario (no el norteamericano, sino el de *nuestra idea* de lo estadounidense tal y como aparece en los relatos cinematográficos y televisivos), con la intención de mostrar su esencia *ficcional*. Cristina Gutiérrez Valencia ha explicado que en los poemas de García Casado «no podemos omitir que la deslocalización (...) era tanto del espacio geográfico como interior, que la ubicación de los poemas es tan realista como mítica, que el espacio en general es solo topos del desconcierto» (2015:26-27). Aunque la voluntad de elipsis objetivista era palpable en el primer libro, se acrecienta en el segundo y se afila todavía más en los siguientes.

Consciente de que las explicaciones que nos damos de nuestros actos son cuentos hablados, García Casado ha ido acercándose a la narrativa: tono conversacional, personajes, situaciones mitificadas que generan historias en las que podemos reconocernos. Para García Jambrina, «lo más importante (...) es el ritmo del poema en prosa: la música de sus medidas repeticiones (léxicas, morfológicas, sintácticas, semánticas), el fraseo de sus calculadas enumeraciones, el poder evocador de las resonancias» (2007:21), dirigidas a crear el correlato objetivo de la emoción en el lector. Ello explica la creciente tendencia del autor hacia una escritura cada vez más prosificada y menos retórica, participada de seres verosímiles, obsesionados con lo único que parece importar a nuestro tiempo: si para Camus, en los estertores de la Modernidad, el único problema filosófico serio era el suicidio, en este suicidio de lo moderno que es la Posmodernidad el reducto metafísico final es el dinero. Anticipando la crisis aún por llegar, *Dinero* (2007) presentaba los desahucios, las carencias y las apreturas de una clase que pronto dejaría de ser media, mediante una imaginería potente, en la que los personajes abandonan las contemplaciones y hablan *claro*: «Todo eso está muy bien, señora, pero ahora hablemos de dinero» (2007:34). En *García* (2015), su última entrega, se percibe una nueva disolución subjetiva, esta vez en el seno de la sociedad entendida como conjunto, a través del apellido español más común, donde se extrema la capacidad objetivista en poemas como «Baile», resultado de extractar las declaraciones judiciales de un miembro de la familia real. A veces el imaginario temporal habla solo y el poeta nos recuerda que tan difícil como darle voz es encontrar el lugar exacto donde situar el micrófono para registrarlo.

Los petroleros

hablas de sexo y veo pasar los petroleros hacia el puerto
los veo posarse sobre una corriente lenta que los lleva
yo me pregunto si cada imagen es la historia de este mundo
o es que este instante es sólo pura coincidencia

Dixán

por qué se secará tan lenta la ropa por qué persisten
las manchas de grasa de fruta y de tus labios
si dixán borra las manchas de una vez por todas

por qué la aspereza de las prendas la sequedad de su tacto
si pienso en tus manos en tu modo de mirarme de decirme
que por culpa del amor habrá que lavar las sábanas de nuevo

preguntas tristes tristes como todos los anuncios de detergente
y es que no encuentro mejor suavizante que tus manos
en esos bares supermercados desnudos de la noche

Personal cualificado

sí es aquí pase póngase cómoda
sírvase lo que quiera no no por favor
no se quite la ropa descuide le pagaré

el dinero está en la mesilla sólo quiero
que me hable reprócheme la vida
que malgastó conmigo los polvos a medias

las tardes sin mirarnos a la cara el dolor
después del sexo el sexo después del dolor
las brasas después del incendio gríteme

gríteme si es necesario usted sabrá
mejor que yo cómo se hacen estas cosas
si hace falta más no se preocupe aquí tiene

mi tarjeta

Travelling

mamá diciendo adiós mi casa los perros el jardín
las flores de la casa de los bradley justo antes de morir jim bradley
escombros hojas secas el cruce con la avenida lincoln

la tienda de comestibles niños jane fonda anunciando cosméticos
carteles de campaña pálidas barras y estrellas
sobre postes de telégrafo reclutas
que besan a su novia antes de subir a bordo
el billete ardiendo entre mis manos

luego casas pequeñas negros fábricas del extrarradio
y luego los sembrados los pequeños regadíos la autopista
el límite del estado y luego américa

Memphis, TN

memphis 7:11 tren expreso procedente
de kansas entrada en vía dos lleva retraso
rogamos disculpen las molestias

7:12 vía dos mujer blanca treinta treinta y cinco

7:13 covington sin paradas vía cuatro 7:15
detroit paradas nashville dayton vía cinco
7:20 oklahoma conexión dallas vía nueve

7:20 mujer blanca treinta años metro setenta
aplastamiento en zona cervical fracturas múltiples
muerte instantánea

7:20 tren expreso procedente de kansas
va a efectuar su entrada en vía dos

Profesional

Llegó puntual a la sala de reuniones. Dibujó una curva descendente e hizo preguntas que nadie pudo responder. Confirmó todos los rumores, los planes para los que no contábamos. Habló muy claro y sin alzar la voz, no se detuvo en las valías personales, no dejó una puerta abierta. Rápido y limpio, mejor así. Teníamos dos horas para recogerlo todo, a la una se incorporaba el nuevo equipo.

Profesional

Van recogiendo los objetos personales, las fotos de sus hijos, una carta con mi firma que turbará sus sueños: el beso tras la firma de escrituras, el azul de las pruebas de embarazo. Todas las horas esperando en el coche bajo el sol y la lluvia, esperando nada, soportando las llamadas de los clientes. *Esta máquina es una mierda, no sirve para nada, ¿qué hay de la garantía?, quiero mi dinero.* Todas las mentiras en nombre de la empresa y de sus hijos. Oigo arrancar sus vehículos, les oigo maniobrar en el aparcamiento demorándose.

La lluvia

La lluvia sobre el vendedor que anuda su corbata antes de subir a casa. La lluvia sobre la visera verde del taller donde unas chicas flirtean con el mecánico que de joven se tatuó un as de corazones en el brazo. La lluvia sobre el cabello moldeado de la vieja que a duras penas consigue alcanzar un autobús que está vacío. La lluvia sobre el carro de la compra, legumbres, tomate, porciones de merluza congelada. La lluvia sobre los cristales de la unidad de cuidados intensivos. La lluvia sobre los cristales progresivos de mi padre, que me llama por teléfono preocupado por mi situación laboral. La lluvia sobre el vendedor que conduce despacio su automóvil. Que sólo piensa en desaparecer, al menos, por un tiempo. Cambiar de ciudad, alquilar un pequeño apartamento. Comprar un teléfono móvil, empezar de nuevo.

Comercial Senior

En el parking le entregué el género y los catálogos. Sobre el capó estampamos las firmas y me dio una copia de las últimas comisiones. *Mañana te harán el ingreso*, dijo sin mirarme a los ojos.

No tuve fuerzas para volver a casa, qué le digo a Silvia, cómo vamos a pagarlo todo. Subí al local, pedí una copa y luego otra. Entonces el *Yugo* me dio una ficha, *ande, suba, no lo piense más, invita la casa*. Una niña asustada, fianza de un *yonki* con cara de ángel. Y yo, más asustado todavía.

Ajuar

Vendió su casa para pagar las deudas, sólo se quedó lo necesario. *Estamos bien, dice, un piso más pequeño, más fácil para limpiar.* El resto está en una nave que tiene su hermano en el polígono. Vitrina Luis xv, cómoda de caoba, vajilla, protegidas del frío y la humedad por un plástico transparente. Todos los domingos, muy temprano, toma el autobús hasta el polígono con una bolsa de trapos y productos de limpieza.

Trampas

Dice que no está, que se fue de viaje. Está nerviosa, me ofrece un café, *no gracias,* deben mucho dinero y yo he venido a cobrarlo. La hija mayor está viendo dibujos animados, *El Rey León,* a mi hijo le encanta, se sabe todas las canciones. Los niños aprenden rápido. El pequeño me mira desde la trona con la boca llena de papilla, muy serio, con los ojos azules de su padre. Mi marido es quien lleva las cuentas, dice, yo no sé nada de papeles. Le entrego un documento firmado por los dos, sí, ésta es mi firma, dice, él dijo que no me preocupara, que era bueno para los dos, bueno para los niños, que todo se arreglaría. Él y su negocio de *barcas de recreo.* Lleva dos meses fuera, le he dejado mensajes al móvil, pero no responde. Los niños preguntan por su padre, dónde está papá, dónde está papá, y yo no sé qué decirles. *Todo eso está muy bien, señora, pero ahora hablemos de dinero.*

Familia

El teléfono no dejaba de sonar. El casero, el de los muebles, al parecer no han abonado el segundo plazo. *Debe de ser un error, mañana mismo, mañana.* Buenos días, venimos a por la lavadora, no importa, volvemos más tarde, cuando acabe la colada. Todos estaban mal, todos estaban pasando *un mal momento.* Mariángeles quiere comprar un sofá, ahora no puedo, ya sabes, las letras del coche, pero manda a los *pequeños* a cenar a casa. Tía Flora nos traía comida, carne con tomate, cocido, sobras de lentejas. Dejaba los tarros y salía con otros vacíos, evitando nuestra presencia como se evita un contagio.

Felicidad

Tú métete, verás como luego te alegras. Trescientos al mes, quién no los tiene, un poco de aquí, un poco de allá. Tú di que vas de mi parte. *Préstamo personal bonificado*, para buenos clientes, ¿por qué te vas a privar? Hay que disfrutar un poco de la vida. Tú no te preocupes, lo más que puede pasarte es que un mes te venga largo, y bueno, todo se habla. Todo puede hablarse. No te pongas dramático, a tus hijos no va a faltarles un techo y un plato de comida. Sólo son trescientos, trescientos quince al mes, gastos aparte. La gente se mete, todo el mundo se mete, cómo te crees que se pagan las cosas.

Dinero

No es un ambiguo sentimiento de angustia, es dinero.

Supervivencia

Devora en silencio las sobras del día anterior. Patatas frías que no comió el niño, pan, un poco de agua, es suficiente. *No has vendido nada, ¿verdad?* El eco de las palabras rebota en los electrodomésticos. Hace años habría temblado de pánico sólo con escuchar esas palabras, pero el tiempo cubre las cosas de una espesa capa de normalidad.

Sevilla Este

Es un hombre que camina solo por el barrio. Un martes por la mañana a la hora en que los demás trabajan. Que mira su teléfono móvil comprobando que funciona correctamente, que tiene suficiente batería y cobertura. Que todavía puede controlar la situación. Es un hombre a la espera de noticias, que ha salido de casa porque necesita pensar, pensar en algo. Su mujer lo mira desde el balcón con el niño en brazos, el camisón deja entrever los pechos caídos de la maternidad. Pechos una vez de brillantina, la locura de la sala de fiestas, todos esos hombres y sólo tú, con tu cara de pájaro. *Ven aquí, voy a llevarte lejos de este infierno, tengo negocios.* El mismo hombre que hoy se arrodilla en el cajero automático y que suplica, *perdónanos, Señor, perdónanos.*

Cena

Se les llena la boca cuando hablan de la casa. Cuando hablan de dinero y del esfuerzo en ganarlo. Ella pasea entre sus cosas como una reina. Señala los manteles, los platos, cada paño que atesora en los muebles de la cocina. *Hay que hincar las rodillas y agachar la cabeza*, dirá él mucho más tarde. Pero ahora dan gracias a Dios por estar como están, por tener lo que tienen. Pasta fresca, queso de untar, un rioja discreto que apuramos como delicia.

Colmenas

Todo lo que ocurre, todo lo que no puedo ver. Esa espesa gelatina que impide mirar más allá de las persianas. El dolor pero también el baile, flores pero también dinero, *devuélveme ese dinero, es mío, lo gané con mis propias manos.* Los hijos que salen de los cuartos hacia la muerte, los teléfonos que suenan en medio de la noche, como un espanto, esa luz que se enciende apresurada en la escalera, *es una niña, se parece a ti,* la esperanza que hierve en cada celda. Todo lo que ocurre y que está más allá de mis ojos.

Todo sobre mi padre

Estoy pensando en mí mismo, justo antes de nacer, sentado en la sala de espera de una maternidad. Tengo veinticinco años y ya he aprendido algunas certezas. Algunas amargas renuncias. Pero ahora eso da igual, porque ha nacido mi hijo y estoy dispuesto a jurar los Principios del Movimiento. Por este niño moreno y enfermizo. Por este amor que todavía desconozco, esta mujer que me fascina.

Estoy pensando en mí mismo, tengo veinticinco años, pronto emprenderé un largo viaje. A las playas desiertas de Salou, a los apartamentos vacíos del invierno, donde hemos sido felices, ajenos al ruido de una España mortecina. Él y yo, y esa mujer que en la foto nos abraza. Esa mujer que hoy abraza a mi hijo, también con gafas, con la misma sonrisa de mi padre.

Estoy pensando en mi hijo cuando veo a mi padre. Yo soy mi padre.

Baile

«(...) Esta señora factura un curso de formación los días 13 de junio y 1 de julio. ¿Sabe usted de qué curso de formación estaríamos hablando? *No lo recuerdo.* Pues de un curso de formación de Salsa y Merengue. No sé por qué lo disfrazan de curso de formación. Podrían haber puesto clases de Salsa y Merengue, o clases de baile y punto. ¿Sabe usted a quién se le ocurrió la feliz idea de camuflar la Salsa y Merengue como curso de formación? *No lo sé, señoría.* ¿Recibió usted clases de Salsa y Merengue? *No.* ¿Quién las recibió entonces? *No lo recuerdo, igual bailamos Salsa y Merengue, pero no recibí ninguna clase.* Yo recibí clases de baile hace treinta años y todavía me acuerdo. Entonces, ¿nunca ha recibido un curso de baile, sea salsa, sea merengue? *De flamenco hace muchos años.* ¿Pero de Salsa y Merengue no? Entonces esta factura no se corresponde con ningún curso que usted haya recibido. *No.* ¿Sabe usted si su marido recibió un curso de Salsa y Merengue? *Lo desconozco.* ¿Pero si lo hubiera recibido lo sabría? *Sí.* (...)»

José Luis Rey
(1973)

José Luis Rey, *Puente Genil, 1973*

Poeta, traductor y ensayista. Autor de los poemarios: *La luz y la palabra* (2001), *La familia nórdica* (2006), *Volcán vocabulario. La luz y la palabra II* (2009), *Barroco* (2010), *Las visiones* (2012) y *La fruta de los mudos* (2016). Como ensayista, es autor de *Caligrafía del fuego: la poesía de Pere Gimferrer* (2005), *Jacob y el ángel. La poética de la víspera* (2010) y *Los eruditos tienen miedo (Espíritu y lenguaje en poesía)* (2015).

Poemas seleccionados: «Elegía submarina», «El día en que volvamos», «Ardara», «Cuento de Navidad», *Volcán vocabulario*; «La vida después de la literatura», *La familia nórdica*; «Pervertido, tú siempre desearás el sol», «Naranjas en la mesa», *Barroco*; «Las tropas napoleónicas atraviesan mi cuarto», «Sahara del colchón», *Las visiones*; fragmento 7 de «La Hansa», *La fruta de los mudos*.

A pesar de ser uno de los poetas más jóvenes de la antología, José Luis Rey es quizá el que conserva la visión más clásica: guarda una fe ciega en el poder fundador de la palabra («es justo y lógico que nosotros creamos también en el despertar primero y eterno del lenguaje», 2006b:82), conserva una idea moderna de la poética y la belleza, y tiene un respeto reverencial por la tradición, materializado en ecos y homenajes hacia sus maestros (Gimferrer, Dickinson, Blake, Juan Ramón Jiménez, etc.), a quienes ha rendido hondo tributo en los ensayos de *Los eruditos tienen miedo* (2015). A pesar de esa tardomodernidad clasicista, su obra contiene imágenes asombrosas y alcanza algunas fulguraciones que podemos contar entre lo más granado no sólo de su grupo de edad, sino de cualquier edad.

Su producción comenzó con una entrega ambiciosa, *La luz y la palabra*, presentada como un libro de libros, aunque en realidad esos «veinte libros» antologados en las dos ediciones complementarias (2001, 2009) apenas alcanzaban unas pocas páginas cada uno, con dos excepciones («La edad de la luz», que repescaba lo más granado de su primer libro, *Un evangelio español*, y la magnífica sección «Irlanda»), por lo que en rigor hay que hablar de veinte secciones de un vasto libro heterogéneo. Detalles aparte, lo importante es que *La luz y la palabra* presentaba en sociedad una voz torrencial que, con el tiempo, ha ido espaciando y espigando sus aportaciones, adelgazándolas –creo que con acierto–. Sus tres últimos libros están más decantados y el antiguo trabajo derra-mado y «horizontal» se ha sustituido por una verticalidad concentrada que mejora el resultado; mejora digna de mención, teniendo en cuenta que el autor logra ese perfeccionamiento a partir de una calidad media que ya era más que notable para un poeta de su edad.

Hay una *pulsión ascendente* –que no ascética– en la obra de Rey, rastreable en numerosos detalles y a veces explicitada: «Sí, la belleza es eso: un alto río / que sube de nosotros hacia el cielo» (2001:93); «(...) en el humo, / en las cosas pequeñas, en los pájaros, / en todo lo que sube hacia los cielos / sublimé mi destierro» (2009:26), que se compensa en otros momentos, en alternancia algo ciclotímica, con otra pulsión de corte descendente, por lo común expresada a través de temas subterráneos y, sobre todo, en innumerables imágenes submarinas de naufragios y ahogamientos. Cada una tiene su propio sistema de imágenes y creo ver elementos juanramonianos en la primera y referencias más lorquianas en la segunda, aunque es una opinión más intuitiva que fehacientemente contrastable. No es raro que en el mismo poemario de Rey, incluso en el mismo poema, convivan ambas pulsiones al mismo tiempo, sin solución de continuidad («desde el centro del día ascenderemos / (...) el rumbo vertical hacia el abismo», 2001:102; «yo me ahogué en este cielo», 2009:221). Al reflexionar sobre la oscuridad de la sección «Libro de los milagros» de *La luz y la palabra*, escribe el propio autor: «quizá sea éste el otro lado del vitalismo que hay (...) en el libro: ver el mundo desde la sombra y valorarlo por no estar en él» (2006:38), lo que nos revela la autoconciencia del autor respecto a su imaginario. Esa difícil y valiente mezcla trae como resultado una poesía honda que, sin renunciar a un orgulloso esteticismo, es capaz de lograr una trascendencia inmanente de gran aliento, poblada de imágenes visionarias.

Elegía submarina

El mar tiene salones.
El mar tiene avenidas donde el musgo
teje banderas bajo el sol de plata.
El mar tiene ciudades sumergidas,
tiene jardines de coral intacto,
tiene tierras de seda y lentitud.
En la universidad del mar la tarde
se demora en los últimos espejos.
Hay clases donde estudian las estrellas,
cátedras de paciencia y soledad.
Departamentos vacíos, la radio de coral sobre la mesa.
El viento golpeando las ventanas.
Las sirenas pasean con sus hijos
por las sendas del mar, hacia las altas
vidrieras donde el día se ha dormido.
Cacerías del mar, el pulpo huye
perseguido por niños y nereidas.
Y la lluvia es la luz. Ahora suenan
caracolas de caza en todo el bosque.
Paisaje donde junio se fue helando.

No viviré en el mar,
mecido por las olas de la muerte.
No viviré en colinas de rubíes.
Ni tejeré belleza bajo el mar,
en las cuevas del mar donde la luz
es un arpa delgada y verde y fría.

El día en que volvamos

Será azul y tendrá torres de triunfo
y barcos por el aire de los álamos
y estrellas hechas del dolor más verde
y un colegio de pinos y de pájaros.
Pues se aprende a volver
por un camino de agua, muy callados,
casi de noche, por detrás del sol,
volando sin querer, como jugando.
Y qué sorpresa al aire le daremos.
Y qué asombrado quedará el verano.
Casi dormidos, sí, pero ya veis.
Casi sin fuerzas, sí, pero aquí estamos.
Nos supimos guiar por la belleza
que brillaba aquí abajo.
Y sin duda será como ayer grande
el día misterioso en que volvamos.

Ardara

Está lloviendo mira será que escriben algo
las cartas de los muertos
largas cartas de amor y de nostalgia
sobre cuántas palabras flotaremos aún
quizá son pocas sed infancia vida
y empiezan a escribir y brillan los tejados
niños después con ojos llenos llenos solo de fuerza

con qué estrofa de luz solían levantarnos
y dar órdenes salta sé más alto que el mundo sobre todo desea
creyéndonos tan fuertes y era el aire pisado la riqueza
así flotamos mira así fuimos creciendo
su verso nos dio casa nombre padres
su rapto formó un cielo
su descanso el futuro y su noche este sol
con su abrigo mojado al alejarse al mirar hacia atrás
qué hermoso debió de parecerle al viajero
nos habría bastado con aquella aventura
talón de San Patricio
pero aún hubo más quién podía evitarlo
pero aún hubo más
y los hombres se iban
millones de poetas saltando tras la luz
las casas estallaron repletas de naranjas
el mar vomitó pájaros
los días se pusieron sus zapatos azules
y ellos escriben aún
y todo nos lo dan el verano la infancia
sus cartas amarillas
una ilusión un árbol el día del trabajo o de la fiesta
y nada piden luego
como si callar fuera agua de otro principio
asomados allí en las altas barandas
qué pequeño parece el paraíso
y qué grandes nos hacen

Cuento de Navidad

> *though the moment of a miracle is unending lightning*
> —Dylan Thomas

Y sin duda fue hermoso despertar en las nubes
y a la luz llamar vela y pirata al vencejo,
porque por las mañanas había desembarcos
y brillaban tesoros en la niebla.
Y sin duda fue alegre ir abriendo los cofres
y encontrar lo soñado, mariposas de plata,
y ríos sin jinete todavía, y un regalo del aire.
Y en el fondo del bosque las leyendas dormidas
bailaban sobre el campo de los muertos
y se alegraban ellos y temblaban las hojas.
Esperamos entonces la derrota del sol.
Pero nunca ocurrió. Cantó la chimenea
con el sonido de las islas blancas.
Y se dictaron leyes contra leyes y tierra.
Se abrieron los establos y fluían estrellas.
Se inventó la alegría. Se decretó que el agua
recordara los nombres de la gente y el trigo.
Sí, sin duda fue alto y feliz y fue oficio
el verde asombro del cielo.
Pero nadie lo supo y era don.
Y el gigante que vive en los armarios
salía alguna vez a comprar vino.
El país de las sílabas de menta
se extendía en las sábanas. Abajo, allá en lo oscuro,
estaba la frontera de los cascos prusianos.
Y al taparnos sentíamos el centro
intacto de la tierra, la gruta del misterio.
¿Qué música brotaba del tejado?

¿Quién pulsaba las teclas de la casa dormida?
Y era el pueblo oprimido de los sueños
quien tomaba las costas de madera
de la cama, iniciando su rebelión tan justa,
y una flota de espigas atacaba los valles.
Y así dormimos solos y caímos al agua.
Conocimos sirenas y el silencio
era débil coral.
           Marina, pura
en la infancia lentísima del mundo,
la soledad, cabaña de los héroes,
el libro que el soldado llevaba en su mochila
y la última flor que ven los cíclopes
poco antes de morir. Luz de la luna,
¿dónde está la belleza, vive en ti
y muy secretamente
se desliza en la miel y no la vemos?
Llegaron leñadores hasta el bosque.
Y estrellas que vivían en los árboles
volaron asustadas. Y fue hermoso
sin duda ese final. El cielo blanco
fue mar al fin, fue pez, fue caracola,
página del poema de la hierba.
El castillo de Adán brillaba junto al río.
Y cerramos los ojos y volamos sin miedo
en el fondo del agua para siempre.

La vida después de la literatura

De acuerdo, niños de la tierra nórdica. Y vosotros, cosmógrafos. Para vosotros canto extranjería. Y brinco. Y a saltos de violín yo voy viviendo. Los astros me han predicho la visión. Morirá el ciudadano, mi uniforme de lunes, coronel. El amor morirá, pero yo canto. Yo canto aquel exilio de la vida. Octubre y el café lleno de peces. Así vuelven leyendas, así todo poder es mi manzana. Mi gobierno es eléctrico. Adiós a las promesas: moscas mías, mis bonos, mis empréstitos, ya no seré rentista. Ahora emprendo el camino hacia grandes países. En los escaparates nos llamaban los bosques. Ya veis: todo fue necesario. Bañó el agua castalia el alma así. Seguidme si queréis. O quedaos ahí, en los jardines, donde sigue dormida la otra estirpe, los que no llegaron a ser, los que ocultaban la primavera detrás de su dentadura azul. Ellos traían tantas cosas nuevas... ¿Seré el último, seré el cóndor que decían las tormentas? Fui náufrago y fui rey. Y muy siglo veintiuno y muy antiguo. Y muy moderno; albor, no cenobita. Yo convoco, yo canto, yo llamo a los poetas de buena voluntad. Espero las palabras; de allí vendrán los siglos y empezará la tierra. El verbo estuvo aquí. Creo en el alfabeto, el hijo del espíritu, que fue entregado a los mudos para la redención de sus pecados. Creo en la resurrección de los ciegos cuando ardan las letras. Repetidlo conmigo: creo en el aleph. Un panorama de ventanas e insectos, de gentuza en la puerta de la nieve, debe ser incendiado. Oh entonces, oh entonces han de parpadear las cosas nuevas. Y la puerta tachada se abrirá. Lenguaje, casa de Jacob. Oh casa de Israel arrasada en silencio.

Pervertido, tú siempre desearás el sol

Volví del paraíso.
Pero había mujeres: llameó su desnudo.
Un pájaro vivía en sus piernas azules
y sus labios tenían el olor de las cosas
tan lejanas de aquí.
Así las deseábamos, en un desván lluvioso, en la infancia del frío,
encerrados con una primavera
en la resurrección.
Y en la noche africana respiraba el milagro,
brotaba de mi cuerpo la mañana infinita.
Y el sexo era el principio de toda eternidad.

Volví desde la muerte,
pero había dulces prados
y conté haber visto fornicar a las hadas.
Y eran interminables las piernas del rocío.
Y no hay culpa en el sol que acaricia otros pechos.
Porque la salvación
es un mordisco en las horas,
es un lápiz de labios en las manos de un ángel.
Será que de todo lo que cae
solo un cuerpo es semilla.

Será que más allá me espera una giganta
y al cerrar nuestros ojos lameremos sus medias.
Será el día su pubis
y otra vez jugaremos al orgasmo del mar y otra vez, otra vez,
seremos jóvenes, mira,
recordando ciudades y un amor tierra adentro,
recordando ganar.

Y la seda amarilla en las terrazas, la noche y allí tú,
imperial y desnuda,
marcada por mis dientes, marcada por las uñas de todos los
    soldados
que murieron a oscuras y era el sol
un tacón en su boca.

Naranjas en la mesa

I

Seguramente así escriben ellos.
Un sujeto y un verbo, con forma y con color.
Naranjas en la mesa: un enunciado.
También en poesía las palabras son cosas.
Los poemas son ácidos. La pecera está llena
de épica y de algas. Cuando vuelvan a vernos
el aire será un libro.

II

Así podrían escribir. Pensad
en toda nuestra infancia como en una gramática.
El movimiento del árbol y el movimiento del niño
y el movimiento del tiempo confluyen ahora así.
Aquí, en las naranjas de esta mesa.

Admirad la lección de los viejos pintores,
que lo sabían todo de la vida.
Por esto estuve en el amor, por esto
los años y la lluvia y las visiones.
Pues esto,
tan distinto de mí, me necesita.

III

Por ejemplo, la música. No es solo
la mujer dividiendo en dos el viento
y el asfalto mojado por las hojas del sol.
Las barcas que no veo, pero sé que ahora están
ancladas y meciéndose, también son frases hechas.
Los pájaros más altos suelen ser
palabras de los muertos más profundos.

IV

Quizá vivir no es más que aprendizaje
de una lengua extranjera. Para qué,
si nosotros no vamos a viajar.
Pero así entenderemos la actitud
de la lluvia de octubre, la alemana
que llega por la tarde a nuestro pueblo
y recorre las calles con ansia de saber.
Qué bello gesto de extranjeros puros.
No sabemos su idioma y sin embargo
le ofrecemos un hecho.
Naranjas en la mesa de la muerte.

V

Alegría, olvidados. No sabéis
cuántas cosas sabemos de vosotros.
(Las naranjas, chismosas, nos las cuentan).
Alégrate, verano, tú que has sido
el hijo de los mudos y los solos.
Perfección es el hecho de vivir
y de sobrevivir a nuestras obras.

VI

Y ahora la muchacha que se acerca
y toma una naranja entre las manos
no sabe que ha cogido nuestra historia
y no podrá soltarla. Está vestida
a la moda del mar y sus cabellos
han crecido de pronto hasta el Neolítico.
En su frente he rozado
toda la arena azul de Palestina.

VII

No temáis, olvidados, pues nosotros solemos
disolvernos mejor. Quien toca el oro
no se distingue nunca más de él.
El lector se deshace en una página.
Y detrás, ¿quién había?
Si entre nosotros y vosotros solo
se encienden las naranjas de esta mesa,

eso indica que habremos acabado
de cenar y escribir.

VIII

Pero la despedida es el otro principio,
el detalle accesorio de la luz en los párpados,
capaz de alzarlos ante el blanco puro,
el blanco que es la fruta de lo blanco.
¿Quién te ha pintado aquí, mi desayuno,
mi sol blanco y redondo,
en la mesa en que al fin nos reuniremos?

Las tropas napoleónicas atraviesan mi cuarto

Estos hombres que vienen a morir
¿por qué pisan mi ropa? Muy al fondo
he visto yo las cúpulas lacadas,
al fondo del espejo, donde siempre es verano.
Y ahora
los pesados cañones, los soldados cayendo, las botas de charol,
una vida tras otra,
hundiéndose en la nieve. ¿Tú te acuerdas?

Yo tuve aquí una vez catorce años,
en esta habitación. Días claros: la estepa
era entonces un mar de trigo eléctrico.
Por la mañana íbamos a clase.

Por la tarde, escuchábamos un disco.
Y en aquella cabaña de la cómoda
vivía Pushkin, padre de los pájaros.

Debajo de la cama pasaba un río alegre.
Aguas primaverales.
Yo era tan delgado que podía nadar,
nadar hacia Moscú. Y del piso vecino
llegaba aquel vapor del blanco samovar.
Mi familia danzaba en el tejado.
Cuarto mío de entonces: las dachas florecientes
se extendían al lado de las sillas.
Turguéniev sonreía en un zapato.
Y el correo del zar galopaba en el techo.

Amor mío, Natasha, míranos.
Los osos saben escapar del miedo.
¿Recuerdas tú los bailes? Aquella ceremonia,
tanto gesto y tú apenas tenías joyas:
solo algunas estrellas en la espalda.
Después todo fue curvo, una aceleración.
Al subir, las palabras moldean el espacio
y esto ocurrió con mis poemas, mira:
aquel verano vino de mi voz.

Pero aquello pasó.
Y dejé de cantar. La humedad ha crecido
y veo un mapa verde en la pared.
Tendremos que llamar a los pintores.
El invierno es muy duro. No se puede dormir
con miles de franceses pisando la almohada.
Hace ya tanto frío que también los caballos
se tienden en la alfombra, dispuestos a morir.

No hay calefacción.
Y el granizo golpea las ventanas.

Nunca más hablaré, nunca más hablaré.
Mi mente estaba llena de una dicha.
El vendaval destrozará el jarrón.
Y yo querré nadar en las cortinas,
pero se habrán helado para siempre.

Y los hombres que pisan estas sábanas
han de morir para aprender a ver.
Ay, yo me fui tan lejos.
Dejé mi habitación por tantos años.
Y ahora mira el desastre: las paredes
están llenas de moho
y las tropas no dejan de pasar.

Yo que todo lo tuve y responde la nieve:
yo que todo lo vi por vez primera.
Nunca más cantaré.
Mi mente estaba llena de una dicha.
La nieve crecerá hasta la lámpara.
Pero nunca diré cómo es posible
vivir entre los muertos de la luna.

Sahara del colchón

Yo soy el centinela de un castillo vacío.
Recorro galerías, elevo viejos puentes.

En la sala del trono abro y cierro ventanas:
por mí existe el aire.
Solamente mis pasos
resuenan en el fondo de sótanos y cielos.
Desde la almena veo
cada tarde caer un hijo en llamas,
pero yo soy francés.
Las dunas ondulantes avanzan hacia mí
sigilosas, silbando, igual que la serpiente.
Mi único enemigo, yo te amo.
Yo soy el centinela de un castillo remoto
y la lluvia es un arpa, pero hace ya mucho
que no suena mi música. Yo soy tu centinela,
yo soy el que guardó la casa de Israel,
el que comió del libro de la luz,
el que bebió del agua de la muerte.
Y la exigente arena y el sol masivo y
el juego de la azul bisutería
son mi vida cansada de callar.
En las ciudades hechas solo de tuberías muy altas
o en aquéllas tejidas con hilo de la luna,
al norte,
los condes y los duques cantarían conmigo.
No habría futilidad
en ser su centinela.
Pero, aquí, en el desierto, ¿para quién, para quién
vigilo? Nadie aquí justifica
mi cuerpo y, sin embargo,
oscuramente sé que cada cuerpo
en el abrazo siente las dunas como yo.
Arena, arena, arena. ¿Tendré piedad de mí?
Oh sí: es necesario.
Yo diré la visión

de las ruedas llenas de ojos
que flotaron mirándome en mi infancia.
Yo también he vivido. Yo también
he sido contratado.
El recuerdo no existe, como no existe el mar,
cuento de mercaderes.
Yo soy el centinela de un castillo vacío.
Mi castillo está dentro de una gota de agua
y esa gota resbala por el yelmo
del otro centinela.

Fragmento 7 de *La Hansa*

El verano que nace de los muertos
es triste y luminoso. Es tan triste el azul
que no sabe su gloria carolingia.
Es tan triste la luz divina del verano
que ha olvidado los huesos donde apenas fue noche.
Igual que en otros tiempos partían grandes buques
desde cabos humildes, buscando un continente,
el verano zarpó desde estos huesos.
De otro modo, la tierra ¿qué diría
si el viajero soy yo?
La nieve tuvo intérpretes famosos.
Doctores de la nieve los hallaréis a miles,
dando clases desnudos en los árboles,
escribiendo sus libros tan en blanco
en universidades subterráneas.
Los murciélagos son tan eruditos.

Se equivocaron todos.
Yo no he venido aquí para hablar de la nieve,
pues ella nos respeta, le gusta nuestro estar
pisándola, bondad de las esclavas.
No puede codiciarnos.
Pero el verano sí,
verano cazador. Lo vi llegar
con sus botas que aplastan cordilleras,
con su barba de pájaros
y lo quise otra vez. Pero él escoge
a sus víctimas siempre
y por la escalinata infinita del templo
en sus brazos las lleva, las hechiza cantando.
¿Dónde acaba el subir del sol siniestro?
El siniestro subir de la belleza
desde los huesos, desde la memoria,
desde la piedra de los sacrificios.
¿Dónde acaba el subir?
Como en la estepa blanca sale el sol,
así zarpa el verano donde el amor se puso.
Yo sé que mi costado es también puerto.
Cada noche me escondo en las bodegas
y las lleno de tierras, días, ropas.
Bendice a tu armador
al tocar Groenlandia.

María do Cebreiro
(1976)

María do Cebreiro, *Santiago de Compostela, 1976*

Escritora y teórica literaria. Ha publicado nueve libros de poemas entre ellos *O estadio do espello* (1998), *(Nós, as inadaptadas)* (2002) y *Non queres que o poema te coñeza* (2004, Premio Caixanova). Algunos de sus poemas han sido seleccionados en muestras como *To the Wings Our Sails* (2010), *Breogan's Lighthous* (2010) o *Punto de ebullición* (2015). Ha publicado textos en revistas de poesía internacional como *Rampike, M-Dash, Absinthe, Shearsman, Asymptote* y *Poetry Review*.

Poemas seleccionados: «Poema de amor», «Saturno», *Los hemisferios*; «*Wilderness*», «Crecente», *No quieres que el poema te conozca*; «(Intenciones)» [(Intencións)], *La fase del espejo*; [Hay dos personas...] [Hai dúas persoas...], *Os inocentes*; «La noche» [A noite], *O deserto*.

Es difícil imaginar el impacto que pudo tener en la poesía gallega la aparición de *O estadio do espello* en 1998. No sólo era una poesía precoz, ácida, singular y de altas miras; era también una escritura poblada de referencias teóricas y profundamente feminista. Su cosmovisión se construía por acopio, atesorando y criticando a la vez una larga serie de referencias femeninas imbricadas en el imaginario social: las recetas de cocina, el parto, el deseo insatisfecho, el trabajo en el hogar, la sumisión, etc. También la elección que María do Cebreiro hizo de las *marías* citadas en el libro estaba preparada al detalle: la aparición del «*maría moliner, o lugar no que os homes enxendran as palabras*» (1998:90), los intertextos de Marías feministas y escritoras (Mary Wollstonecraft, Mary Renault, Mary Godwin, María Zambrano), revelaban la complejidad estética que sustentaba la obra. Sharon Keefe Ugalde escribió para Juana Castro una reflexión que sería perfectamente extensible a María do Cebreiro: «En un contexto feminista (...) la subversión / revisión es una estrategia textual fundamental, que Luce Irigaray llama 'mimesis crítica'. Consiste en apoderarse de los discursos literarios y culturales dominantes, sobre todo los que reflejan la construcción social de los géneros sexuales. Los discursos usurpados se someten a un doble proceso de reconstrucción y revalorización. (...) La poeta utiliza discursos canónicos, imitando, exagerando e ironizándolos con el fin de, como enfatiza Jablonski, destruir 'las jerarquías desde el interior y sobre las ruinas crear otro orden revisando los mitos existentes'» (Ugalde 2002:20). Esta técnica de *repensar* lo canónico es la que lleva a cabo la autora en su ambicioso poema «Crecente», que incluimos en su totalidad y que hemos preferido no traducir porque, según la escritora, es un texto «obediente al deseo –al fin, siempre irrealizable– de no escribir poesía en una lengua, sino en todas las lenguas» (2007:116). «Crecente» es un poema atravesado de decenas de referencias en varias lenguas y de intertextos de numerosos autores, desde Flaubert a Joyce pasando por Garcilaso o Shakespeare (según Helena González, esa relectura, a la manera de Joyce, «se completa con una singular reescritura de las formas y los temas poéticos, desde las cantigas medievales hasta las referencias a Rilke», 2001:29); una tormenta de lenguaje y literatura puesta a funcionar como concierto o como desconcierto, en el que todas las obsesiones de María do Cebreiro se conjuran para recordar al lector hasta qué punto está, él mismo, preso de una cadena interminable de signos en rotación.

Para María do Cebreiro, inserta en un grupo de mujeres gallegas a quienes «nada de lo humano les es ajeno» y que han revitalizado los estudios literarios gallegos mediante un acercamiento a las cuestiones de género (2005:9), la incorporación de lo femenino a la lírica es algo más que un principio ético: es un modo de leer la historia literaria y, por lo tanto, un *prius* estético. También se advierte un hondo compromiso político y personal, pues «el poema debe ser otra forma de pensamiento crítico» (2007:181). A esos elementos hay que añadir su sentido del humor al unir cotidianidad y teoría (vgr., «lacan con grelos», 1998:6) y su indudable capacidad para hablar de sentimientos de una forma clásica y contemporánea al mismo tiempo. Deseamos que la selección que hemos preparado constituya, para quienes no conocen la obra de María do Cebreiro, un pequeño descubrimiento que invite a su lectura íntegra.

Poema de amor

¿Cómo se extiende la mancha?

(Igual que el amor).

Negar el azul es más que nombrarlo.
No voy a hablar del mar: ya no se puede.

Para abolir el azar, dados redondos.

Los viejos y los niños se detienen en los surcos.

Luego la piel tacha la piel
para esconder las partes vulnerables
o va posando blancos por donde nadie sabe.

La mujer de las redes abre las palmas.
Quiere enseñar las grietas.
El negro sólo llega
para hacer este daño más visible.

Fuera del mundo el tiempo abraza al tiempo.

Cuando explotan las naves el universo duda.

POEMA DE AMOR Como se estende a mancha? / (Igual que o amor.) // Negar o azul é máis que nomealo. / Non falarei do mar: xa non se pode. // Para abolir o azar, dados redondos. // Os vellos e os cativos demóranse nos sucos. // Logo a pel tacha a pel / para esconder as partes vulnerables / ou vai pousando brancos por onde ninguén sabe. // A redeira abre as palmas. / Quere amosar as fendas. / O negro só chegou / para facer o dano máis visible. // Fóra da terra o tempo abraza o tempo. // Cando estoupan as naves o universo dubida.

Las pisadas hacen cálida la luz de la luna.
Las galaxias se expanden.

Algunos agujeros negros aprenden a hablar.
La conquista del espacio es reversible.
Los imperios no tienen interior.
El azul sólo tiene lugar fuera del tiempo.

Saturno

–Cuando la leche está a punto de hervir
me quedo mirando. –También yo.
Espero hasta el último momento.
–Como si te diese pena
que suba por completo.
–Lo que más me impresiona
es que rompa en silencio.

–Sobre las once, el trompetista
empieza a tocar. Al principio eran escalas.
Le costaba encontrar las notas.
A través de las paredes podía sentir su esfuerzo.

As pegadas fan quente a luz da lúa. / As galaxias expándense. // Algúns buratos negros aprenden a falar. // A conquista do espazo é reversible. / Os imperios non teñen interior. // O azul só ten lugar fóra do tempo.

Saturno –Cando o leite está a punto de ferver / quedo mirando. –Tamén eu. / Espero ata o último momento. / –Como se che dese pena / que suba de vez. / –O que máis me impresiona / é que rompa en silencio. // –Sobre as once, o trompetista / empeza a tocar. Ao comezo eran escalas. / Custáballe atopar as notas. / A través das paredes sentía o seu esforzo.

–¿Es guapo, el trompetista?
–No tengo ni idea. Bajamos
por distintos ascensores.

–¿Has pensado que puede ser una mujer?

–La habitación está llena de gente.
Me concentro en los brazos.
–¿Como si fuesen los anillos de un planeta?
–Más o menos. Dentro de mí
hay un cubo de hielo. Lo derriten.
Cuando todo se vuelve líquido
pienso en las cabinas telefónicas.
Los jóvenes, de noche, las vuelven
más hermosas. –No te creas,
ayer le tiraban piedras
a la que hay debajo de mi casa.
Bajé por la mañana. Descolgué.
El auricular olía a perfume.
Pensé: ni tan siquiera la noche ha podido con esto.

–Puede que la mujer llamase poco antes
de que tú descolgases.

–Era perfume de hombre.

–É guapo, o trompetista? / –Non teño nin idea. Baixamos / por distintos ascensores. // –Nunca pensaches que pode ser unha muller? // –O cuarto está cheo de xente. / Concéntrome nos brazos. / –Como se fosen os aneis dun planeta? –Máis ou menos. Dentro de min / hai un pedazo de xeo. Eles derréteno. / Cando todo se volve líquido / penso nas cabinas telefónicas. / Os rapaces, de noite, vólvenas / máis fermosas. –Non creas, / onte tirábanlle pedras / á que hai debaixo da miña casa. / Baixei esta mañá. Descolguei. / O auricular ulía a perfume. / Pensei: nin sequera a noite puido con isto. // –Igual a muller chamou pouco antes / de que ti descolgases. // –Era perfume de home.

—¿Te gusta más hacer la cama
o deshacerla?
—Soy desordenada. Me acuesto
muy temprano o muy tarde.

—Vuélveme a contar aquel sueño.

—¿Te molesta que ensaye?
—No lo sé. Es difícil dejarse llevar,
sólo toca escalas.
—Lo que realmente te impresiona
es sentir cómo aprende.
—Estamos tan cerca, todas las mañanas,
desde que hierve la leche.
—¿Es constante? —Creo que ya se sabe
todas las notas. —Él no te ve, tú escuchas.
—No toca nada entero.

Wilderness

Mi apología del desierto sólo puede tener
lugar en otra lengua. La extranjera soy yo:

—Gústache máis facer a cama / ou desfacela? / —Son desordenada. Déitome / moi cedo ou moi tarde. // —Vólveme contar aquel soño. // —Moléstache que ensaie? / —Non sei. É difícil deixarse levar, / só toca escalas. / —O que de verdade te impresiona / é sentir cómo aprende. / —Estamos tan cerca, todas as mañás, / desde que ferve o leite. / —É constante? —Creo que xa sabe / todas as notas. —El non te ve, ti escoitas. / —Non toca nada enteiro.

WILDERNESS   A miña apoloxía do deserto só pode ter lugar / nunha lingua estranxeira. A estranxeira son eu: /

esta no es mi lengua. Ella dice ese verbo
que en los labios se vuelve fuego azul
y como beso nuevo es olvidado
(la punta de la lengua no toca el paladar).
Soy apenas la sombra de un caballo que pasa,
una raíz que baila hacia la hierba.
Después, la emperatriz se dirige
a las fieras: «¿cómo decís vosotras
la palabra *silencio*?» Con las garras, la pantera
señala hacia el pan, señala hacia los árboles
que arrojan las manzanas: cómo tanta miseria en fuente
de oro. Hay ciegos en la arena.
El sol impide el trigo y se hace la luz
pero sin obediencia. Como si el metal fuese
la última cualidad no visible del aire.
«Si no matas al rey, serás matado.
Que me has visto desnuda, y yo era tu desierto.
No puedes escapar: o esperas en el suelo, sin comida,
o resistes en mí, contra mi cuerpo».
Los santos ven a Dios en la marea baja.
Ven la corriente seca, resbalando deprisa
como línea brillante que en el mármol
escribiese su luto. «Ven a mí, que esta hambre

---

a lingua non é miña. Ela di esa palabra / que nos beizos se volve lume azul / e como bico dado cae no esquenzo / (a lingua e o padal non chegan a tocarse). / Son a penas a sombra dos cabalos que pasan, / unha raíz que baila contra a herba. / A emperatriz pregúntalles ás feras: «como dicides vós / a palabra silencio?» Coas poutas, a panteira / sinala cara o pan, sinala cara ás árbores / que deitan as mazás: cómo tanta miseria en fonte / de ouro. Só hai cegos, no deserto. / O sol impide o trigo e a luz faise, / pero sen obediencia. Como se o metal fose / a última cualidade non visible do aire. / «Se non matas o rei, serás matado. / Que me viches espida, e eu era o teu deserto. / Non podes escapar: ou resistes na area, sen comida / ou resistes en min, contra o meu corpo». / Os santos ven a Deus nas augas baixas. / Ven o río na seca, esvarando lixeiro / como as liñas brillantes que no mármore / escriben o seu loito. «Ven a min, que esta fame

ya no me deja ver. Mi mente va curvando
lo que teme la vista. La razón quiere ser mi único fin.
Dios coge mi cabeza entre sus manos.
Me hace callar y sopla en el vacío. El vacío se esfuma.
Le divierten las fieras. Es feroz. Alguien pasó gritando
que no existe. También yo quise creerlo. Tenía hambre.
Los que ven tienen hambre. El desierto es el hambre.

Crecente

O libro non responde ao que ti lle preguntas
senón ao que lle queres preguntar:

no poema, a deshonestidade nótase case tanto como na vida
el fablar es clareza, el callar escureza
xofre, seme, mercurio
miénteme, dime que me quieres
dime que no me quieres mirándome a los ojos
heroes son os que non se atreveron a mostrarse cobardes
para poder nacer primeiro hai que morrer
o mesmo que a fai feble faina forte
por que que seguimos sendo biografistas?

---

xa non me deixa ver. A miña mente curva / o que temen os ollos. A razón quere ser a miña fin. / Deus cólleme a cabeza entre as súas mans. / Faime calar e sopra no baleiro. O baleiro esvaécese. / Entretense coas feras. É feroz. Alguén pasou berrando: / «non existe». Tamén eu quixen crelo. Tiña fame. / Os que ven teñen fame. O deserto é a fame.

Visca l'amor que m'ha donat l'amiga
que por mayo era por mayo
amor è uno desio che ven da core
no hiperespacio o tempo é subxectivo
na rede entrego os dedos.

Time present and time past are both present in time future
tienes toda la vida por delante
farewell, adiós, adieu
foi unha sobredose era tan pura
no se casa con nadie
na rede amor na rede nada máis que na rede
show must go on
my love is wider wider than Victorian lake
más dura será la caída
as augas só desgastan a pedra lentamente
pide un desexo e dimo para que non se cumpra.

No amor gaña quen foxe, quen foxe da xeada dá na neve
everything that has a beginning
has an end, con lo que tú lo amabas
y él que no te quería, a Liberdade chora
bágoas negras na illa
todos os emigrantes encerrados
and I wish a was at home in old fair Dublin
tanto tenho aprendido e não sei nada
se a penas comprendemos o pasado
si no sabes aprende
é a voz a que vibra, non a verba.

(Ela: mi alma os ha cortado a su medida
por hábito del alma misma os quiero)

La letra con sangre entra

(El: escrito está en mi alma vuestro gesto
y cuanto yo escribir de vos deseo
vos sola lo escribistes, yo lo leo
tan solo que aún de vos me guardo en esto).

A unión de dúas raíces que naceron
de distintas sementes
in Dublin fair city where girls are so pretty
nos ollos da rapaza brilla a chama
e nos ollos dos vellos arde a luz.
Río Liffey, río Liffey
no hay corazón que baste aunque fuese de piedra
viendo mi amada yedra
de mí arrancada, en otro muro asida
com un esglai que es reté de caure a terra.

O profundo é o aire
lo lavaba en sus venas
big band, burato negro
así soa a man soa
que o brillo non te apague.

A vida traballaba para nós
o inconsciente non xulga pero traballa
o eu é o verdadeiro lugar do medo
na pregunta está implícita a resposta
allá cadaquien con su conciencia
vivía retirado, non quería
que eu derrubase os muros
yo seré muralla para quien te ofenda
y si pretendes remover las ruinas

a idade da inocencia, posesión,
as amizades perigosas, as afinidades electivas
as partículas elementais
bebeu algo de leite e viu o centro.

Amor é poder vernos como o amante nos mira.
unha boca fendida dous labios entreabertos
dos tórtolas dous pombos
el ronco arrullo al joven solicita
vento de mar tremor stormy weather
mas con desvíos Galatea suaves
primavera verán outono inverno
a su audacia los términos limita.

San Martiño Pinario, Rúa da Moeda Vella,
y mi deseo se enamoraba
as Campás de San Xoán
prefiro arrepentirme que chorar
Elm Street, Times Square, Central Station
siete millones de historias
tiene la ciudad de Nueva York
My dog is my only love
acepta o que fixeches, asume a miña dor
I'll love you always.
aturem la guerra, a paz non se negocia
cos amigos, senón cos inimigos
Corredoira das Fraguas, traficantes
si el trabajo fuera bueno se lo quedaban los ricos
being gay is a waste of time
ya tú sabes, let's go, ¿estás de coña?
terra vastata, Rúa dos Xasmíns
se dis que é imposible é que non queres
Travessera de Gràcia, Ferlandina

els joves encara confiem en la Pau.
¿Quién se come el calamar? la gente de Miramar
pour Marx, dijo al morir
Je ne suis pas marxiste, la Bovary c'est moi
cánto te quero
Guanabacoa, El Morro, Vedado, Trocadero
Rúa da Angustia, Auschwitz, Ruela de Xerusalén,
Carme de Abaixo, Curro da Parra
Corredoira dos Muíños
Adiós Calexón das Trompas, adiós Fonte da Sirena
Carrer de la Puríssima Concepció
Praza de Entrepraciñas, Ruela de Entrerrúas
17 de novembro, 1 de decembro
14 de febreiro
1976, 1965, 1940, 1949.

No more blues, por favor,
chega de saudade
dourado Ourense
Ouréns
idade de ouro
un Ganxes de palabras
dor na ría.

Todo junto se escribe separado
separado se escribe todo junto.

O único que nos separa é que falamos a mesma lingua?

Panta rei, zona cero, incendio, arco da vella
no te enamores compostelana
ponlle un valado ao mar,
dille lume pintado á verba que comeza

terra e aire e metal
táboa dos elementos
como la uña de la carne.

Lembras cando nos decatamos
de que eramos a mesma persoa?

O poema só pode quedar inacabado
dejará la memoria en donde ardía
a medida do amor é amar sen medida
Galiza Ceibe, Fronte, Terra Lliure
no tenim el costum d'atendre les peticions de la dreta
que sería de nós sen os nosos prexuízos?
sí, pues que sueño fue, que te gozaba
onte tiven un soño, vale por este verso?

Do revés o poema era infinito.
No amor, como na arte
a forza só depende da tenrura.

No blood for oil, personal is political
vamos a contar mentiras trailará
not in our name, nadar sabe mi llama
el agua fría, Tristano i Lancilotto
giocano a scacchi nel castello
della Dama del Lago.

Este poema limita co silencio
as risas sempre tornan en choras
al precio que sea
lo tuyo es mío y lo mío es tuyo
lo mío es mío y lo tuyo es tuyo
non foi sen tempo, o tempo

non se perde, on anirás bou que no llauris
se vou a Bueu nun bou, vou
palabras quisiste con palabras engañarme.

Porque los corazones de los hombres son a Dios
lo que el pergamino a nosotros
se aceptas o misterio haste salvar
halo facer? fareino
para que non me esquezas
podes confiar en min, o meu inimigo non es ti
o meu inimigo é o teu nome
para unha alma nobre, se o dador é cruel
a doazón espléndida vólvese miserable.

As brigadas vermellas, os xemeres
y perder el temor a ley severa
tengo mi propia política porque no creo en el gobierno
don't worry 'bout me, non chegarei a vella
mírame y no me toques, non preciso a túa culpa
pode unha revolución non ser cultural?
pinchábase ou fumaba?
the ride of the great dragon
non lle mires o dente, sugar brown, atrevida
branca de neve, polvo será
mas polvo enamorado
as lágrimas da virxe, o pracer, os picores
trempera, ríos de esperma, ríos de tinta
dinámica de fluxos, electrocardiograma
vive y deja vivir, abre a boca, axeónllate

Imborrables momentos que siempre guarda el corazón.

Os sete mil soldados de terracota viva
enfermabas na mente curábate no corpo

veremos cuánto tiempo estáis cerrada
y el cristalino cielo es defendido.

O medo do que dá e a ira da que toma.

Sólo hay una cosa más fuerte que el miedo a la libertad:
el odio a quien te la quita.

El amor es la necesidad de salir de uno mismo.
A morte non vai pola toca que vai pola leva.
I do not will him to be exceptional
It is the exception that interests the devil.
Vowon man nicht sprechen kann darüber muss man schweigen.

Nueve años sin Pedro asesinado por la policía
os pais son as mellores cousas que as fillas crean
vin as mellores mentes da miña xeración
the emperor's new clothes
el rap en el Prat no tiene mensaje
o mundo non existe para ir parar a un libro.

O du, mein Engel, anxo exterminador,
anxo da morte, ne me quitte pas
os casados non quedan a durmir
ay, Floralba soñé que te... ¿dirélo?

Este libro non é o que parece.

Como non me deixaches que chorase contigo?
lloras como mujer
Granada, tierra soñada por mí.

Historia e utopía, o sabor da túa boca,
o olor do cabezal

levaba toda a vida botándote de menos
na mente de Deus ocupas o lugar da nada.

Aquest arbre proper al meu obrador:
aquest és el meu mestre.

Como falan as rosas? Coas espiñas
E cando non as teñen? En silencio

¿Quieres que te cuente el cuento de la buena pipa?
O tempo, o tempo todo.
Antes de nacer eu erades máis felices?
Libertad para los presos.
Creo porque é absurdo.
O inferno é ter perdido o dereito de amar.
Amar a alguén e velo
talmente como Deus quixo que fose.

¿Sufren porque están locos o están locos porque sufren?
Existimos porque o sol precisa carburante.

Tengo mi propia política porque no creo en el gobierno
graniza tanto para que yo recuerde
cual entre flor y flor sierpe escondida
eu xa non podo lerte sen oír a túa voz
suelta a mi manso, mayoral extraño
a intelixencia comprende o mundo
ao tempo que se comprende a si mesma
no fondo comprender significa abrazar.

As leis falan da rede, non do que a rede fala.
A natureza non se desculpa
A fórmula da flor, a lei da estrela.

Pues el delito mayor de la hembra
es haber nacido.

A conciencia que formula unha pregunta
é a mesma que non pode resolvela.

He loves me, she loves me not
a sincronicidade, a dependencia
simultánea e recíproca das partes.
O texto sen costuras do universo.

Quen coñece os seus límites
non ten que darlle as gracias a ninguén.

Por que non fas o que sabes
no canto de facer o que debes?

(Perdoa esta torrenteira de palabras sen licencia ningunha).

(Intenciones)

No llevo té en las palmas pero tengo unas yemas
que pueden estallar de un momento a otro.
Viajo a la prehistoria de todas las raíces

(Intencións) Non levo té nas palmas pero teño unhas xemas / que poden rebentar en calquera momento. / Asisto á prehistoria das raíces

y mis dedos ensayan la caricia sólo porque no pueden arañarte.
Con el agua del grifo
preparo una infusión de finísimas hierbas
y el verde lleva un nombre proscrito de mujer, de maría, de mí.
También quiero casarme pero no llevo ropa.
Por eso a veces pienso en el jabón,
en la que se avecina, madre mía:
secar una vez más la falda que paseo por ahí
(soy de las que se visten por los pies).
Primero desayuno malas hierbas hasta un fondo llamado última
    gota
y así friego la loza, así, así,
mezclando la memoria y el deseo en la lengua.
Imito la voz de isolda,
lamento mi destino mucho más torpemente que luisa,
insisto (siempre insisto) en preguntar,
con mis manos tan blancas
sumidas en los platos más profundos.
Podía demorarme en restregar la carne contra todos los cuencos
por recoger los restos de un poso tan amargo como inútil.
Pedí jugar a beso, verdad o consecuencia
pero no me dejaron.

e os meus dedos ensaian a caricia só porque non te poden rabuñar. / Con auga da traída / preparo unha infusión de finísimas herbas / e o verde leva un nome proscrito de muller, de maría, de min. / Tamén quero casar pero non teño roupa. / Por iso ás veces penso no xabrón do lagarto, / nas eventualidades, miña nai: / enxugar outra vez a saia coa que andaba perdida por aí / (igual que a carolina íspome polos pés). / Primeiro eu almorzaba malas herbas ata un fondo chamado última gota / e logo / así fregaba a louza, así, así, / mesturando na lingua memoria con desexo. / Imito a voz de isolda, / lamento o meu destino moito máis torpemente que luísa, / insisto (sempre insisto) en preguntar, / coas miñas mans tan brancas / sumidas nos cacharros máis profundos. / Podía demorarme en refregar a carne contra todos os concos / para apañar os restos dun pouso tan acedo como inútil. / Pedín xogar a bico, verdade ou consecuencia / pero non me deixaron.

Así planchaba, así, así
con la traición ajena incendiándome el pulso,
y emprendía reformas en el cuarto que por desgracia todos
    llevamos dentro
o tapo las goteras de un altillo
que ardió siendo yo inmediatamente anterior en el orden del
    tránsito.
El brasero y la decadencia son casi la misma cosa.
Me sorprendió en los dedos la aurora de un rescoldo
porque me supe lúcida pero sentimental después de todo.
Así grité por fin, así, así,
solicitando asilo, piedra pómez o cualquier circunstancia
    respirable.

[Hay dos personas...]

Hay dos personas y una voz en *off*.
Los poemas no son las pruebas, sino el comentario.
La prosa es la inocencia, la ilusión de que es posible decir lo que
    sentimos.

Así pasaba o ferro, así, así / coa traizón dos outros incendiándome o pulso, / e emprendía reformas nese cuarto que por desgracia todos levamos dentro / ou tapaba as goteiras dun faiado / que ardera sendo eu inmediatamente anterior na orde do tránsito. / O braseiro e a decadencia son case a mesma cousa. / Sorprendeume entre os dedos o espertar do remol / Porque me souben lúcida pero sentimental despois de todo. / Así berrei por fin, así, así, / solicitando asilo, pedra pómez, calquera circunstancia respirable.

[HAI DÚAS PERSOAS...]   Hai dúas persoas e unha voz en off. / Os poemas non son as probas, senón o comentario. / A prosa é a inocencia, a ilusión de que é posible dicir o que sentimos.

La noche

Me preparo contigo para cruzar la noche,
igual que los músculos se preparan para el movimiento
y la quietud se prepara para la prisa.
No creo en la identidad entre belleza y bien.
Creo que en la piel de la noche, en que el mundo hay pliegues,
dimensiones incontables y deformes, y que el silencio de los
    astros
puede ser un estruendo sin ninguna armonía,
y no hay ley del relámpago ni ley del viento.
Porque en ti no deseo nada que otras mujeres
puedan desear o que otros hombres admiren.
Se ver, sin conmoverme, las dos partes distintas
de tu rostro, y la manera en que una emplea el lenguaje
de la otra para ocultar lo diversas que son entre sí,
y con respeto a aquello que el rostro guarda.
No puedo adivinar tus secretos porque un secreto
no puede adivinarse, pero veo que los hay
y me gusta que los haya, y me atrevo a medir la hondura
de lo que callas. Soy la luz clavada en el vientre

A NOITE   Prepárome contigo para cruzar a noite, / igual que os músculos se preparan para o movemento / e a quietude se prepara para a présa. / Non creo na identidade entre o ben e a beleza. / Creo na pel da noite, en que no mundo hai pregos, / dimensións incontables e deformes, e o silencio dos astros / pode ser un estrondo sen harmonía ningunha, / e non hai unha lei do relampo nin unha lei do vento. / Porque en ti non desexo nada que as outras mulleres / poidan desexar e outros homes admiren. / Sei ver, sen conmoverme, as dúas partes distintas / do teu rostro, e o xeito no que unha emprega a linguaxe / da outra para ocultar o distintas que son entre si, / e con respecto a aquilo que o rostro garda. / Non podo adiviñar os teus segredos porque un segredo / non pode adiviñarse, pero vexo que os hai / e gústame que os haxa, e atrévome a medir a fondura / do que calas. Son o lume cravado no ventre

de los caballos. La hoz que cuando arde curva el hierro
(«Para el relámpago, el hierro es miel.
Todos vivimos según nuestro código»).

Traducción de la autora

---

dos cavalos. A fouce que cando arde curva o ferro / («Para o relampo, o ferro é mel. / Todos vivimos segundo o noso código»).

Sandra Santana
(1978)

SANDRA SANTANA, *Madrid, 1978*

Profesora de Filosofía en la Universidad de Zaragoza y autora los libros de poemas *Marcha por el desierto* (2004), *Es el verbo tan frágil* (2008) e *Y ¡Pum! Un tiro al pajarito* (2014), así como del ensayo *El laberinto de la palabra. Karl Kraus en la Viena de fin de siglo* (2011). Como traductora ha realizado versiones de la obra poética de autores como Ernst Jandl, Karl Kraus o Peter Handke.

POEMAS SELECCIONADOS: [Hablemos de las flores...], [El café está hirviendo...], [Una mosca...], *Marcha por el desierto*; [El médico le rogó...], «Rupturas disimuladas tras una carita sonriente», [«Me siento sola...»], *Es el verbo tan frágil*, «Nuevas consideraciones acerca del destino del agua», [Los viajes nunca lograron...], «Se detiene frente a la indicación de 'sentido único'...», «De la carestía del argumento...», «Asuntos acerca de los cuales lamento no tener...», «Imaginaria metamorfosis de la rosa en máquina de guerra», «Juguete para hacer pompas de jabón», *Es el verbo tan frágil*; «Las niñas correteaban libremente...», «Inevitablemente en la ciudad se olvida...», «En algunos lugares del texto se despierta sobresaltada...», «Y después de tanto tiempo continuamos...», «2», *Y ¡pum! Un tiro al pajarito*; «Superficie para atrapar pájaros», poema visual.

Lo primero que habría que decir para expresar la singularidad de Sandra Santana es que este soporte que está usted leyendo, el del libro, es sólo una de las formas que la poeta madrileña utiliza para canalizar su poesía, siendo otras de sus áreas de actuación la poesía visual, la performance, la grabación en vídeo o los experimentos entre literatura y arte (recogidos en el recomendable blog colectivo *El Águila Ediciones*), un par creador sobre el que además ha reflexionado en diversos trabajos teóricos. De hecho, esas prácticas y algunas referencias explícitas al arte conceptual en sus poemas (2014:7) podrían hacernos hablar de Santana como una de las escasas poetas *conceptuales* españolas, aunque esa es sólo una de las partes de su diverso y sugestivo trabajo.

Tras aceptar, en consecuencia, que lo aquí seleccionado solo dará una imagen parcial de la actividad poética de Santana, conviene recordar también que otra de sus actividades (traductora e investigadora de pensamiento y poesía en alemán) proyecta ineludiblemente sombra sobre su lírica; de hecho, tanto *Marcha por el desierto* (2005) como *Es el verbo tan frágil* (2008) comienzan con sendas citas de Heidegger y Foucault relativas a la esencia del lenguaje y la imposibilidad de la representación. Como ya dijimos comentando el segundo libro, «con una cita así al principio de un libro (...) el lector sabe que un territorio de incertidumbre le espera a continuación. Lo 'impredecible', 'insondable' (2008:18), invisible (2008:19), lo inexpresable o inenarrable (2008:13) se convierten en la almendra misma de la anécdota semántica, un cuestionamiento blanchotiano sobre los límites del decir escrito y una investigación –derrideana hasta cierto punto– sobre los decires contenidos en el decir, sobre los procesos discursivos que se invisibilizan al aparecer la escritura. La escritura deviene el discurso elegido y concreto que silencia todos los demás». En similar sentido escribió Ana Gorría años más tarde sobre *Es el verbo tan frágil*: «supone una reflexión literaria sobre los límites del lenguaje y de la propia dicción» (2012:260). Si, como hemos dicho antes, Santana se ha mostrado siempre partidaria de cuestionar el lenguaje de las formas en que la poesía aparece, es hasta cierto punto natural y coherente que ponga en crisis igualmente las formas del lenguaje y que su cuestionamiento de la representación sea una continuación del *giro lingüístico* que ha dominado la filosofía del siglo XX que ella ha estudiado y traducido.

Su última entrega hasta el momento, *Y ¡pum! Un tiro al pajarito* (2014) prosigue con el trabajo metalingüístico y desarrolla tres de las señas de identidad de la autora: su sentido del humor, su capacidad para las imágenes radiantes y simbólicas, y la *fisicidad*: lo textual alcanza en sus libros una corporeidad casi física, tanto en las partes escritas como en los blancos –Mallarmé, directamente o vía Broodthaers, es una clara referencia–, que devienen a veces espacios tan significativos como los signos escritos; incluso se dejan adrede huecos vacíos para que el lector proyecte su *sombra* sobre ellos (2014:38). Intentamos recoger en nuestra muestra una síntesis de todas características.

[Hablemos de las flores...]

Hablemos de las flores, esas muchachas en miniatura que rompen la tierra para mostrar impúdicas el deseo confuso de la naturaleza.
Pequeñas y oscuras, se dan en las calles cortadas y junto a los buzones y puentes de metal.
Puedo sentir cómo se estremece la gran estructura urbana a cada nuevo y punzante nacimiento. Llorar la ruptura de la encía que se abre, dejándose atravesar por misteriosas piezas dentales que brotan charlando animosamente: «¡Pronto, devoremos algún animal cansado, algún perro hambriento que dude un momento ante dos calles exactamente iguales!»
Pero las criaturas humanas, imbéciles ante el lenguaje de las flores, sólo saben del dolor que les hunde y ahoga. Miles de alambres y cables se retuercen y enredan entre los frágiles órganos de sus cuerpos. Y, sin embargo, ¡cuánta alegría cuando aprenden el hambre y pueden incluso devorar sus propios miembros!
¡Y el incomparable sabor del primer chicle! Girando y deformando la materia hasta agotar el sabor, sin buscar una salida durante horas.

La ciudad ríe, ríe mostrando los ojales vacíos y húmedos de sus habitantes.

[El café está hirviendo...]

El café está hirviendo:
agua, polvo negro,
una inmensa playa de arena oscura
perdiéndose entre las misteriosas rendijas
del extractor.

Tomar un cartón de leche, una taza.
La leche cae,
sentimos su murmullo,
su risa, su silencio.

La caja se agota.

Al tirar el envase, los espacios
donde antes nos movíamos
despreocupadamente
nos habitan, presionando
y deformando
nuestro cuerpo.

[Una mosca...]

Una mosca
golpeándose reiteradamente
contra el cristal.

Abandono mi lápiz
sobre el papel, le dejo salir,
y cierro de nuevo
la ventana.

Reanuda su tarea
desde el exterior.

Nos entendemos:
todo puede resumirse
en el acto de huir.

[El médico le rogó...]

El médico le rogó que tratase de ser más concisa: «Exactamente, ¿dónde le duele?». Pero, en el transcurso del movimiento del dedo índice hacia la rodilla, aquel dolor metálico se disolvía en una especie de cosquilleo burbujeante en el talón izquierdo. Detuvo la mano avergonzada y empezó de nuevo, tratando esta vez de prestar un poco más de atención.

Rupturas disimuladas tras una carita sonriente

Siempre detecto un gesto
de incredulidad
cuando hablo acerca de los frágiles mecanismos
ocultos tras una apariencia infantil.

Como no crees en ellos, lo dejaste
caer y me miraste victorioso
al ver su superficie intacta a pesar del impacto.

Imagina lo que sentí al recogerlo
y escuchar esa pieza suelta en su interior.

[«**Me siento sola...**»]

«Me siento sola», dijo. Y obtuvo un sorprendente consuelo al escuchar el eco que el interior de la palabra «sola» provocaba al ser atravesado por su voz.

Es el verbo tan frágil

Los miramos pasar nadando
a nuestro lado y nos abrazamos.

Así llegó la lluvia golpeando
con insistencia rítmica
la chapa del coche.

Secos, calientes y felices
tratamos de sujetar dos peces
en un único nombre,
como si no tuviésemos nada
en común con esas figuras que corren
mojándose en todas direcciones.

La felicidad es el agua en la red de un pescador.

El cielo comienza a aclararse,
y con la luz, los peces
saltan en el agua
escogiendo caminos diferentes.

Nuevas consideraciones acerca del destino del agua

La tormenta aguardaba
respirando despacio.
De pronto echa a correr y todas las preguntas
caen agotadas
desde la orilla de nuestros labios.

Entiéndeme, vivir es tan difícil, es un verbo tan frágil, tan inconstante... En cuanto le pones un dedo encima comienza a vibrar, a moverse, a perder su forma.

Mi suspicacia hace
que se rompa la tarde
y la superficie del cielo,
como el vidrio por un leve golpe,
descubre una grieta infinita.

Continúa entero, créeme,
incluso más hermoso,
pero exhibiendo ahora
impúdicamente su fragilidad,
su condición de material efímero.

[Los viajes nunca lograron...]

Los viajes nunca lograron trasportarle. Los automóviles le dejaban siempre en la puerta de casa; todos los trenes, sin excepción, se detenían una estación antes de lo desconocido. Tras cada despegue imaginaba, inmediatamente, una pantalla adherida a la ventanilla del avión con un programa continuo de nubes y paisajes diminutos.

Se detiene frente a la indicación de «sentido único» y
no puede desprenderse de la extraña idea de que allí mismo
reside alguna importante consideración sobre la naturaleza
del tiempo que ella misma no alcanza a comprender

Contempla al avanzar la imposibilidad de comenzar en el
mismo punto de partida:

el corazón del hombre sigue latiendo marcha atrás.

De la carestía del argumento
o qué se hizo de lo inenarrable

El tema es desde luego intratable.

No fue lo que dijimos,
no fue lo que dejamos por decir, tampoco
desembocó en una decisión.

Apenas se lastimó nuestro tejido
argumental dejando un espacio
abierto para lo porvenir.

**Asuntos acerca de los cuales lamento no tener
una brillante opinión que dar a los lectores**

Con la llegada de la noche
algunas de sus palabras, como el arder
intermitente [Aquí, detecté un punto
de inflexión provocado por la extraña
naturaleza del deseo.

Comprendí que
más rápido que la imaginación,
puesto que no necesita movimiento,
espera siempre oculto
en todos los lugares] de un cigarro,
llamaban un instante luminoso
mi atención antes de consumirse.

**Imaginaria metamorfosis de la rosa
en máquina de guerra**

La luz desaparece y el trueno,
que otras veces nos había derribado,
surge de la cabina del discjockey:

Como el mar, como el mar si los vientos, como el mar...

Bailemos ignorando las miradas
y si algún pensamiento inoportuno

—¿Quién dijo que este ritmo no es *todo* lo que existe?–
nos acosa como una grieta alucinante
entre el humo y las luces

volviendo y golpeando, como el mar

buscaré impaciente esa sonrisa
que cómplice me atrape
en el rostro de la verdadera diversión.

Entonces, como el mar,
esperad el momento
y sonreíd:

(dientes y vasos relucientes)

Juguete para hacer pompas de jabón

A Beatriz Barral

El papel, bien mirado, podría ser la luna. CIRUELAS SIN HUESO.
La luna, bien mirada (es decir, bajo los efectos benéficos del olor
a barniz), podría ser el papel idóneo donde dibujar una figura
redonda y blanca. –Un primer trazo: ROJO IRLANDA–. Visto
así, los aviones que cruzan el cielo en el horizonte de la mirada
pueden causar desgarros irreparables. Visto así, el desgarro
mudo e irreparable del dolor puede muy bien confundirse con
las líneas que cortan el papel dejándonos ilesos.

Las niñas correteaban libremente sobre el papel
persiguiendo al cisne medio desplumado y admirando
la luz sobre la hierba cuando un ramalazo de viento
las envolvió de pronto y se las llevó en volandas

> *Es que es impresionante, Fedro, lo que pasa con la escritura.*
> —Platón

Uno y tres. La idea, la cosa y lo que no es la cosa, pero se le parece. O no se le parece, pero nos lleva de modo vertiginoso hasta ella. Ya lo dijo Kosuth: silla. Ya lo dijo Shakespeare: de esa madera están hechos nuestros muebles, de la intangible.

Inevitablemente en la ciudad se olvida la vastedad
de la tierra inhabitada. Los campos dibujan líneas de
fuga hacia lo impensado

La maceta que sale disparada desde el cuarto de hotel hacia el desierto. La mariposa que vuela de la bolsa de tela hacia los túneles del metro. La ceguera del pájaro al entrar en la habitación y chocar contra la estricta geometría de paredes y techos.

En algunos lugares del texto se despierta sobresaltada y escucha el sonido de las puertas cerrándose intempestivamente

En los espejismos surgidos del texto jamás brilla el verdadero sol. El universo entero, en miniatura, reside en la noche de la mente. ¿Son los paisajes de la locura de Nerval los paisajes de nuestra locura?

EL SOL de Nerval

[Recorte por la línea de puntos y deje pasar un rayo de luz]

El texto caliente se cierra.

Y después de tanto tiempo continuamos leyendo
como si no hiciéramos otra cosa que aprender a leer

De pronto ese mecanismo sencillo, ese modo de encontrar
un agujero en la pared y girar la llave sobre sí misma, ya no
funciona como antes. La cerrazón insistente de las cosas, el giro
incompleto, el extraño obstáculo que le impide dar la vuelta
entera. La tentación de irrumpir a cabezazos, con insistencia,
de renunciar a la herramienta y oponer todo el peso del cuerpo
ante las dificultades etéreas de lo simbólico.

2

Los signos abren el papel como se abre la boca en el rostro.
¿Pero qué es lo que sale por esa cavidad oscura? Una hormiga,
una medusa, un cactus y hasta el agua podrida del grifo. Un
continuo coro de sonidos sin centro, una enorme muestra
zoológica atravesando el tracto único de la garganta y
apoderándose secuencialmente de la voz.

Superficie para atrapar pájaros
[Poema visual]

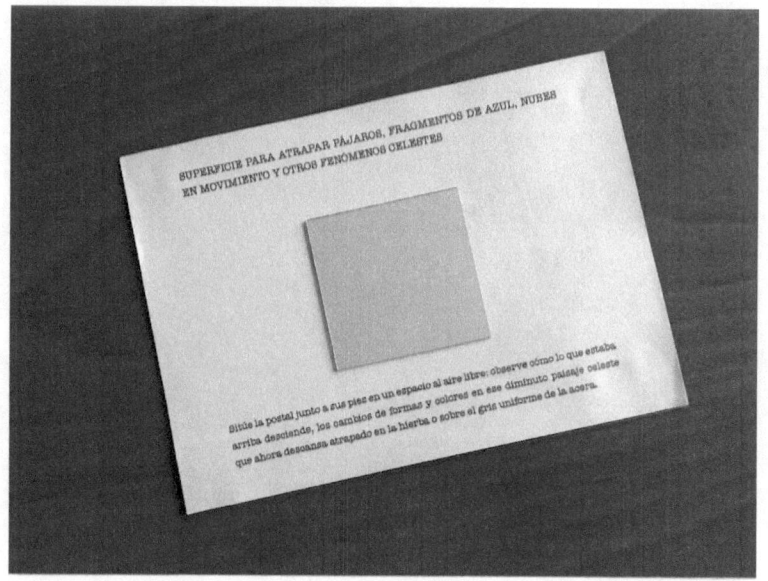

Juan Andrés García Román
(1979)

JUAN ANDRÉS GARCÍA ROMÁN, *Granada, 1979*

Poeta, traductor y crítico literario. Es licenciado en Teoría de la Literatura y Literatura Comparada, y Doctor por la Universidad de Granada. Autor de los poemarios *El fósforo astillado* (2008) y *La adoración* (2011). Ha traducido, entre otros, a Rilke, Hölderlin, Kafka o Schnitzler. Su poesía ha sido parcialmente traducida al italiano, inglés y búlgaro y recogida en diversas antologías de poesía actual.

POEMAS SELECCIONADOS: «Quieres escribir las ocasiones», *El fósforo astillado*; «¿Soñarás un poema?», «El cohetero en la nieve», 2/2; «Capítulo 15. Un nido en el árbol delgado», «Capítulo 29. Put it ok!», *La adoración*; «La duermevela», inédito.

En *Soledad que da al mar* (2004), García Román utiliza esta cita de Pessoa: «atraviesa este paisaje mi sueño de un puerto infinito»; mientras que *El fósforo astillado* (2008) se abre con esta cita de David Lynch: «bueno, hay una red muy vasta, ¿no? Un océano de posibilidades». Las metáforas marítimas unidas a un ilimitado horizonte de sucesos son, en efecto, especialmente afortunadas para explicar la obra *oceánica* del autor granadino, donde se distinguen tres etapas claramente diferenciadas. La primera, borrada por el autor en las biografías de los libros que componen la segunda, se desarrolló durante tres libros y en ellos es perceptible una singular contención, como si el notable poeta que ha llegado a ser estuviera constreñido por el abrigo de acero de las formas clásicas: es posible encontrar en ellos nocturnos, referencias a cancioneros, poemas clasicistas, etcétera (también eran clasicistas, no por casualidad, sus referentes: Antonio Carvajal, Elena Martín Vivaldi). Había una confianza radical en la palabra aniquilada por completo en su siguiente etapa: «palabra, ya eres luz hasta mis manos (...) De ti quiero / la inefable certeza de que existes / que aún comunicas vidas y promesas» (2004:45). Una confianza que deviene ácida ironía sobre las posibilidades del lenguaje a partir de *El fósforo astillado* (2008). Tanto en este último libro como en *La adoración* (2011) se percibe una voz madura, órfica, enemiga de lo sublime pero presa de su influjo, que se pregunta sobre lo inconmensurable, produciéndose la misma paradoja que en la *Carta a Lord Chandos* (1902) de

Hoffmannsthal: se asevera la inoperancia del lenguaje con exactitud total y un alcance expresivo asombroso. El hecho de reconocer la imposibilidad *la destruye*.

Aunque *El fósforo astillado* y *La adoración* son libros diferentes, hay algún pequeño engarce semántico entre ellos: «han convertido el verbo ser en adorar» (2008:97). En el segundo se explicita la desconfianza en el lenguaje (2011:58 y 117), y se narrativiza lo que en el primero era puesta operística en escena, ahondándose en la creación de personajes y el desdoblamiento de voces. En 2015 apareció 2/2, una antología de la obra de García Román del máximo interés para entender su evolución, pues 2/2 incorpora poemas de *El fósforo astillado* y *La adoración*, a veces con importantes reescrituras y variaciones. De hecho, basta leer las dos versiones de «El nacimiento de la melancolía» para entender que el poeta no sólo ha decidido prescindir de imágenes o versos que le parecen superfluos cuatro años después, sino que se advierte un velado intento de reducir la parte «metaepistemológica» que caracterizaba a los dos poemarios, así como una limpieza de referencias culturalistas. También parece que lo que era «cadáver» a secas en *La adoración* (2011:18) ha devenido ahora «cadáver mítico» (2015:78), de modo que –suponemos– la experiencia ha dejado de doler para convertirse en relato generador. En los últimos textos publicados del autor, *Y los poemas del meteorito y otros poemas* (2015), se detecta la preocupación por sus temas de siempre (la belleza, la muerte y la espiritualidad trascendente), volcada ahora en un ritmo versal más reconocible y calmo. Parece que en esta tercera etapa García Román quiere alcanzar una voz más sólida y profunda, como muestra el inédito que recogemos. Como su poesía se caracteriza por su apertura y entropía temática, nuestra selección ha intentado reproducir ese espíritu.

Quieres escribir las ocasiones
(Fa sostenido. Fa insostenible. Primera parte)

El apuntador, a solas:
Un hondo estrato ocupado por avispones guardianes de tamaño humano: hasta ahí alcanza el ámbito de los símbolos. De enfadarse, los avispones pueden deshacer la miel del mundo como imagen.

Porque, digamos, el mundo no tiene paredes físicas ni abismos, sólo zonas que empiezan a carecer de significado. Estas zonas no siempre se encuentran en los límites. De hecho, igual que cambian los cursos de los ríos, a veces los límites atraviesan el centro.

Entra el tenor.

I

El matrimonio de apicultores salió a castrar los panales
después de que la primavera diera comienzo con un
      terremoto.
Llevaban puesto ese traje quasi, quasi
de astronauta bucólico e iban cogidos de la mano.
Las abejas dan lana. Van y vienen. Se aplican sobre un jersey para
      deshacerlo.
La disposición no oculta su carácter experimental.

Entra la soprano hojeando sus partituras

–Ahora dice... ¡Escucha, esto debe ser importante!–:

Hoy es el día en que la marioneta sale de su apartamento en
 dirección al mar.

Está clavada entre las dos primeras olas
como una espada de esgrima o un estoque: sobresale el «mando»
 –dices.

Bajo el agua, cada parte que excede de su trajecito de tela –rostro
 y manos–
se derrama como llama, como nube,
se deforma y desenrolla desde el «acto» que es toda marioneta.

El autor coloca el sacrificio de la marioneta aquí y ahora.
¿Para qué ese tema: el suicidio del arte?
¿Para ser libre? ¿Para sobrevivirnos?

Para ser inocente –me corriges.
En realidad, a tu lado no hay manera de ser culpable
–digo yo. Te equivocas:
una flor en el árbol no deja de ser una muchedumbre
 huyendo por las calles.
¿Hacia el fruto? –pregunto,
pero te has enfadado.
¿Qué te parece esto? Las rodillas en fila de muchos niños sentados:
 un piano.

Ahora te ríes –gesto de niña contenta–;
mientras tomas un libro viejo y gordo y me enseñas la mano
 extendida,
estás frunciendo el labio superior, imitando un mostacho:
¿Juraste decir la belleza, toda la belleza y nada más que la belleza?
¿Es ésa tu poética?
Equilibrismo, puro equilibrismo de palabras –añades.
La literatura es una coordenada entre la sintaxis y la utopía.

II

Los grandes proyectos en tiestos de bonsái.
La frontera delgada –menguante luna– entre historia y
    noticia,
aunque cierta, no dejará de ser la nueva brida.
¿Lo entiendes? Una talla románica toda pintada de negro:

No temáis, porque es todo mentira,
porque volvemos de la excursión.
Pero queda un abismo entre historia y noticia.
Los muertos no decían palabra, la bordaban con pelo en sus
pañuelos de tela.
La ficción se mece. El lenguaje tranquiliza.

III

En la televisión, con una estilográfica
sobre el mapa del tiempo, muestra el hombre las plagas,
los focos de conflicto.
Tantas cosas nos han venido así:
igual que una pistola camuflada en una Biblia.
Pero aún así no debes preocuparte. En el fondo, los tanques son
    herbívoros.

¿Y qué me dices del segundo bautismo de los pájaros?
Míralos, atraviesan en bandada los jerseys tendidos de los niños
y salen victoriosos por las mangas.

Cuaderno del apuntador.
Los muertos son buzos de la tierra. Hay un estrato de la tierra en el que están todos los muertos. No existen los cementerios: es sólo ese estrato. Los muertos lo ocupan y recorren como si fuese el interior de un dragón chino.

CUADERNO DEL APUNTADOR.
Al volar, Supermán eleva el puño cerrado para tomar altura: es un superproletario.

CUADERNO DEL APUNTADOR.
Una cárcel, quizá en medio del desierto, que en lugar de paredes y barrotes consiste en cortinas y más cortinas. Los presos sueñan con que se levante un viento capaz de alzar y hacer volar todas las cortinas. De hecho, dan el nombre de «Libertad» a ese viento prometido.

Sin embargo, su sueño se reduce a la mañana blanca e ilimitada en que el viento levanta las cortinas: ese momento nada más, porque la inexistencia de las cortinas les resulta inconcebible y, en todo caso, opresiva. Es decir, ese instante solamente: el viento alzándolas.

¿Soñarás un poema?

Era de noche y sin embargo llovía.
—SCHULZ (Snoopy intenta escribir una novela)

(Llovió sólo más tarde. Al principio las nubes no trajeron la lluvia, sólo las formas curvas)

I

La economía especializada hizo crecer en los poetas
un corazón hipertrofiado como los hígados de las ocas.
En tu poema melancólico llueve
«sobre hombres y mujeres». Y luego puntos suspensivos.
Craso error. Poesía social, mineros que se pintan los labios.

En los poemas del siglo XVI nunca llovía.
Nubes del XIX.

(*Acabado el recitativo, el tenor se acerca a la ventana como en disposición de cantar un aria*)

II

Llueve, continúa desvistiéndose el muñeco.
La lluvia es crecimiento interior de lo que se mira por la
      ventana,
llena las fontanelas de los niños,
crea charcos del tamaño de una moneda.

(*Con una mueca trágica y levantándose de la mesa, donde tenía hundido su rostro entre las manos, soprano se acerca a tenor y lo interrumpe*)

Aunque eso fuera así, no responde a mi pregunta.
Lo tuyo es la pura bocambre de decir algo, pero nada.
Otroverismo, pura naufragancia, ¿cómo lo llamaría?

Me gustaría, pero no soy capaz.
Los ciegos sueñan acariciando el braille
y está bien si consideras ciegos mis últimos poemas.
El braille es como una erupción. Tanto exceso de lenguaje.
El higo que Cicerón lanzó al senado ha sido sustituido
por una bola de nieve.
El desierto lingüístico avanza, el desierto simbólico.

Mas, aun sin quererlo, voy entrando en tu juego.
Sólo por ti y por mí,
¿soñarás un poema?

Cuaderno del apuntador.
Y a la inversa: obsesionado por el braille, un ciego no puede acariciar una erupción sin pensar en palabras.

Cuaderno del apuntador.
Los huevos son huecos convexos, florecidos. Huecos que han saltado como palomitas.

El cohetero en la nieve

I

un camaleón que no imita el color sino la forma de las cosas
la nieve
un pájaro se fabrica su jaula hasta quedar encerrado

nieva
cincelazos vacíos esculpen la mirada en un país de otro país

III

nieva o el rey Lear se cuenta las muelas
luego sale de la gruta orina y
de la nieve sube humo

¿porque es un rey?

VIII

los días de lluvia los hombres usan paraguas
en cambio cuando nieva juegan a mosca con la nieve
se fabrican un cono invisible con las manos
sobre sus cabezas y cruzan corriendo
la calle blanca

la nieve es el cuello recortado de una camisa

IX

las manchas del dálmata
el negativo de un cielo estrellado

la cebra
lo mismo pero con estrellas fugaces

XI

la loma de nieve cubierta de conchas como tras una noche de
    oleaje:
una cabeza sobresale de la nieve
me acerco ¿¿pero quién le ha hecho esto??
no han sido niños ni piratas –dice– ni siquiera piratas de la nieve
éste es el juego en su versión adulta: ¡aléjese!

¿cerradura de nieve?

XIV

nieva
–¿qué son los pájaros cuando la temperatura baja de cero grados
sus voces sumergidas en el sueño?
–peces

nieva
saco la mano por la ventana para ver si «nieva»
o la nieve mete por la ventana su pata blanca dentro mi cuarto
para ver si yo «soy»

XV

der schnee hämmert hämmert hämmert das licht

nieva cuando algo aspira a ser el interior de otro algo

la nieve martillea martillea martillea la luz

Capítulo 15. El nido en el árbol delgado

Al bajar del tren me tropiezo con una caja de juguetes viejos y, a su lado, una caseta de pájaros desportillada sobre cuya puertecita aún puede leerse: «¡Los gatos son tontos!».

El mensaje de los pájaros. Recuerdo tu alma, los gestos. Cuando algo te enternecía, adelantabas la barbilla con una risa pequeña pronunciada en «i», una risa en la que se colaban tus muelas como polizones. Pero aquellos juguetes estaban abandonados. Las percepciones ancladas por qué sistema nervioso-nostálgico a tus gestos. Pues todas las criaturas desvalidas abrevaban con timidez de ciervo en tu conciencia, te buscaban para reflejarse y verse dignas, para probarse sus flotadores, su peso, su medida loca, defectuosa, disparatada.

Me acerqué más. En el fondo de la caja relumbraba algo. Y me agaché. Era el más bello bibelot de nieve que había visto nunca. Clásico. Una piedra negra, brillante como base y, en el interior del vidrio, sumergido en nieve acuática, solamente la miniatura de un muñeco con bufanda, zanahoria y sombrero de copa, perfecto como una escultura de Fidias, sí, como un muñeco de nieve de mármol.

Qué era aquello, por qué me había salido al paso y, sobre todo, cómo estaba quieto. A veces he pensado mucho eso, en las cosas, cómo están quietas; palabras, expresiones que han dejado de decirse y alguien rescata por un azar. Pero no se dará el caso de una ciudad que haya sido fundada así, porque la desenterrara de la arena un arqueólogo y decidiera él mismo hacer casa en las ruinas. No, no creo, es decir, quién de verdad va a entrar ahí, o, mejor dicho, qué buscaba yo realmente. ¿No era monstruoso?

Me asusté al pensar en Pompeya. Yo sabía que aquellos cuerpos de Pompeya ni siquiera eran cuerpos, sino burbujas de lava, que dentro de ellos no estaba su materia ni siquiera carbonizada. Eran como un fósil al revés, la totalidad del mundo con una luna u oquedad humanoide, lo contrario de una escultura. Qué cosa tan caprichosa y tan macabra. Qué frivolidad de los elementos para vestir de miedo o de sueño un estallido, un golpe de energías y materias que al menos yo, por más místico que me pusiese, no llamaría nunca amor, no sin un ejercicio de nihilismo aterrador y contrario. Contrario a ti.

Por eso dije un día que eras tu cuerpo y no de un modo distinto a si hubiera dicho que eras tu amor, porque tú eras tu cuerpo, y llenaba.

Y sin embargo, la primera infancia y la que tú luego me trajiste. Cómo estaba todo quieto. Me senté en la hierba. Y allí estuve absorto, triste, hasta que sentí el calor de una respiración amiga en la nuca. ¿Qué querías decirme? Me volví. Pero no había nadie, un color marrón que se perdía en un seto, una desaparición con aroma de láudano. Tragué el nudo de la garganta y eché a mi bolsillo izquierdo, donde ya estaban las uñas del sherpa, el bibelot de nieve. Por último, me despedí del resto de los juguetes y continué.

Entretanto, el día se había colocado el bombín de la noche.

Capítulo 29. Put it ok!

Cuando he llegado arriba, veo perderse la que se diría una carretera de alta montaña. Al fondo, un todoterreno detenido en un arcén y, a su lado, la silueta de un hombre que no se sabe si se va a descalabrar o sólo se está quitando el abrigo, porque al llevar puesta sólo una manga, su figura está desacompasada respecto al plano. Me acerco más. De algún modo sé que ese hombre es Dios o tiene algo que ver con él. Avanza a pasos desordenados y grandes y yo lo sigo pensando que si hablo con él no puedo errar en mis preguntas como hiciera Perceval.

De repente, veo que el hombre que relaciono con Dios entra en una iglesia octogonal que me recuerda a la araña sin patas del sí y del no. En el pórtico, una muchacha que vende estampas —¿Ancila?— sentada a una mesita con cajones. A la muchacha le crece el pelo tan deprisa que tiene que meterlo en los cajones de la mesa, pero no dan abasto y el pelo se desborda. Entro en la iglesia. El retablo es una grieta entre dos rocas gigantescas que se van estrechando hasta que comunican con Algo y por donde veo perderse al hombre del descalabro o del abrigo.

Lo sigo. El corazón me late como a un ratón cuando voy a entrar por la grieta. Sé que más allá tiene que habitar el vacío como posibilidad de toda forma y experiencia abolida o futura, el sí y el no, la creación y la destrucción. ¡Tú también tenías que estar!

Era una luz completamente desusada. La nada tenía techos altos que acentuaban la sensación. Un espacio todo rodeado de espejos como una sala en que ensayan bailarinas, pero por supuesto ninguna bailarina. Nada, ningún sonido. Se me salía, se me salía del pecho. Hasta que de repente a mis espaldas suenan los tintineos de una máquina tragaperras. Me vuelvo. Encima de ella, un cartel luminoso reza:

    put it ok!

¿Qué es esto? ¿Otra burla? Pero no dudo en activar la manivela. Entonces, las tres ruletas comienzan a girar y girar con un ruido agradable como de huesecillos o letras de destino en el rótulo de una estación antigua. Giran y giran hasta que cada una de ellas se detiene respectivamente en:

| una campana | una cereza | una foto carné de mi padre |

Debajo de las ruletas, los botones tintinean con otro ruido, un ruido de colores. Pulso el de debajo de la campana y la ruleta gira y gira hasta que queda:

| una foto carné de mi padre | una cereza | una foto carné de mi padre |

De nuevo los botones tintinean y pulso el de la cereza. La ruleta gira y gira y gira hasta que tengo:

| una foto carné de mi padre | una foto carné de mi padre | una foto carné de mi padre |

En ese instante suena una musiquilla. La favorita de mi padre. ¿Padre? Los espejos se abrieron detrás de mí y dejaron a la vista una puerta orlada con un cable de neón rojo. Entro en una habitación de hospital, hay una cama al fondo. Para mi sorpresa y pese al nerviosismo, los cristales de mis gafas no se empañan.

–Papá, yo no quería... yo quería pedirte perdón. Sólo eso. Yo no quería traerte a esto de nuevo. No, no voy a sublimarme ni a morir de belleza; moriré, moriré simplemente, lo heredé de ti.

Me incliné sobre el lecho y quise besarlo pero al acercarme y respirar sobre su rostro se desprendieron algunas pestañas. Entonces soplé y todas sus pestañas volaron como si hubiera soplado un vilano. Mi padre me dijo:

≈ Si me soplas, tengo cáncer.

Y yo lloré fuertemente de los dos ojos hasta que un viento como el espíritu de las navidades pasadas me devolvió a la nube. Eché a correr, corrí como un poseso hasta que mi pie se hundió y caí. Porque la nube comenzaba a deshacerse y por sus huecos se veían pájaros. Pero no me iba a poner a pescar pájaros como un esquimal. Qué va. Estaba en peligro, la nube se diluía en islotes de algodón y yo comencé a brincar de unos a otros. En una de esas ocasiones, mis gafas saltaron por los aires. Finalmente, me puse de pie en una nubecilla como de azúcar. Me quité la␣pelliza, agarré una esquina y una solapa con cada puño para improvisar un paracaídas de piel y me lancé.

La duermevela

Con la luz en los párpados y todas
las imágenes afuera, la mirada descansa
al fondo de los ojos como una

entornada cancela.
Pues yo la empujo, empujo la cancela,

que cede con un chirrido
de años, generaciones
y entro,
¿dónde entro?
No lo sé, pero el hecho de entrar
ya es un jardín.

¿Y qué jardín es éste?
Rosas se vuelven en él hacia otras vidas
y estatuas se yerguen con cara de astro.

Sí, está bien, ¿pero de quién es esta casa?,
¿alguien me oye?

¿Cómo es que nunca antes entré aquí?

«Aves cantan en vidas,
aves cantan en vidas»,

responde una bandada por el cielo.

Claro, me digo,
aún las aves consideran humedales
nuestros sueños y es frecuente
oírlas volver al despertar,
tambaleando el vuelo,
rozando un círculo
con las puntas de las alas.

Un círculo, ¿qué círculo?,
¿pero de qué estoy hablando?
Cuando de repente me tropiezo
con un estanque.

Es el sentido de la vista, razono.
¿Y tendrá carpas, que se espanten también
como en un cuadro?
Aunque ya es sorprendente que contenga agua
y sin embargo,

algo había de tener, si no cómo iba
a reflejar nada, y a oscurecerse,
y cómo iba a morirse.
¿O es que no se muere?
Entonces, la pregunta
hace temblar las ramas del jardín como
lo haría un crepúsculo anticipado,
hasta que al fin las aguas del estanque
—¡del estanque de la vista, pero qué estoy diciendo!—
ondean levemente.

Así que es agua y se agita.
Y qué conmovedor el llamado de su substancia,
ese de repente obedecer a su elemento.

Que mi vista refleje
el jardín que ahora veo no significa
que no posea también sus propias pérgolas
alucinadas, lánguidas, más altas.
Desde luego, pienso, vencida ya mi cordura,
que no hay lugar más hermoso que éste,

¡hay que celebrarlo!
Y doblando por una vereda del jardín
que gira hacia la casa,
me digo: Aguarda,
aguarda que avise a los míos.

Bibliografía

> Pero las antologías mienten.
> María do Cebreiro (2007:9)

Obras

Aira, César (2001): *La serpiente*; LOM, Santiago de Chile.
Baroja, Pío (1931): *Intermedios*; Espasa-Calpe, Madrid.
Borges, Jorge Luis (1972): *Ficciones*; Círculo de Lectores, Barcelona.
Cebreiro, María do (2007): *Objetos perdidos*; Trea, Gijón.
Cilleruelo, José Ángel (2010): *Maleza*; Ed. Huacanamo, Barcelona.
Coetzee, J. M. (2004): *Elizabeth Costello*; Vintage, Londres.
Conrad, Joseph (2007): *The Wordsworth Collection of Classic Short Stories*; Wordsworth Editions, Reino Unido.
Doce, Jordi (2005): *Gran angular*; DVD Ediciones, Barcelona.
_____(2005): *Hormigas blancas*; Bartleby Editores, Madrid.
_____(2007): *La puerta del año*; Centro Cultural Generación del 27, Málaga.
Doncel, Diego (2015): *Territorios bajo vigilancia (poesía reunida)*; Visor, Madrid.
Dostoievski, Fiodor (1987): *Los demonios*; Hyspamérica Ediciones, Barcelona.
Cebreiro Rábade Villar, María do (1998): *O estadio do espello*; Xerais, Vigo.
_____(2005): *As terceiras mulleres*; Galaxia, Vigo.
Fernández Mallo, Agustín (2015): *Ya nadie se llamará como yo + Poesía reunida (1998-2012)*; Seix Barral, Barcelona.

García, Álvaro (1995): *Intemperie*; Pre-Textos, Valencia.
____(2005): *El río de agua*; Pre-Textos, Valencia.
García Cerdán, Andrés (2002): *La cuarta persona del singular*; Editora Regional de Murcia, Murcia.
García Román, Juan Andrés (2004): *Soledad que da al mar*; Diputación de Granada, Granada.
____(2008): *El fósforo astillado*; DVD Ediciones, Barcelona.
____(2011): *La adoración*; DVD Ediciones, Barcelona.
____(2015): *2/2*; Balduque, Murcia.
____(2015): *Y los poemas del meteorito y otros poemas*; Arrebato Libros, Madrid.
Gombrowicz, Witold (2001): *Ferdydurke*; Seix Barral, Barcelona.
Kafka, Frank (2003): *Obras completas III. Narraciones y otros escritos*; Galaxia Gutenberg / Círculo de Lectores, Barcelona.
Mateu, Melcion (2005): *Jardí amb cangurs*; Edicions 62, Barcelona.
Méndez Rubio, Antonio (2002): *Trasluz*; Calambur, Madrid.
____(2005): *Por más señas*; DVD, Barcelona.
____(2013): *Va verdad*; Vaso Roto, Madrid.
Moga, Eduardo (2010a): *Bajo la piel, los días*; Calambur, Madrid.
____(2010b): *El desierto verde*; Editora Regional de Extremadura, Cáceres.
____(2013): *Insumisión*; Vaso Roto, Madrid.
Paz Soldán, Edmundo (2000): *Sueños digitales*; Alfaguara, La Paz.
Peyrou, Mariano (2000): *La voluntad de equilibrio*; Fundación María del Villar Berruezo, Tafalla.
____(2005): *La sal*; Pre-Textos, Valencia.
Rey, José Luis (2001): *La luz y la palabra*; Visor, Madrid.

____(2006): *La prosa del soldado*; Litopress, Córdoba.
____(2009): *Volcán vocabulario. La luz y la palabra, II*; Visor, Madrid.
SALAS, ADA (2009): *No duerme el animal (Poesía 1987-2003)*; Hiperión, Madrid.
TALENS, JENARO (1971): *Ritual para un artificio*; Hontanar, Valencia.
____(2002): *Cantos rodados (Antología poética, 1960-2001)*; Cátedra, Madrid.
VALERO, JULIETA (2015): *Que concierne*; Vaso Roto, Madrid.
VALERO, VICENTE (2005): *Libro de los trazados*; Tusquets, Barcelona.
____(2015): *Canción del distraído*; Vaso Roto, Madrid.

Estudios

ADORNO, THOMAS W. (1998): *Minima moralia*; Taurus, Madrid.
ALDEKOA, IÑAKI (2004): *Historia de la literatura vasca*; Erein, Donostia.
ALMÁDEZ, MARTÍN (ed.) (2000): *De la transparencia el presagio. Poesía de España*; Mantis Editores, Guadalajara (Jalisco).
AMIS, MARTIN (2003): *La guerra contra el cliché*; Anagrama, Barcelona.
ÁNGELES, JOSÉ LUIS (2000): *Hacia una ideología de la producción literaria*; Ediciones Bajo Cero, Valencia.
APARICIO MAYDEU, JAVIER (2013): *Continuidad y ruptura. Una gramática de la tradición en la cultura contemporánea*; Alianza, Madrid.
BACHMANN, INGEBORG (1990): *Problemas de la literatura contemporánea*; Tecnos, Madrid.

BAGUÉ, LUIS (2006): *Poesía en pie de paz. Modos del compromiso hacia el tercer milenio*; Pre-Textos, Valencia.

BALCELLS, JOSÉ MARÍA (2007): «Diversidades literarias en las poetas españolas», en LAURA SCARANO (ed.), *Los usos del poema: poéticas españolas últimas*; EUDEM, Mar del Plata.

BARBOLLA, DOMINGO y VÁZQUEZ, A. (2010): *Cultura 2.0. Técnicas de investigación en entornos digitales*; Universitat Oberta de Catalunya, Barcelona.

BARICCO, ALESSANDRO (2008): *Los bárbaros. Ensayo sobre la mutación*; Anagrama, Barcelona.

BAUMAN, ZYGMUNT (2005): *Vidas desperdiciadas*; Paidós, Barcelona.

BENJAMIN, WALTER (2000): «Brèves ombres [II]», *Œuvres*, t. II; Gallimard, París.

CASTANY PRADO, BERNAT (2007): *Literatura posnacional*; Universidad de Murcia, Murcia.

BLOOM, HAROLD (1991): *Poesía y creencia*; Tecnos, Madrid.

_____(1995): *El canon occidental*; Anagrama, Barcelona.

_____(2003): «La destrucción de la forma», en VV. AA., *Deconstrucción y crítica*; Siglo XXI, México.

BONILLA, JUAN (2008): «Mendigo», en JESÚS AGUADO, *Mendigo (Antología poética 1985-2007)*; Renacimiento, Sevilla.

BORDIEU, PIERRE (1995): *Las reglas del arte*; Anagrama, Barcelona.

BORGES, JORGE LUIS (1989): *Obras completas*, tomo III; Emecé, Buenos Aires.

BORRA, ARTURO (2015): *Poesía en exilio: en los límites de la comunicación*; Tesis Doctoral, Dpto. Teoría de los Lenguajes y Ciencia de la Comunicación, Universidad de Valencia, Valencia.

BREA, JOSÉ LUIS (1991): *Nuevas estrategias alegóricas*; Tecnos, Madrid.

Broncano, Fernando (ed.) (1995): *Nuevas meditaciones sobre la técnica*; Trotta, Madrid.

Brown, Joan L. (2010): *Confronting Our Canons: Spanish and Latin American Studies in the Twenty-First Century*; Bucknell University Press, Lewisburg.

Calinescu, Matei (1991): *Las cinco caras de la modernidad*; Tecnos, Madrid.

Canteli, Marcos (2014): *Del parpadeo: 7 poéticas*; Libros de la resistencia, Madrid.

Casado, Miguel (2005): *Los artículos de la polémica y otros textos sobre poesía*; Biblioteca Nueva, Madrid.

Cassirer, Ernst (1991): *Rousseau, Kant, Goethe*; Belin, París.

Castells, Manuel (2000): *La era de la información, 1: La sociedad red*; Alianza, Madrid.

Cebreiro Rábade Villar, María do (2004): *As antoloxías de poesía en Galicia e Cataluña. Representación poética e ficción lóxica*; Universidad de Santiago de Compostela, Servicio de Publicaciones e Intercambio Científico, Santiago de Compostela.

Chirinos, Eduardo (12/2002): «Islas que no se tocan», *Lateral*, nº 96.

Cilleruelo, José Ángel (12/2004): «Poética del cansancio», *Señales de humo*, nº 5.

_____(2013): «Vidas y poéticas de Jesús Aguado», en Jesús Aguado, *La insomne. Antología esencial 1987-2012*; Fondo de Cultura Económica, Madrid.

Coetzee, J. M. (2004): *Costas extrañas. Ensayos 1986-1999*; Debate, Barcelona.

Compagnon, Antoine (2015): *El demonio de la teoría. Literatura y sentido común*; Acantilado, Barcelona.

Culler, Jonathan (1998): «El futuro de las humanidades», en Enric Sullá (Ed.), *El canon literario*; Arco Libros, Madrid.

Cusset, François (2008): *French Theory: How Foucault, Derrida, Deleuze, & Co. Transformed the Intellectual Life of the United States*; University of Minnesota Press, Minnesota.

Derrida, Jacques (1997): *Resistencias del psicoanálisis*; Paidós, Buenos Aires.

Díaz-Urmeneta Muñoz, Juan Bosco (04/2010): «Una estética sin aura (Jean-Marie Schaeffer)», *Fedro, Revista de estética y teoría de las artes*, nº 9.

Doce, Jordi (2005): *Imán y desafío. Presencia del romanticismo inglés en la poesía española contemporánea*; Península, Barcelona.

_____(2008): *Poética y poesía*; Fundación Juan March, Madrid.

_____(2014): «Anatomía de un poeta», prólogo a E. Moga, *El corazón, la nada. Antología poética (1994-2014)*; Amargord, Madrid.

Dueñas, J. D., Tabernero, R., Calvo V. y Consejo, E. (02/11/2014): «La lectura literaria ante nuevos retos: canon y mediación en la trayectoria lectora de futuros profesores», *Ocnos*, nº 11.

Eagleton, Terry (2013): *El acontecimiento de la literatura*; Península, Barcelona.

Echevarría, Ignacio (2014): «Crítica y negatividad», epílogo a Marcel Reich-Ranicki, *Sobre la crítica literaria*; Elba, Barcelona.

Eco, Umberto (1992): *Obra abierta*; Planeta-Agostini, Barcelona.

Eliot, T. S. (1999): *Función de la poesía y función de la crítica*; Tusquets, Barcelona.

Esposito, Roberto (2009): *Comunidad, inmunidad y biopolítica*; Herder, Madrid.

Fernández Mallo, Agustín (2009): *Poesía postpoética*; Anagrama, Barcelona.

FERNÁNDEZ PORTA ELOY (2007): *Afterpop. La literatura de la implosión mediática*; Berenice, Córdoba.

FERRARI, MARTA (2008): «Un error necesario: sobre las antologías poéticas españolas de la década de los 90», en LAURA SCARANO (ed.), *Los usos del poema. Poéticas españolas últimas*; Diputación de Granada, Col. Maillot Amarillo, Granada.

FOUCAULT, MICHEL (2005): *Las palabras y las cosas*; Siglo XXI Editores, Madrid.

GAMERRO, CARLOS (2003): *Harold Bloom y el canon literario*; Campo de Ideas, Madrid.

GARCÍA, EDUARDO (2005): *Una poética del límite*; Pre-Textos, Valencia.

_____(2008): «El tiempo en la mirada», prólogo a FRANCISCO GÁLVEZ, *Tránsito*; Diputación Provincial de Málaga, Col. Puerta del Mar, Málaga.

GARCÍA ROMÁN, JUAN ANDRÉS (2013): «Ironías y paradojas: la soportable levedad del decir», en LUIS BAGUÉ QUÍLEZ y ALBERTO SANTAMARÍA (eds.), *Malos tiempos para la épica. Última poesía española (2001-2012)*; Instituto Alicantino de Cultura Juan-Gil Albert / Visor, Madrid.

GARCÍA-TERESA GARCÍA, ALBERTO (2014): *Para no ceder a la hipnosis. Crítica y revelación en la poesía de Jorge Riechmann*; UNED, Madrid.

GARCÍA VALDÉS, OLVIDO (2005): «Hacerse y deshacerse», prólogo a ANTONIO MÉNDEZ RUBIO, *Por más señas*; DVD Ediciones, Barcelona.

_____(2008): «Escribir, I»; *Esa polilla que delante de mí revolotea. Poesía reunida (1982-2008)*; Galaxia Gutenberg, Barcelona.

GASPAR, SERGIO (09/2005): «¿De la poesía de la experiencia a las experiencias de la poesía?», *Lateral*, nº 129.

GEHLEN, ARNOLD (1963): *Studien zur Anthropologie und Soziologie*; Luchterland, Neuwied.

Genette, Gerard (1970): «Lenguaje poético, poética del lenguaje», en José Sazbón (comp.), *Estructuralismo y literatura*; Ediciones Nueva Visión, Buenos Aires.

Glantz, Margo (2001): «Borges: ficción e intertextualidad», en John S. Brushwood *et al.*, *Ensayo literario mexicano*; Aldus / unam / Universidad Veracruzana, México D. F.

Gómez Segade, Ángel (03/1984): «Rumbos de la poesía española en los 80», *Anales de Literatura Española Contemporánea*, nº 9.

González, Helena (ed.) (2001): *A tribo das baleas. Poetas de arestora*; Xerais, Vigo.

Gorría, Ana (2012): «Poesía en la escena del siglo xxi», en Julio Ortega (ed.), *Nuevos hispanismos. Para una crítica del lenguaje dominante*; Iberoamericana / Vervuert, Madrid.

Groys, Boris (2005): *Sobre lo nuevo. Ensayo de una economía cultural*; Pre-Textos, Valencia.

Guillén, Claudio (1998): *Múltiples moradas. Ensayo de literatura comparada*; Tusquets, Barcelona.

_____(2005): *Entre lo uno y lo diverso. Introducción a la literatura comparada*; Crítica, Barcelona.

Gullón, Germán (2008): *Una venus mutilada. La crítica literaria en la España actual*; Biblioteca Nueva, Madrid.

Hamm, Peter (1971): «Necesidad de la crítica», en P. Hamm (ed.), *Crítica de la crítica*; Seix Barral, Barcelona.

Harris, Marvin (2003): *Introducción a la antropología general*; Alianza Editorial, Madrid.

Harris, Wendell V. (01/1991): «Canonicity», pmla, vol. 106, nº 1.

Hassan, I. (1986): *The postmodern Turn. Essays in postmodern Theory and Culture*; The Ohio State University Press, Columbus.

Hegel, G. W. F. (1998): *Fenomenología del espíritu*; Fondo de Cultura Económica, México.

Herrando Rodrigo, María Isabel (2004-2006): «A reflection on literary canon and translation: the case of Spain in the late 1990s and early 2000s», *Tropelías*, nº 15-17.
Hohl, Ludwig (01/2007): «Matices y detalles»; *Quimera*, nº 278.
Ibáñez, Andrés (11/11/2006): «Mileuristas contra 'baby-boomers'», ABCD *las Letras y las Artes*, nº 771.
Iravedra, Araceli (2013): «Introducción», en A. Iravedra (ed.), *De canon y compromiso en la poesía española del siglo xx*; Iberoamericana / Vervuert, Madrid.
Jauss, Hans Robert (2000): *La historia de la literatura como provocación*; Península, Barcelona.
Jiménez Heffernan, Julián (2004): «Literatura en España (1939-2000)», en vv. aa., *Historia Universal de la Literatura*; Akal, Madrid.
_____(2006): «Las puertas mal cerradas: Intemperie y Utopía en Riechmann y Méndez Rubio», *Prosopopeya (Revista de crítica contemporánea)*, nº 5.
Kancyper, Luis (1994): «El Campo Analítico con Niños & Adolescentes», *Zona Erógena*, nº 18.
Kermode, Frank (1999): *Formas de atención*; Gedisa, Barcelona.
Kortazar, Jon (2006): *Montañas en la niebla. Poesía vasca de los años 90*; DVD, Barcelona.
Kottak, Conrad Philip (2002): *Antropología cultural*; McGraw Hill, Madrid.
Labrador Méndez, Germán (2009): *Letras arrebatadas. Poesía y química en la transición española*; Devenir, Madrid.
Lambert, J. (1997): «Itamar Even-Zohar's Polysystem Studies: An Interdisciplinary Perspective on Culture Research», *Canadian Review of Comparative Literature/Revue Canadienne de Littérature Comparée*, nº 24, marzo de 1997, pp. 1-74.

LANDOW, GEORGE P. (1997): *Hypertext 2.0. The Convergence of Contemporary Critical Theory and Technology*; The Johns Hopkins University Press, Baltimore.

LANZ, JUAN JOSÉ (1997): *Antología de la poesía española (1969-1975)*; Espasa Calpe, Madrid.

_____(12/2005): «Algunas reflexiones teóricas sobre la crítica», *La manzana poética*, n° 18.

_____(2007): *La poesía española durante la transición y la generación de la democracia*; Devenir, Madrid.

LARRAURI, MAITE (1999): *Anarqueología. Teoría de la verdad en Michel Foucault*; Episteme, Valencia.

LEIBNIZ, GOTTFRIED WILHELM (2015): *Methodus vitae. Vol. 1. Naturaleza o fuerza*; Plaza y Valdés, Madrid.

LEYTE, ARTURO (2006): *El arte, el terror y la muerte*; Abada, Madrid.

LÓPEZ BELTRÁN, CARLOS y SERRANO, PEDRO (2000): *La generación del cordero. Antología de la poesía actual en las Islas Británicas*; Trilce Ediciones, México.

LÓPEZ MERINO, JUAN MIGUEL (2008): *Hacer historia (y otras cuestiones sobre poesía posfranquista)*; Verbum, Madrid.

LOSTALÉ, JAVIER (12/2015): «Fecundación de lo visible en lo invisible», *Ínsula*, n° 828.

LULL, JAMES (1997): *Medios, comunicación, cultura. Aproximación global*; Amorrortu Editores, Buenos Aires.

LYOTARD, JEAN FRANÇOIS (1987): *La posmodernidad (explicada a los niños)*; Gedisa, Barcelona.

MAINER, JOSÉ-CARLOS (2005): *Tramas, libros, nombres. Para entender la literatura española, 1944-2000*; Anagrama, Barcelona.

MAGALHÃES, JOAQUIM MANUEL (1989): «Prefacio», a JOSÉ ÁNGEL CILLERUELO, *El don impuro*; Diputación Provincial de Málaga, Málaga.

_____(2007): «Introdução», a Diego Doncel, *Em Nenhum Paraíso*; Editora Averno, Lisboa.

Magris, Claudio (2010): *Alfabetos. Ensayos de literatura*; Anagrama, Barcelona.

Man, Paul de (1990): *La resistencia a la teoría*; Visor Distribuciones, Madrid.

Martín Gijón, Mario (2011): «Tres poetas extremeñas en el siglo xxi: (Pureza Canelo, Ada Salas, Irene Sánchez Carrón)», *Alborayque: Revista de la Biblioteca de Extremadura*, nº 5.

Martínez Sarrión, Antonio (1990): *La cera que arde*; Diputación Provincial de Albacete, Albacete.

_____(2002): «Prólogo» a Jorge Riechmann, *Uno que pasa*; Fundación Jorge Guillén, Valladolid.

Mayhew, Jonathan (2009): *The Twilight of the Avant-Garde: Spanish Poetry 1980-2000*; Liverpool University Press, Liverpool.

Méndez Rubio, Antonio (1998): «s.o.s.», en Isla Correyero (ed.), *Feroces. Radicales, marginales y heterodoxos en la última poesía española*; DVD Ediciones, Barcelona.

_____(2004): *Poesía '68. Para una historia imposible: escritura y sociedad 1968-1978*; Biblioteca Nueva, Madrid.

_____(2004b): *Poesía sin mundo*; Editora Regional de Extremadura, Mérida.

Mignolo, Walter D. (1998): «Los cánones y (más allá de) las fronteras culturales», en Enric Sullá (comp.), *El canon literario*; Arco Libros, Madrid.

Moga, Eduardo (2001): «Prólogo» a Agustín Fernández Mallo, *yo siempre regreso a los pezones y al punto 7 del tractatus*; Edición Personal, Madrid.

_____(2007): *Lecturas nómadas*; Candaya, Barcelona.

Molinuevo, José Luis (2006): *La vida en tiempo real. La crisis de las utopías digitales*; Biblioteca Nueva; Madrid.

Montes Doncel, Rosa Eugenia (2001-2003): «En torno al canon (ortodoxos frente a aperturistas y estado de una cuestión polémica: la crítica literaria de la postmodernidad», *Tropelías*, nº 12-14.

Mora, Vicente Luis (2006): *Singularidades. Ética y poética de la literatura española actual*; Bartleby, Madrid.

_____(10/02/2009): «10 notas para explicarme El fósforo astillado», *Diario de Lecturas*.

_____(2014): «Globalización y literaturas hispánicas: de lo posnacional a la novela glocal», *Pasavento. Revista de Estudios Hispánicos*, vol. ii, n.º 2.

_____(2015): «El arquetipo de los gemelos y su pervivencia en la narrativa española contemporánea», *Studi Ispanici*, n. xl.

Morales, Rafael (2006): *Última poesía española (1990-2005)*; Mare Nostrum, Madrid.

_____(2008): *La musa funámbula. La poesía española entre 1980 y 2005*; Huerga y Fierro, Madrid.

Neidich, Warren (2005): «El control de la conciencia global», en José Luis Brea (ed.), *Estudios visuales. La epistemología de la visualidad en la era de la globalización*; Akal, Madrid.

Neuman, Andrés (2004): «El hábito del misterio», en Eduardo García, *No se trata de un juego*; Diputación de Granada, col. Maillot Amarillo, Granada.

Nouvel, Jean y Baudrillard, Jean (2006): *Los objetos singulares. Arquitectura y filosofía*; Fondo de Cultura Económica de Argentina, Buenos Aires.

Ortega, Antonio (1994): «Introducción», *La prueba del nueve (Antología poética)*; Cátedra, Madrid.

Ozick, Cynthia (2016): *Metáfora y memoria. Ensayos reunidos*; Mardulce, Buenos Aires.

PALENQUE, MARTA (01-02/2007): «Cumbre y abismos: las antologías y el canon», *Ínsula*, nº 721-722.

PAZ SOLDÁN, EDMUNDO (06/07/2009): «Bloom y la defensa nostálgica del canon», *El Boomeran*.

PEÑA AGUADO, MARÍA ISABEL (1993): «La estética de lo sublime como expresión de lo interpretable: Lyotard *versus* Kant», *Er, Revista de Filosofía*, nº 15.

PÉREZ LEAL, AGUSTÍN (06-10/2015): «Cierra, restaña, cauteriza», *Turia*, nº 115, Teruel.

PÉREZ TAPIAS, JOSÉ ANTONIO (2003): *Internautas y náufragos. La búsqueda del sentido en la cultura digital*; Trotta, Madrid.

PESSOA, FERNANDO (2003): *Crítica: ensayos, artículos y entrevistas*; Acantilado, Barcelona.

PEYROU, MARIANO (05-08/2006): «Diez poetas españoles», *Diario de poesía*, nº 72.

_____(2013): «Formas de la extrañeza», en LUIS BAGUÉ QUÍLEZ y ALBERTO SANTAMARÍA (eds.), *Malos tiempos para la épica*; Instituto Alicantino de Cultura Juan-Gil Albert / Visor, Madrid.

PIGLIA, RICARDO (2000): *Formas breves*; Anagrama, Barcelona.

_____(2001): *Crítica y ficción*; Anagrama, Barcelona.

PINKER, STEVEN (2005): *La tabla rasa, el buen salvaje y el fantasma en la máquina*; Paidós, Barcelona.

PONCE, VICENTE (1998): «El porvenir no es largo (Impaciencia de los títulos)», en ROSA MARÍA RODRÍGUEZ MAGDA y Mª CARMEN ÁFRICA VIDAL (eds.), *Y después del postmodernismo, ¿qué?*; Anthropos, Barcelona.

POZUELO YVANCOS, JOSÉ MARÍA (12/1996): «Canon, ¿estética o pedagogía?», *Ínsula*, nº 600.

_____(1998): «¿Enunciación lírica?»; en F. CABO ASEGINOLAZA y GERMÁN GULLÓN (eds.), *Teoría del poema: La Enunciación Lírica*; Editions Rodopi B. V., Ámsterdam.

Pozuelo Yvancos, José María y Aradra Sánchez, Rosa María (2000): *Teoría del canon y literatura española*; Cátedra, Madrid.

Prensky, Marc (10/2001): «Digital Natives, Digital Immigrants», *On the Horizon*, NCB University Press, vol. 9, nº 5.

Prieto, Antonio (1984): *La poesía española del siglo XVI, I. Andáis tras mis escritos*; Cátedra, Madrid.

Prieto de Paula, Ángel Luis (01-02/2014): «Poesía y contemporaneidad: unas cuestiones de partida», *Ínsula*, nº 805-806.

Provencio, Pedro (2011): «¿Para qué la presencia?», en Jorge Riechmann, *Futuralgia (Poesía reunida 1979-2000)*; Calambur, Madrid.

Raimondi, Ezio (2002): *El museo del discreto. Ensayos sobre la curiosidad y la experiencia en la literatura*; Akal, Madrid.

Ramírez Quintero, Gonzalo (2013): «Pórtico», a Jorge Riechmann, *Entreser. Poesía reunida (1993-2007)*; Monte Ávila, Caracas.

Rey, José Luis (2006b): «El primer día del lenguaje», *Zurgai: Euskal herriko olerkiaren aldizkaria*, nº 12, diciembre 2006, pp. 80-82.

Rico, Francisco (1992): «De hoy para mañana: la literatura de la libertad», en Darío Villanueva *et. al.*, *Los nuevos nombres: 1975-1990*; Crítica, Barcelona.

Rico, Manuel (ed.) (2000): *Pasar la página. Poetas para el nuevo milenio*; Olcades, Cuenca.

Riechmann, Jorge (2006): *Resistencia de materiales. Ensayos sobre el mundo y la poesía y el mundo (1998-2004)*; Montesinos, Barcelona.

Rodríguez de la Flor, Fernando (1997): *Biblioclasmo. Por una práctica crítica de la lecto-escritura*; Junta de Castilla y León, Salamanca.

_____(2009): *Giro visual. Primacía de la imagen y declive de la lecto-escritura en la cultura postmoderna*; Ediciones Delirio, Salamanca.

_____(2014): *Contra (post)modernos*; Periférica, Madrid.

RODRÍGUEZ MAGDA, ROSA MARÍA (2003): *El placer del simulacro. Mujer, razón y erotismo*; Icaria, Barcelona.

RODRÍGUEZ RODRÍGUEZ, FÉLIX (sin fecha): «Teoría literaria norteamericana 1: De la Nueva Crítica al Estructuralismo. 1»; Universidad Complutense, Madrid.

RUIZ CASANOVA, JOSÉ FRANCISCO (2001): *Antología Cátedra de Poesía de las Letras Hispánicas*; Cátedra, Madrid.

_____(2005): «Canon e 'incorrección política': poética de la antología», en A. SÁNCHEZ ROBAYNA y JORDI DOCE (eds.), *Poesía hispánica contemporánea*; Círculo de Lectores, Barcelona.

_____(2006): «De cómo nunca la poesía tuvo que ver con los narradores de su historia», en J. F. RUIZ CASANOVA (ed.), *Singularidad en la obra de Ruiz Amezcua*; Diputación Provincial de Jaén, Jaén.

RUIZ PÉREZ, PEDRO (2010): *El Parnaso versificado. La construcción de la república de los poetas en los Siglos de Oro*; Abada, Madrid.

SAID, EDWARD W. (1994): *Orientalism*; Vintage Books, Nueva York.

SALAS, ADA (2005): *Alguien aquí. Notas sobre escritura poética*; Hiperión, Madrid.

SALDAÑA, ALFREDO (2009): *No todo es superficie. Poesía española y Postmodernidad*; Universidad de Valladolid, Servicio de Publicaciones, Valladolid.

SÁNCHEZ ROBAYNA, ANDRÉS (2005): «Jordi Doce: Wort und Bedeutung», en GÓMEZ-MONTERO, JAVIER (ed), *Das Gedicht und die Stadt: Gegenwantslyrik aus Spanien (1980-2005)*; Sial Ediciones, Madrid.

Santamaría, Alberto (2005): *El idilio americano. Ensayos sobre la estética de lo sublime*; Universidad de Salamanca, Salamanca.

_____(2008): «Lo alucinado y lo (nuevo) sublime», *Monteagudo: Revista de literatura española, hispanoamericana y teoría de la literatura*, nº 13.

_____(2008b): «Poéticas y contrapoéticas. Los nuevos márgenes estéticos en la poesía española reciente», VV. AA., *Aciertos de metáfora. Materiales de arte y estética*; Luso Española de ediciones, Salamanca.

Schiller, Friedrich (1995): *Sobre poesía ingenua y poesía sentimental*; Verbum, Madrid.

Schopenhauer, Arthur (1996): *Manuscritos berlineses*; Pre-Textos, Valencia.

Shaviro, Steven (1997): *Doom Patrols. A Theoretical Fiction About Posmodernism*; Serpent's Tail, Nueva York.

Silver, Philip W. (1988): «La cultura española en el posfranquismo», en Samuel Amell y Salvador García Castañeda, *La Cultura Española en el Posfranquismo*; Playor, Madrid.

Sloterdijk, Peter (2000): *Normas para el parque humano*; Siruela, Madrid.

Smith, Barbara Herrnstein (1991): *Contingencies of Value: Alternative Perspectives for Critical Theory*; Harvard University Press, Cambridge.

Steiner, George (1997): «Presencias reales», *Pasión intacta*; Siruela, Madrid.

Sullá, Enric (ed.) (1998): *El canon literario*; Arco Libros, Madrid.

Ugalde, Sharon Keefe (ed.) (2002): *Sujeto femenino y palabra poética. Estudios críticos de la poesía de Juana Castro*; Diputación de Córdoba, Córdoba.

Talens, Jenaro (10/1989): «De la publicidad como fuente historiográfica: la generación poética española de 1970», *Revista de Occidente*, nº 101.

Terrón, Ángel (2005): «Un jardí gens habitual», en Melcion Mateu, *Jardí amb cangurs*; Edicions 62, Barcelona.

Todorov, Tzvetan (2005): *Crítica de la crítica*; Paidós, Barcelona.

Valero, Julieta (2006): «Poesía española actual: de la norma hacia la diversidad», *Minerva*, nº 3.

Valéry, Paul (1999): «Prefacio», a la segunda traducción inglesa *Monsieur Teste*; Visor Distribuciones, Madrid.

Valls, Fernando (2003): *La realidad inventada. Análisis crítico de la novela española actual*; Crítica, Barcelona.

Vargas Llosa, Mario (1983): «José María Arguedas, entre sapos y halcones», introducción a J. M. Arguedas, *Relatos completos*; Alianza, Madrid.

Vázquez Atochero, Alfonso (2014): *Incidencia de la brecha digital en grupos de iguales a partir de la interactividad entre la identidad física y la identidad digital*; web Lulu.

Vera Méndez, Juan Domingo (07-10/2005): «Sobre la forma antológica y el canon literario», *Espéculo. Revista de estudios literarios*, nº 30.

Wagschal, Steven (2006): «El *Polifemo*, la ékfrasis y el arte europeo», en Joaquín Roses (ed.), *Góngora Hoy vii. Actas del Foro de Debate Góngora Hoy. El Polifemo*; Diputación de Córdoba, Córdoba.

Winner, L. (1987): *La ballena y el reactor. Una búsqueda de los límites en la era de la alta tecnología*; Gedisa, Barcelona.

Zizek, Slavoj (2006): *Lacrimae rerum. Ensayos sobre cine moderno y ciberespacio*; Debate, Barcelona.

Fuentes periodísticas y entrevistas en medios digitales

Álvarez, Pilar (19/06/2015): «Los editores amenazan con denunciar a quien frene la ley educativa», *El País*.
Casamajó, Gemma (11/02/2006): «Lírica biològica», *Avui*.
Doce, Jordi (2009): Entrevista al autor en *El coloquio de los perros*, n° 23.
Galves, Jordi (14/12/2005): «Insistente llama», *La Vanguardia*.
García Jambrina, Luis (24/11/2007): «Humilde y ambicioso», *ABC Cultural*.
Ginés, Antonio Luis (29/09/2005): «Domicilios poéticos», *Cuadernos del Sur*.
Gopegui, Belén (10/01/2014): «Alto o bajo no importan sino cuánto: cuánto vende», *El Cultural* de *El Mundo*.
Guerrero, Gustavo (21/09/2002): «La pasión del miedo», *Blanco y Negro Cultural*.
Gutiérrez Valencia, Cristina (11/2015): «La importancia de llamarse García», *El cuaderno*, n° 74.
Juaristi, Felipe (09/04/1993): «Begiaren legera», *El Diario Vasco*.
López Vega, Martín (14/09/2015): «Julieta Valero, gestación y revuelta», *El Cultural* de *El Mundo*.
Monsó, Inma (12/01/2008): «Escritores s. a.», *La Vanguardia*.
Ortega, Antonio (20/03/2015): «Versos a la muerte de una madre», *Babelia* de *El País*.
Puigverd, Antoni (18/05/2015): «La cerveza y la literatura», *La Vanguardia*.
Prieto de Paula, Ángel Luis (06/05/2006): «La trastienda del edén», *Babelia* de *El País*.
Rico, Manuel (12/09/2015): «Espacios, objetos, vida en José Ángel Cilleruelo», *Nueva Tribuna*.

Riera, Carme (10/05/2015): «La literatura, bajo mínimos», *La Vanguardia*.

Rubio Carro, Eloy (27/07/2015): «Julieta Valero: 'Entiendo la poesía como una aventura de conocimiento desde el lenguaje'», *Tamtam Press*.

Sánchez Ferlosio, Rafael (22/01/2009): «Pecios. El Mal es un comodín ideológico», *El País*.

Siles, Jaime (19/11/2005): «Literatura en democracia», abcd *las artes*.

Vila-Matas, Enrique (26/05/2015): «El sueño eterno», *El País*.

Índice

9 INTRODUCCIÓN
  I. Presentación y criterios editoriales   13
  La cuarta persona del plural   13
  Antecedentes   15
  Solus   17
  Locus   22
  Los criterios estéticos   27

  II. Conformación de la «poética» de la antología y relación de la forma antológica con el concepto de canon   31
  *Una breve historia alternativa de la poesía
    española reciente*   31
  *Los poetas-profesores y la velocidad de escape
    frente al panorama cultural plano*   43
  Antología y canon   52
  *Una determinación im/posible:
    ¿cómo saber cuándo es valioso un poeta?*   62
  *Cómo construir un canon no universalista
    bajo el principio de excelencia: el «exceso»*   68
  *Posibilidades, particularizando en poesía
    hispánica contemporánea*   79
  La estética compleja de los poetas antologados   85
  Conclusión   91

93 LA CUARTA PERSONA DEL PLURAL

95 RIKARDO ARREGI (1958)
119 JOSÉ ÁNGEL CILLERUELO (1960)
137 JESÚS AGUADO (1961)
157 ESPERANZA LÓPEZ PARADA (1962)
173 EDUARDO MOGA (1962)
193 JORGE RIECHMANN (1962)
211 VICENTE VALERO (1963)
231 DIEGO DONCEL (1964)
253 ADA SALAS (1965)
271 ÁLVARO GARCÍA (1965)
289 EDUARDO GARCÍA (1965)
307 JORDI DOCE (1967)
325 ANTONIO MÉNDEZ RUBIO (1967)
341 AGUSTÍN FERNÁNDEZ MALLO (1967)
361 MELCION MATEU (1971)
387 MARIANO PEYROU (1971)
405 JULIETA VALERO (1971)
425 PABLO GARCÍA CASADO (1972)
441 JOSÉ LUIS REY (1973)
461 MARÍA DO CEBREIRO (1976)
485 SANDRA SANTANA (1978)
503 JUAN ANDRÉS GARCÍA ROMÁN (1979)

523 BIBLIOGRAFÍA

Vaso Roto Ediciones

Poesía
  Luis Alberto Ambroggio, *La arqueología del viento. The Wind's Archeology*
 1 W. S. Merwin, *Cuatro Salmos*
 2 Alda Merini, *Cuerpo de amor*
 3 Hugo Mujica, *Más hondo. Antología poética*
 4 Elizabeth Bishop, *Una antología de poesía brasileña*
 5 Alda Merini, *Magnificat*
 6 Lêdo Ivo, *Rumor nocturno*
 7 Alda Merini, *La carne de los ángeles*
 8 Clara Janés, *Poesía erótica y amorosa*
 9 Lêdo Ivo, *Plenilunio*
10 Amancio Prada, *Emboscados*
11 William Wadsworth, *Una noche fría el físico explica*
12 Francisco J. Uriz (seleccionador), *El gol nuestro de cada día. Poemas sobre fútbol*
13 Joumana Haddad, *Espejos de las fugaces*
14 Leo Zelada, *Minimal Poética. Declaración de principios de un anacoreta*
15 Ossip Mandelstam, *Poesía*
16 Clara Janés, *Variables ocultas*
17 Amancio Prada, *Cántico espiritual y otras canciones de San Juan de la Cruz*
18 Charles Wright, *Potrillo*
19 Harold Bloom, *La escuela de Wallace Stevens. Un perfil de la poesía estadounidense contemporánea*
20 Ricardo Yáñez, *Nueva escritura sumaria. Antología poética*
21 Clive Wilmer, *El misterio de las cosas*

22 Giovanni Raboni, *Gesta Romanorum*
23 Lêdo Ivo, *Calima*
24 valter hugo mãe, *folclore íntimo*
25 Ernesto Cardenal, *Tata Vasco. Un poema*
26 Jesús Aguado, *El fugitivo. Poesía reunida (1985-2010)*
27 Teresa Soto, *Erosión en paisaje*
28 Varios autores, *Un árbol de otro mundo. En homenaje a Antonio Gamoneda*
29 Luis Armenta Malpica, *El agua recobrada. Antología poética*
30 Eduardo Lizalde, *El vino que no acaba. Antología poética (1966-2011)*
31 Max Alhau, *Del asilo al exilio*
32 Henrik Nordbrandt, *La ciudad de los constructores de violines*
33 W. S. Merwin, *Perdurable compañía*
34 Mercedes Roffé, *La ópera fantasma*
35 Dulce María González, Oswaldo Ruiz, *Un océano divide*
36 Vicente Haya (compilador), *La inocencia del haiku. Selección de poetas japoneses menores de 12 años*
37 José Antonio Moreno Jurado, *Últimas mareas*
38 Abbas Beydoun, *Un minuto de retraso sobre lo real*
39 Adonis, *Sombra para el deseo del sol*
40 Li-Young Lee, *Mirada adentro*
41 Francisco Alba, *Masa crítica*
42 Charles Simic, *El mundo no se acaba*
43 Lugi Ballerini, *Cefalonia*
44 Tomaz Salamun, *Balada para Metka Krašovec*
45 Clara Janés, *Orbes del sueño*
46 Eduardo Moga, *Insumisión*
47 W. S. Merwin, *La sombra de Sirio*

48 Natalia Litvinova, *Todo ajeno*
49 Tracy K. Smith, *Vida en Marte*
50 Zingonia Zingone, *Los naufragios del desierto*
51 María Polydouri, *Los trinos que se extinguen*
52 Julia Hartwig, *Dualidad*
53 Varios autores, *Miniaturas de tiempos venideros. Poesía rumana contemporánea*
54 Hugo Gutiérrez Vega, *Los pasos revividos*
55 James Merrill, *Divinas Comedias*
56 Antonio Méndez Rubio, *Va verdad*
57 Hamutal Bar-Yosef, *El lugar donde duele. Antología poética (1970-2010)*
58 James Wright, *No se quebrará la rama*
59 Charles Simic, *Mi séquito silencioso*
60 Anne Carson, *Decreación*
61 Robert Pinsky, *Ginza samba. Poemas escogidos*
62 Dulce María González, *Lo perdido*
63 Antonella Anedda, *Desde el balcón del cuerpo*
64 Mercedes Roffé, *Carcaj : Vislumbres*
65 Juan Bufill, *Antinaufragios*
66 Alda Merini, *Francisco. Canto de una criatura*
67 Luis Alberto Ambroggio, *Homenaje al camino*
68 Luis Alberto Ambroggio, *Todos somos Whitman*
69 Gerald Stern, *Esta vez. Antología poética*
70 Maurizio Cucchi, *El desaparecido*
71 Lucrecia Romera, *Detrás del Verbo*
72 Adonis, *Zócalo*
73 Charles Wright, *Cicatriz*
74 Dulce María González, *Descendencia*
75 Rubén Reyes, *Extranjeros del alba*
76 Luis Aguilar, *¿Qué será de ti? Poesía joven de Brasil*

77 Antonio Tello y José Di Marco, *La doble sombra. Poesía argentina contemporánea*
78 Elsa Cross, *Más rojo bajo el sol. Poemas sobre el vino*
79 José Luis Rivas, *Paraíso para todos. Antología poética (1982-2014)*
80 Vicente Valero, *Canción del distraído*
81 Tomasz Różycki, *Colonias*
82 Sonia Betancort, *La sonrisa de Audrey Hepburn*
83 Valentino Zeichen, *Metafísica de bolsillo*
84 Menchu Gutiérrez, *Lo extraño, la raíz*
85 Julián Herbert, *La resistencia*
86 Luis Muñoz, *Behind What Landscape*
87 Sonja Akesson, *Vivo en Suecia*
88 Julieta Valero, *Que concierne*
89 Goya Gutiérrez, *Grietas de luz*
90 Vicente Echerri, Manuel Santayana (eds.), *Pronunciamientos. Poemas en lengua inglesa (siglos XIX y XX)*
91 Myriam Moscona, *Ansina*
92 María Ángeles Pérez López, *Fiebre y compasión de los metales*

Esenciales
1 Gerard Manley Hopkins, *El mar y la alondra. Poesía selecta*
2 Derek Walcott, *Pleno verano. Poesía selecta*
3 Andrea Zanzotto, *La muerta tibieza de los bosques. Poesía selecta —1*
4 Andrea Zanzotto, *El (necesario) mentir. Prosa selecta —2*
5 Vasko Popa, *El cansancio ajeno. Poesía completa*
6 Leonard Nolens, *Puertas entreabiertas. Antología poética (1981-2004)*

7   Hugo Mujica, *Del crear y lo creado —1*
    Poesía completa (1983-2011)
8   Hugo Mujica, *Del crear y lo creado —2*
    Prosa selecta. 1: Ensayo
9   Hugo Mujica, *Del crear y lo creado —3*
    Prosa selecta. 2: Ensayo, narrativa
10 Jean Giono, *Fragmentos de un diluvio. Viajes por un tríptico*
11 Leonard Nolens, *Puertas entreabiertas.*
    Antología poética (1986-2014)
12 John Donne, *Sonetos y canciones. Poesía erótica*
13 William Shakespeare, *La violación de Lucrecia.*
    Un poema narrativo
14 Elizabeth Bishop, *Obra completa —1 Poesía*
15 Elizabeth Bishop, *Obra completa —2 Prosa*

Los siguientes
  1 Paulina Vinderman, *Bote negro*

Umbrales
    Hugo Mujica, *La casa y otros ensayos*
  1 Carmen L. Oliveira, *Flores raras y banalísimas.*
     La historia de Elizabeth Bishop y Lota de Macedo Soares
  2 Charles Simic, *Una mosca en la sopa. Memorias*
  3 Antonio Gamoneda, Clara Janés, Mohsen Emadí,
     De la realidad y la poesía (Tres conversaciones y un poema)
  4 Alfredo Espinosa, *Obra negra*
  5 Georges Rodenbach, *Brujas la Muerta*
  6 Joumana Haddad, *Los amantes deberían llevar*
     solo mocasines
  7 Lêdo Ivo, *Nido de serpientes. Una historia mal contada*
  8 Ramon Dachs, *Álbum errante*

9 Mario Roberto Morales, *Jinetes en el cielo*
10 Ricardo Cano Gaviria, *La puerta del infierno*
11 Stéphane Chaumet, *Aun para no vencer*
12 Marta López Luaces, *Los traductores del viento*
13 Alicia Dujovne Ortiz, *Dora Maar. Prisionera de la mirada*
14 Lêdo Ivo, *La muerte de Brasil*
15 Joumana Haddad, *Superman es árabe. Acerca de Dios, el matrimonio, los machos y otros inventos desastrosos*
16 John Ashbery, *Otras tradiciones*
17 Ismaël Diadié Haïdara, *Zimma*
18 Célia Bertin, *Jean Voilier. Cuando el sol reposa en el abismo*
19 James Merrill, *La educación del poeta. Ensayos y entrevistas*
20 Charles Simic, *El monstruo ama su laberinto. Cuadernos*
21 Ernesto Hernández Busto, *La ruta natural*
22 Anne-Marie O'Connor, *La dama de oro. La historia extraordinaria del Retrato de Adele Bloch-Bauer, obra maestra de Gustav Klimt*
23 Paul Claudel, *El ojo oye*
24 Rose Mary Salum, *El agua que mece el silencio*
25 Michael Sledge, *Cuanto más te debo. El viaje interior de Elizabeth Bishop y Lota de Macedo Soares*
26 Anne Carson, *Albertine. Rutina de ejercicios*
27 Arturo Echavarría, *La isla en el horizonte*
28 Gerardo Piña-Rosales, *El secreto de Artemisia y otras historias*

Fisuras
 1 Jordi Doce, *La ciudad consciente. Ensayos sobre T. S. Eliot y W. H. Auden*
 3 Alessandro Ghignoli y Llanos Gómez (dir.), *Futurismo. La explosión de la vanguardia*

4 EMMANUEL BERL, *El tiempo, las ideas y los hombres. Ensayos escogidos*
5 HA JIN, *El escritor como migrante*
6 GEORGES MOUSTAKI, *Un gato de Alejandría. Conversaciones Georges Moustaki y Marc Legras*
7 VICENTE DUQUE, *Enigma y simulacros. Sobre el devenir trágico de la escritura literaria*
8 CLARA JANÉS, *La vida callada de Federico Mompou*
9 ROGELIO BLANCO, *María Zambrano: la dama peregrina*
10 SEAMUS HEANEY, *La reparación de la poesía. Conferencias de Oxford*

Arte
1 TZVETAN TODOROV, *¡El arte o la vida! El caso Rembrandt*
2 VÍCTOR RAMÍREZ, *Vaso Roto: espacio y poesía*
3 SALVATORE SETTIS, *Laocoonte. Fama y estilo*
4 MICHAEL TAYLOR, *La mentira de Vermeer. El artista, el coleccionista y una joven que posa como la musa Clío*
5 CLARA JANÉS, SARANTIS ANTÍOCOS, *El Greco. Tres miradas: Cervantes, Rilke, Antonio López*
6 NÉSTOR BRAUNSTEIN, *Javier Marín. La entereza de los cuerpos despedazados.*
7 ERIK CASTILLO, *Daniel Lezama. Los árboles de Tamoanchan*
8 ERIK CASTILLO, *El juguete en México*

Singular
1 JOUMANA HADDAD, *Las siete vidas de Luca. Un cuento ecológico*
2 AMANCIO PRADA, *Federico García Lorca: Poeta en Galicia*

Teatro
1. SEAMUS HEANEY, *Sepelio en Tebas*
2. DEREK WALCOTT, *El burlador de Sevilla*

Cardinales
1. JOHN RUSKIN, *El sueño imperativo. Sobre arte, naturaleza y sociedad*
2. ORLANDO GONZÁLEZ ESTEVA, *Animal que escribe. El arca de José Martí*
3. SANTIAGO RUSIÑOL, *Máximas y malos pensamientos. Piensa mal y no errarás*
4. CHANTAL MAILLARD, *La baba del caracol*
5. KATE O'BRIEN, *Teresa de Ávila*
6. JORDI DOCE, *Zona de divagar*
7. FABIENNE BRADU, *Permanencia de Octavio Paz*
8. KATHLEEN RAINE, *Utilidad de la belleza*
9. MARÍA NEGRONI, *El arte del error*
10. ALBERTO GAFFI, *La profecía de Dante*

www.ingramcontent.com/pod-product-compliance
Lightning Source LLC
Chambersburg PA
CBHW021147230426
43667CB00006B/285